写作思维与训练

XIEZUO SIWEI YU XUNLIAN

邱国华◎著

江蘇鳳凰教育出版社
Phoenix Education Publishing, Ltd

图书在版编目（CIP）数据

写作思维与训练 /邱国华著．—南京 ：江苏凤凰教育出版社，2017.11

ISBN 978-7-5499-6868-8

Ⅰ.①写… Ⅱ.①邱… Ⅲ.①作文课—中学—教学参考资料 Ⅳ.①G634.343

中国版本图书馆CIP数据核字（2017）第286948号

书　　名	写作思维与训练
作　　者	邱国华
责任编辑	雷利军　沈倩倩
出版发行	江苏凤凰教育出版社（南京市湖南路1号A楼　邮编210009）
苏教网址	http：//www.1088.com.cn
照　　排	北京世纪鸿文制版技术有限公司
印　　刷	三河市九洲财鑫印刷有限公司
厂　　址	河北省三河市灵山大口
开　　本	787毫米×1092毫米　1/16
印　　张	18.5
字　　数	303千字
版　　次	2018年3月第1版　2018年3月第2次印刷
书　　号	ISBN 978-7-5499-6868-8
定　　价	42.00元
网店地址	http://jsfhjycbs.tmall.com
邮购电话	025-85406265，85400774　短信　02585420909
E - mail	jsep@vip.163.com
盗版举报	025-83658579

苏教版图书若有印装错误可向承印厂调换

提供盗版线索者给予重奖

序

写高一筹有其道

我和邱国华老师都曾是福建省龙岩第一中学的教师，他教语文，我教数学，他家住四楼，我家住三楼，那时能住进那幢楼的相对年轻的老师，算是学校里的优秀教师了。

因为是邻居，我和他又都爱写点东西、做些研究，所以两家人常往来。其实，大家关系都挺好，稍有空闲，谁一吆喝，几家人就凑在一起喝茶聊天，遇上个什么节日，几家人就凑在一起拼伙——你家献上一道菜，他家端上一锅汤，喝点小酒，热闹一番。

那时少有专家引领，大伙之间的聊天内容多为教育之道、研究之道、育儿之道，今天看来也大致算是同伴互助了。

我担任龙岩第一中学的教研室主任时，邱老师是学校的教育科研骨干，学校的课题常常请他加盟。他的写作教学，当时在学校里就小有名气了。凡有家长说到孩子写作困难时，我就会请他帮助指导点拨，家长都说挺见效。我在写作中遇到一些诸如语法、用语、开篇和结语等问题，把握不准时，都会向他请教。我女儿读小学时遇到写作问题，多请他帮扶，女儿后来高考作文成绩是年级第一名，他多少是有功劳的！

后来，我从龙岩第一中学被调到厦门双十中学教书，我们仍然保持联系，谈论的也多是如何促进专业发展、如何做学问、如何健康地工作和生活等话题。我到厦门第一中学担任校长后不久，邱老师被调入厦门市禾山中学教书，那年他送给我一本他的处女作《语文学习杂谈》，我觉得他在写作思维教学方面颇有心得，自有一套妙法。我多次从厦门的语文教研员和教师口中听到对他语文教学尤其是写作教学的好评，说他教学方法新颖灵活，课堂气氛活跃。2009届高考他所教的一名学生的高考作文获得满分，语文总分133分，这就是一个生动的案例！

厦门的报刊不时会向我约写一些教育方面的小文，所以我对厦门报刊的教育栏目是比较关注的。我渐渐发现，邱老师关于写作思维指导的文章越来越多，越写越有意蕴，他还成了专栏作者写连载稿。

邱老师来到厦门后，每年的寒假和暑假都会到我家和我长谈一次。相对而坐，我们或谈教研方向，或谈课改路径，或谈专业成长，或谈教育怪象，或谈孩子教育，等等。每次长谈，大家都很有收获，都很受启发，各自厘清思路，有方向感地“步入新境”。

邱老师的“步入新境”尤其让我感到欣慰和惊喜，他已经突破“师者”，正在走向“学者”了。他既是区名师工作室成员、市中学语文学科专家型教师、省中学语文学科带头人，还是福建教育学院语文课程与教学研究所研究员。且不说他上了多少节公开课，开设了多少次讲座，发表了多少篇论文，就连在许多人看来望尘莫及的全国教育科学规划的一项教育部重点课题，也由他主持。

今年寒假，邱老师告诉我他写的《写作思维与训练》一书快要脱稿了，书写好后请我作序。我既为老友新著即将出版而高兴，又为我这数学教师怎么好为语文教师的书写序而犯难。邱老师执意要我写，作为一同成长的一代人，我见证了他的“一路走来”，也就壮着胆子“跨界”而为了。

我阅读了书稿的电子版后，对写作有了更深刻的认识。

如果说写作是技能性很强的实践活动，那么，写作思维也就是写作技能中的思维，换句话说，写作技能实质上是写作思维的技能。写作的灵魂，就是写作思维，也就是写作过程的思维过程，包括写作前的思维、写作时的思维、写作后的思维。写作前的思维常常伴随着观察、积累和构思；写作时的思维，常常在于缀词成句、连句成篇，在于言之有物、言之有序，是一个实际表达的过程；写作后的思维在于修改润色。写作思维训练也是新编教学大纲和教学实际的必然要求。本书共分为六章，从初识写作到初步训练，从认识写作到言语转化，从积累素材到活用素材，从破神秘感到写大胆文，从借鉴模仿到创新写作，从考场写作到修改提升，把写作思维的方方面面说得详尽、透彻！

如果说写出一本书算是磨一把剑的话，邱老师这本书就整整磨了十年。“十年磨一剑”，算是厚积薄发、功到自然成吧！

著名作家、学者冯骥才说，出书是一种成果，写好书传播出去是一种责任。这话说得真好！邱老师的这本书是他的成果，我觉得更是他的责任。他的传播，受益的是这本书的读者——包括教师、学生，也包括家长。

写作，不是一件难事，但也不是一件容易的事。杜甫一句“语不惊人死不休”，反映了诗人认真严谨的写作态度，也说明“语（写作）”要惊人不容易！

写高一筹有其道，其实“语要惊人”也并非高不可攀，关键看写作者是否悟道。读此书，能悟写作之道。作为邱老师三十多年的朋友，我坚信我的判断，并乐意推荐此书。

任　勇

（作者系厦门市教育局巡视员，数学特级教师，享受国务院特殊津贴专家。）

引　言

自2002年出版《语文学习杂谈》以来，已过去了十余年，生活中的甜酸苦辣自不必说，对语文教学特别是写作教学的关注，依然不敢有丝毫的放松，经过这十余年，我在理论和实践上均有所思、有所想。为了便于读者了解本书框架，了解我在写作教学中的一些思考，以及撰写本书的前因后果，便写了以下文字。

这本书起源于一篇结业论文。2007年至2009年，我参加了厦门市首批专家型教师培养对象在东北师范大学的培训，为期两年。这两年，我以高中生的写作技能为研究对象进行了研究，发现当下高中生的写作技能低下，进而追问造成这一现象的原因，并且提出了解决的方法。但仅仅是理论层面的探讨，学理上的追问更多，而实践的成分不足，于是，在接下来的几年里，我紧紧围绕中考、高考，在课题研究中，有意对提高中学生的写作技能方面进行研究。

技能是可以练出来的，读了《叶圣陶教育名篇》后，我对这一点深信不疑。我们小的时候不会说话，不会走路，通过不断的学习，渐渐地会说话、会走路，是很自然的事。要在特定的语言环境中成长，就需要与人沟通，就需要学习。写作也要经过这个过程，没有谁天生就会写作。

想既恪守规矩又游刃有余，驾轻就熟，出神入化，就必须经过反复的、多次的实践。正如吃饭、说话一样，如果说吃饭、说话是技能，那么写作也是技能。正如当代文学家王鼎钧所言："一个尚未成为作家的人，可以把写作当作一项技能、一门手艺来学练。"①

① 王鼎钧．作文三书：文学种籽［M］．北京：国际文化出版公司，2007：3.

一个尚未成为作家的人，当然包括中学生，因此，中学生大可把写作当作一项技能、一门手艺来学练。正是基于这种考虑，在中学写作教学中，大多数教师都从写作技能的角度思考写作教学策略，进行技术指导，但在实际教学中会发现，重技术指导的写作教学是表面的，对中考、高考形式上的"格"有帮助，但对学生写作的后劲帮助不大。

一次，我与一位大学中文系教授闲聊，了解到有的学生上了大学后不会写记叙文了。呜呼！这是一种什么状况？于是，我开始关注学生写作的终身发展问题，开始关注写作思维的问题。

这里涉及的写作思维，不同于高层次的写作思维。高层次的写作思维主要依靠"作者个人对生活的独特感悟"，主要展现出来的是"作者对语言的个性化运用"，向读者"提供一幅独特的精神世界"①。由此可见，高层次的写作思维是从事文学创作的前提条件，由于高层次的写作思维需要创作者具备独特的感悟能力、对个性化语言的运用能力以及独特精神世界的创造力，所以有不少人认为写作几乎无规律可循，写作思维能力强的学生不是教师教出来的。

但是，对于中学生来说，不是要把他们培养成作家，只是要求他们"初步具有运用文字传情达意的能力"，只是要求他们作为即将走向社会的公民应当具备"基本的文字表达能力（如遣词造句的常见技巧、谋篇布局的基本章法、传情达意的基本技能、常见应用文体的基本格式）"。从这个意义上说，"教与不教还是大不一样的"②。因此，《写作思维与训练》中关注的写作思维与训练，是针对中学生的、基础的写作思维与训练，也就是关注基本的文字表达能力的写作思维与训练。

当然，只关注写作思维是不够的，因为关注写作思维只是从理论层面上进行思考，只是澄清了一些认识，了解了一定的路径。提高了这方面的认识，知道了一定的路径，还不一定能促进写作水平的提高，要提高写作水平，还要依靠训练，这就是为什么以"写作思维与训练"为书名的原因。因此，我产生了写作本书的念头，一方面写作思维是从内在言语活动

---

①② 郑桂华．语文有效教学：观念·策略·设计［M］．上海：华东师范大学出版社，2009：149.

的角度进行理论探讨，另一方面写作思维训练是从中考、高考作文形式的角度进行剖析，进而对写作材料的积累、写作时的心态、写作修改、模仿创新、出格升格等进行实践的验证。

如此，如何进行写作思维训练这个问题就显得十分重要。我一直在琢磨这个问题，在教学实践中也在不断地探索。但这种探索主要是围绕中考、高考作文要求，而不是围绕创意写作或创新写作，抑或文学创作来进行的。因此，从这个意义上来探讨写作思维，可以说思维的维度是非常狭窄的，充其量只能算基础写作思维训练。

写作思维，不论是形象思维，还是抽象思维，其载体是写作者的内心言语活动，写作思维训练说到底是写作者的内心言语活动的训练。

写作者的内心言语活动，源于对作文的认识，鲁稚在《随心写出好文章——妈妈导师鲁稚谈作文与表达》中对作文与写作进行了界定，她认为作文是按要求来写的，写作是按自己的想法来写的。写作思维训练既不能脱离实践，又不能一蹴而就，它必须经历一个由生到熟、由熟到巧的“历练”过程。

因此，《写作思维与训练》更侧重于对中学生写作思维与训练的探讨。对于中学生而言，提“基础写作思维与训练”可能更贴切一些。到底有多基础？对于初中生而言，就是“能具体明确、文从字顺地表达自己的见闻、体验和想法；能根据需要，运用常见的表达方式写作，发展书面语言运用能力”。对于高中生而言，就是要写出“有思想、写真我、尚朴实、求创新、守规范”的作文，这是上海市高考优秀作文的标准。“有思想”是一个人真正长大的标志。“思想”从哪里来？从大脑中来——思维，从书本中来——积淀，从生活中来——感悟，从批判中来——理性。要达到这个要求非常不容易，但可以将其当作目标，有“虽不能至，心向往之”的胸怀。

虽然书名为《写作思维与训练》，但贯穿全书的话题还是有别于更高级的创作，就这个层面来谈写作，也是对自己这三十年中学写作教学的实践进行归纳总结，一方面对中学生写作技能低下的现象进行归因研究，另一方面从内心言语活动层面探讨解决路径。

写作思维与训练长期以来不受重视，不仅表现在课程、教材、教学等各个方面，也表现在学术界及一线教师的写作知识中，而最终的结果则体现为学生写作技能低下。

写作技能低下的问题，在今天高中语文教学的受教育者身上同样存在。宋耀良在《十年文学主潮》一书中提出，“语言是文学艺术构成的基本原素”，语言方面的任何发展和变化都会对整个文学艺术产生巨大的影响。他很含蓄地提出了下列问题：为什么我们如今的文学语言不如鲁迅的小说、朱自清的散文中的语言那样有浓重的内在韵味，那样可供咀嚼？或者再推远一点，与《红楼梦》《聊斋志异》相比……在此他还引述在海外负有盛名的翻译家沉樱说过的一段话：“老来一切更为看淡……直到中年之后，改习翻译，才知文字的艺术价值，痛改前非。竭力要把中国文言的精华溶入白话之内。我认为文字只应推动演变，而不应实行革命。如果白话文开始便走《红楼梦》《儒林外史》……的路线，一定不止今天的成就。”[①] 这里有一个非常尖锐的问题摆在我们面前：今天的文学语言成就为什么没有超过鲁迅的小说、朱自清的散文？个人以为，除了语言学习这一因素外，写作技能低下应该是比较重要的原因。

写作技能这一话题，看来是绕不过去了。经过深入思考，我认为写作技能低下既有客观的因素，也有主观的因素。客观因素在于学生的家庭生活、校园生活状态堪忧；主观因素是教材的编写、课堂教学的重点并没有真正落实到学生的写作过程当中。

语文课程标准的颁布，仿佛为写作教学注入了新鲜的血液，但穿新鞋走老路者有之，似许褚赤膊上阵者有之，如 T 台上走秀者亦有之……泥沙俱下，良莠不齐，让人眼花缭乱，反而忘记了什么是真正的语文教育，什么是真正的写作教学。

潘新和教授一针见血地指出：现代语文教育的最大功绩是教育目的从为“功名”转向为“实用”，以白话文教育取代了文言文教育的主导性地位，“将文字交给大众”；最大弊病是教育目的从为“实用”又回到了为“应试”，基本理论研究滞后，步入了“伪语文”“伪科学”的歧途。当“会考试”也被称为一种素质、被当作一种时髦时，考试就已经披上了合

---

① 宋耀良．十年文学主潮［M］．上海：上海文艺出版社，1988：184.

理、合法的外衣横冲直撞。正如潘新和教授所言，教育目的从为“实用”回到了为“应试”，这样，学习被异化为考试，学生被异化为考试的机器。教育须面向现代化、面向未来、面向世界，是从“实用”的角度提出的，而不是面向考试、面向分数，天公“不拘一格降人才”，但更愿“人公”高考“不拘一格选人才”。

“不写作，枉为人”，潘新和教授曾以此作为一部书的书名，可见他将写作提到了何等高度。“维持肉体生命的生存，是动物性需求。精神生命的滋养、存在，才是人性需求。精神生命是以精神创造的成果呈现的。精神创造，主要是以言语表现——写作的形态展示的。”① 可是，现实中，写作教学已然沦落到为中考、高考而设，为考试而教，为分数而教的境地，这实在是一件很可悲的事。

学生写作技能低下的问题，实际上就是写作内部信息加工技能低下的问题。这一问题并不是今天才有。1941 年，当时的教育部通令中等学校“改进国文教学方法”，改两周作文一次为每周作文一次。为什么要这么做？其原因在于当时国文教学存在不足。叶圣陶有一段话正好说明了这一问题：“他科教学的成绩虽然不见得优良，总还有些平常的成绩；国文教学的问题却不在成绩优良还是平常，而在成绩到底有没有。……这并不是说现在学生的国文程度低落到不成样子的地步了，像一些感叹家所想的那样；而是说现在学生能够看书，能够作文，都是他们自己在暗中摸索，渐渐达到的；他们没有从国文课程得到多少帮助，他们的能看能作当然不能算是国文教学的成绩。另有一部分学生虽然在学校里学习了国文课程，可是看书不能了了，作文不能通顺。国文教学的目标原在看书能够了了，作文能够通顺，现在实效和目标不符，当然是国文教学没有成绩。”② 可见，当时学生国文程度低落问题表现在两个方面：一方面是一部分学生能够看书，能够作文，都是他们自己在暗中摸索，渐渐达到的；另一方面是一部分学生虽然在学校里学习了国文课程，可是看书不能了了，作文不能

① 潘新和. 不写作，枉为人——潘新和语文学术随笔［M］. 福州：福建教育出版社. 2014：序 3.

② 叶圣陶．认识国文教学［J］．国文杂志，创刊号．

通顺。

如何让学生不是在暗中摸索，而是通过在学校学习提高写作思维能力，是应该引起我们重视的问题。综观学生的写作思维训练，我们更多的是传授写作知识，以及不断地训练写作技能。如果从写作的整个系统来看，传授写作知识，只是让学生认识了作文的样子，就好比告诉学生这是个酒瓶。训练学生的写作技能，就好比教学生往酒瓶里装酒，可是，如果没有酒的话，酒瓶可能是水瓶，因为装水；也可能是醋瓶，因为装醋。而写作教学的指向，抑或写作课程的指向是文章，即作文，就好比让学生知道酒瓶是装酒的，不能装别的，酒可以是不同的种类，但一定是酒。因此，要让学生找到写作训练中的“酒”，只有酒瓶和装酒的方法是不够的，还要会酿酒，即要掌握写作思维。

写作思维并不是天生就具备的，而是需要开发。国外比较注重思维方法和写作策略的开发，如“分门别类地整理信息的‘簇型图’（Clustering），比较两种事物之间特征的‘比较和对比图’（Compare/Contrast），展示事件发生的相互影响的‘环形结构图’（Cycle），展示复杂事件现象、原因和结果之间的关系的‘鱼骨图’（Fishbone Mapping），展示人与人、组织与组织之间的复杂关系的‘框架互动图’（Interaction Outline），用来组织复杂的问题和可能的解决方案类的文章的‘问题解决法’（Problem/Solution），用来梳理文章主题和分论点以及细节之间的复杂关系的‘蜘蛛图’（Spider Map），另外还有流程图、维恩图、故事图等，这些既是基本的思考方法和思维框架，也是一些基本的文章图式，它们对于开发写作思维和组织文章很有帮助”[①]。从这些研究不难看出，国外的写作教学对基本的思考方法和思维框架是很重视的，因此对学生的写作思维训练就不会缺失。而我们的写作教学，更多的是借助阅读教材的“读”，通过教师的讲解，特别是对文章的字、词、句、篇、语、修、逻的剖析与肢解，对文章写作特色的归纳、概括，传授的是文章学、修辞学、语法学以及简单的逻辑学等知识。这种阅读教学，一是为了应对考试中的阅读题，二是为了写作教学，以读促写，但对写作思维训练的帮助并不大，因为这种阅读教学

① 荣维东．写作课程范式研究［D］．上海：华东师范大学，2010：209.

并没有为学生提供基本的思考方法，没有为学生搭建思维框架，也就谈不上提高学生的写作思维能力和组织文章能力。

在写作教学中，如果要为学生提供基本的思维方法和思维框架，就不能只停留在传授知识这一层面上，而要关注学生的写作思维能力与组织文章能力。关于写作思维能力与组织文章能力的提高，我认为可以从认知心理学中寻求帮助。

20 世纪 60 年代起，认知心理学日渐成为心理学发展的主流。西方写作心理研究从 20 世纪 80 年代也进入了认知范式主导的研究，即把写作看成内部信息加工过程，是问题解决过程（problem-solving process），因此整个写作心理的研究都是过程取向（process-oriented）的研究。写作构思是一种准备性的思考，就是作者根据所给定的题目要求，在头脑中确定所要表达的信息，并从长时记忆系统中提取这些信息，把它们组合成文章的内容结构和形式结构的过程。构思在高级水平的认知活动中起着关键性的作用，西方当代认知心理学家发展的写作模型几乎都很强调构思的重要性，甚至将其视作写作过程的核心。构思作为写作过程中非常重要的组成部分，对其进行研究具有深刻的理论意义和现实意义，这对促进写作理论本身的研究以及提高学习者的作文质量也具有重要的启迪作用，同样对写作技能的研究也起促进作用。

构思在认知心理学中的特殊地位并不难理解，因为构思所反映出来的是内部言语活动的过程，也是内部信息加工的过程。这里所说的“构思”，要比“谋篇布局”的含义来得丰富，它不是单纯地指“谋篇布局”，还涵盖内部言语活动的过程。

通过对写作教学的深入思考，我渐渐地发现了写作课不仅是一门技能课，更是一门思维训练课。徐思源老师在《写作教学中的几点思考》中指出：技巧的教授固然重要，但生活和情感的认知和积累远比技巧重要。徐老师首先讲了自己亲身经历的两个例子：第一个例子是她第一次参加自学考试的邻居因为对作文题目涉及的话题完全不了解，导致作文一字未写；第二个例子是她的学生在参加高考前因为思考了她提供的几个话题，有了充足的准备和积累，考场上作文写得很顺畅。

从徐老师亲身经历过的案例中，我们也看到了写作技能的训练只是停留在“技”的训练上，“技”的训练只是写作训练的一部分，是“格”的问题，是“酒瓶”的问题，如果空有酒瓶而没有酒，酒瓶还是酒瓶。因此，当对作文题目涉及的话题不熟悉、不了解时，作文自然就写不好，甚至写不出来。

于是，我们渐渐了解到，如果写作教学仅仅停留在对写作知识的传授上肯定是不够的，仅仅停留在对写作技能的训练上也肯定是不行的，而应该重视写作思维及写作思维的训练。如果说写作思维是写作技能中的思维，那么写作思维训练也就是写作思维的技能训练。本书试图从写作思维与训练这一视角切入，从六个方面加以解说。

第一章“掀起作文的盖头来”，主要以中考、高考作文为对象，引出写作技能及训练的话题，让大家认识作文，特别是考场作文的情况，了解初中、高中的学生的写作任务。因为只有明确了写作任务，才能做到有的放矢，才能突出训练的针对性和实效性。

第二章“当识作文的真面目”，目的在于弄清什么是写作技能，从理论的层面探讨写作技能低下的原因以及解决这个问题的办法。对于一个还没有成为作家的人，写作可以作为技能进行训练，是写作者内在语言变成书面语言的技能，也是写作者内在言语活动转化为外在言语活动的技能。

第三章“巧妇乐为有米之炊”，主要从积累写作素材的角度来谈写作技能的提高。“巧妇难为无米之炊”，学生写作文也是如此，如果不会积累素材，那么到了真正写作的时候，就会觉得无从下笔；如果会积累素材，那么写作时就能充分发挥联想，灵感如泉水般源源不断，汩汩而出。

第四章是“狭路相逢，勇者必胜”。在教学过程中，我们会发现这样的现象：学生怕写作文，一上作文课，学生就感觉痛苦。究其原因，学生除了积累不够外，更多的是没有真正认识作文，没有打破作文的神秘感，所以对写作产生畏惧心理。针对这种现象，我提出了写大胆文的主张，要求学生大胆写，写出真情实感来。

第五章是“它山之石，可以攻玉”。在长期的作文指导中发现，学生凭自己的积累写作还是有困难的，开篇难，行文难，结束难。于是，我提出了“模仿—创新”的写作指导模式，借“它山之石”，让学生模仿写作，继而灵活变通，写出自己的文章。

第六章是“让丑小鸭变为天鹅”。考场作文要求在规定时间内写成，没有修改的机会。但在平时的写作训练中，在规定的时间里或在自由支配的时间里完成写作任务后，还有后续工作可做，即修改。曹雪芹“披阅十载，增删五次”，方成鸿篇巨制《红楼梦》，给人带来“字字看来皆是血，十年辛苦不寻常”的强烈冲击。“让丑小鸭变为天鹅”，意在让学生修改自己的初稿，在升格训练中提高自身的写作思维能力。

目　录

第一章　掀起作文的盖头来 / 1
写作思维与考场作文 / 3
写作思维与写作要求 / 8
写作思维与作文命题 / 13
写作思维与问题意识 / 18
写作思维与审题谋篇 / 26
写作思维与分析说理 / 37
写作思维与写作语言 / 47
第二章　当识作文的真面目 / 53
写作是一种特殊的学习 / 55
写作技能的概念及特点 / 57
当前高中生写作技能低下的现状 / 60
当前高中生写作技能低下的原因分析 / 67
促进写作进程的自动化有助于写作技能娴熟化 / 73
变长时记忆为工作记忆是提高写作技能的有效途径 / 84
积极开展内部言语活动是提高写作技能的有效方法 / 89
第三章　巧妇乐为有米之炊 / 95
练笔：为写作准备素材 / 97
提炼：从素材中挖掘话题 / 101
供料：帮助学生对材料进行分析与转化 / 103

品读：带领学生积累写作的素材 / 105
点评：为学生写作提供范式 / 111
仿写：写作思维训练的开始 / 127
第四章　狭路相逢，勇者必胜 / 133
学习写作：运用信息交合法解决“写什么”的问题 / 135
学习写作：如何激发学生写作的内驱力 / 139
学习写作：敢于拟有意蕴的作文题 / 149
学习写作：要敢于“写” / 152
学习写作：要敢于“想” / 156
学习写作：大胆求“真” / 160
第五章　它山之石，可以攻玉 / 165
写作思维训练：学会多角度分析 / 167
写作思维训练：怎样围绕中心论点展开论述 / 173
写作思维训练：学习老师的写作经验 / 176
写作思维训练：从“生活作文”入手 / 183
写作思维训练：会理解，有思维 / 188
写作思维训练：让学生学会交流 / 198
第六章　让丑小鸭变为天鹅 / 209
升格思维训练：突出“导”的有效性 / 211
升格思维训练：从自己的内心出发 / 214
升格思维训练：让学生领悟丑小鸭如何变成天鹅 / 222
升格思维训练：从“有形”走向“无形” / 237
升格思维训练：如何避免审题失误 / 241
升格思维训练：如何分级推进学生的写作能力 / 249
附录一　高考满分作文来自禾山中学 / 255
附录二　做个乐于学习的勤奋者 / 258
后　记 / 266

第一章

掀起作文的盖头来

思维，被恩格斯誉为“地球上最美丽的花朵”。

我国著名科学家高士其说得好：“当今，国家与国家的竞争，是科学的竞争，是技术的竞争，同时也是教育的竞争，但归根结底是人才的竞争。而人才的培养成长，其关键在于思维，在于科学的思维。”

写作思维与训练，既谈写作思维，也讲写作思维训练，有对写作思维的理论思考，也有写作思维训练的具体案例。本书不是严格意义上的从概念、判断讲到推理，或从分析、比较讲到综合的逻辑思维，而是将理论与实际相结合，揭示写作思维的心理学属性，更为重要的是结合心理学理论视域下的写作思维与训练的思考，从理论到实践，从实践训练再回到理论，探讨写作思维品质如何在写作实践中得到培养。

对于中学生来说，本书既能提高他们自身的写作思维能力，又对中考、高考有利，岂不妙哉！

写作思维与考场作文

当把写作思维与考场作文摆在一起时，我思考的第一个问题就是写作思维与考场作文到底有什么关系。顺着这个思路，就需要进一步探讨写作思维对考场作文有什么影响以及考场作文对写作思维有什么要求。为了解决这两个问题，就得从考场中来，到考场中去，也就是要分析学生在考场作文中的表现以及学生所表现出来的写作思维情况。

2000年，我对莆田市、龙岩市、南平市、宁德市中考作文题进行了分析。下面是当时的作文题：

爱游戏是孩子的天性，游戏有益于身心健康，有利于增长见识……在游戏中，你也许有与伙伴吵嘴的经历，也许有与伙伴合作的经历……请你以游戏为话题，写一篇文章，文体不限，题目自拟，字数不少于600字。

从命题要求来看，这一话题作文给了考生极大的写作空间和写作自由，有助于考生发挥自己的水平和创造力。

在当前不断深化教育改革、全面推进素质教育的大形势下，以“游戏”为话题，也体现了命题的思想性和公平性。而在“减负”的大背景下，学生减轻了过重的学习负担之后怎么合理安排课余生活？这与以“游戏”为话题有一定联系，也使大家有话可说。

此外，“文体不限，自拟题目”是与高考命题衔接的。淡化文体，自拟题目，体现了命题的开放性。

一、从学生的答题情况分析

1. 体现新能力

（1）题目有创意，有新意

如《游戏梦》《童年·游戏》《游戏在我心中》《孩子的游戏=子夜蓝》。

（2）内容有创新，有深意

《游戏梦》写了一个失去双腿的女孩渴望与男孩们一起踢足球，强调她“失去了双腿，失去了游戏的能力，但正因此更渴望游戏”。

《童年·游戏》写了没上幼儿园的孩子与上幼儿园的小伙伴们玩“学生”与“老师”的游戏。

《游戏在我心中》先概写了许多游戏，后写因不能与残疾女孩一起玩，而为她改变了游戏的内容，如猜成语、演讲比赛、唱歌，体现了人世间的真爱。

（3）构思有特点，有创造

如《孩子的游戏＝子夜蓝》把对游戏的感受化为有象征意味的“淳与美结合的蓝”，然后用三个日记片段表现朦胧的感受。

（4）语言有个性，有活力

如“生活中免不了有磕磕碰碰，有时候学习成绩不理想，有时候与好朋友闹翻了，有时候游戏玩输了，我就会痛痛快快地哭一场，像小时候做游戏输了似的，哭过就雨过天晴，继续玩我的游戏，我会更努力学习，与朋友和乐相处，把输掉的再赢回来。游戏是丰富、刺激的，我的生活就像游戏似的，什么都有，玩玩闹闹，时间就这么过去，沉淀的都是最美的回忆……”

2. 存在几种误解

（1）把“游戏”误解为“旅游”

如《游逛长城》。

（2）套用课文内容

如将教材中的《羚羊木雕》一文套入作文中。

（3）把“游戏”误解为“童趣”“趣事”

如《童年趣事》，写偷橘子。

3. 存在的主要问题

（1）选材过于集中

大多写“老鹰捉小鸡”“丢手绢”“捉迷藏”“篮球赛”，记叙单调，缺乏创新。

（2）写作结构模式化

① 无聊、烦闷→某人提议→游戏→懂得道理。

② 游戏→矛盾→和解→议论。

(3) 东拼西凑，缺乏真实感受

每个人都自称“游戏大王”，为了活跃气氛玩儿童游戏等。

(4) 提示延展，缺乏力度

议论文就题目中的提示展开，论据不足，论证缺乏力量。结尾假、大、空，脱离文章空发议论，盲目拔高。

(5) 套题目明显

如《童年趣事》《难忘的一件事》《一堂有趣的课》。

(6) 牵强附会

如《学语文是游戏》，让人不知所云。如果换一种说法《在游戏中学语文》，则更好。

(7) 理解片面

把“游戏”范围无限扩大，如单纯写一次吵嘴，完全与游戏无关。

(8) 话题不集中

如《打篮球》，虽写合作精神，却只字不提“游戏”，只呈现一场比赛。

二、对学生写作的建议

1. 提高审题能力

有的学生作文语言流畅，谋篇布局能力强，可是内容偏离了主题，实在可惜！

2. 提高表达能力

有的学生作文“一逗到底”，错别字和病句多。

3. 提高组织文章的能力

有的学生作文结构混乱，不像一篇文章。

4. 提高完篇的能力

有的学生作文未能完篇，有的只写了一个标题。

5. 其他

如不能漏写作文题目、行文要规范等。

【范文】

生活＝游戏

生活，有些人当它是还债，有些人当它是挥霍，而我当它是一场游戏，一场有输有赢、苦乐无穷的游戏，当然最重要的是，我得在游戏中慢慢长大，玩更多更新奇、更有意义的游戏。

生活中免不了有磕磕碰碰，有时候学习成绩不理想，有时候与好朋友闹翻了，有时候游戏玩输了，我就会痛痛快快地哭一场，像小时候做游戏输了似的，哭过就雨过天晴，继续玩我的游戏，我会更努力学习，与朋友和乐相处，把输掉的再赢回来。游戏是丰富、刺激的，我的生活就像游戏似的，什么都有，玩玩闹闹，时间就这么过去，沉淀的都是最美的回忆……

且不说与伙伴们在一起，就是我独处，也是一场有趣的游戏。我可以泡一杯淡茶，听着摇滚乐；我可以弹着贝多芬的《命运交响曲》，流着林黛玉的眼泪；我可以读着徐志摩的诗集，哼着不成调的流行音乐……可以说，只要我想、我愿意，我就可以为自己的生活增添永恒的亮丽的底色，就可以把这一切变成活泼生动的游戏，而我是这场游戏的主角，我渴望着这种自由自在，向往着这种奔放狂妄，我的心跟着生活在转，围着游戏在绕！

游戏，我从小时候一直玩到大，我喜欢玩游戏时的那种自然，喜欢那种玩赢时的恣情欢笑，喜欢那种玩输时的滚滚热泪，喜欢……因为我知道那一切都是我生活的写照，是我最真实、最自然的表现！

生活＝游戏，在游戏中，我是赢家；在生活中，我亦是强者。我爱玩，爱游戏，我更爱充满形形色色游戏的生活！我的游戏，我的生活，何等精彩，由我主宰！

【点评】

这篇文章概括起来有三个显著的特点。

首先，这个考生能紧紧地围绕“游戏”展开写作，比较充分地展现自己的个性，强调“我的游戏，我的生活，何等精彩，由我主宰”。

其次，这个考生能够用较为娴熟的文笔，充分调动自己的生活积累，把本来很难扯到一块儿的“生活”与“游戏”联系到一起。

再次，这个考生有较宽的知识面和较强的语言驾驭能力。如“我可以泡一杯淡茶，听着摇滚乐；我可以弹着贝多芬的《命运交响曲》，流着林黛玉的眼泪；我可以读着徐志摩的诗集，哼着不成调的流行音乐”。

当然，这篇作文也有不足的地方，如开头“生活，有些人当它是还债，有些人当它是挥霍”中的“还债”“挥霍”让人有些费解。

考生在考场上完成写作任务，虽然受时间的限制，但是也能发现考生写作思维能力的强弱。有的考生能写得出彩，有的考生却难以下笔，为什么会出现这种差异？同一届的考生所使用的教材是一样的，接受教育的时间是一样的，结果却不完全一样，这是为什么呢？

当跳出考场作文这个框框去思考写作或写作思维问题时，我们应该注意什么？

写作，要写自己有把握的话，写让人看得懂的话。追根究底，就是要提升思维维度和思维品质。

面对具体的材料，会不会“想”很重要。

《伊索寓言》中有一则《狼与母山羊》的故事：母山羊在陡峭的山崖上吃草，狼无法捉到她，便劝说她赶快下来，免得一不小心掉进山谷里，还说自己身边的青草茂盛鲜嫩。母山羊回答说：“你恐怕不是真心喊我去吃草，而是想让我去填饱你的肚子吧！”

这则寓言告诉我们什么？

A. 狼真的是好心，山羊太傻了。

B. 狼太坏了，是个大骗子；山羊很聪明，没有上当。

C. 尽管坏人老奸巨猾，但在聪明人面前，他们的诡计仍是枉费心机。

这三种认识哪一种更深刻呢？

A项，没有读懂材料，不会筛选信息，没有抓住“狼无法捉到她”“你恐怕不是真心喊我去吃草，而是想让我去填饱你的肚子吧”等信息，断章取义。

B项，思维平面化，只是从文字的表面上理解，对“好”与“坏”做简单判断，缺乏整体把握材料的能力。

C项，真正抓住了寓言的寓意，思维有深度，能透过现象看本质。

由此可见，能否写好文章，写作思维很重要，只有会“想”，才会“作文”！只有平时下足功夫，加强写作思维的训练，“拳不离手，曲不离口”，才有可能在考场中崭露锋芒。

写作思维与写作要求

中学生的写作思维训练，其目的性和指向性非常明确。要达到预期的目的，首先得符合写作要求。

从一些高考的评价报告中我们发现，写作思维训练必须密切关注写作要求，特别是中考、高考的写作要求。以高中写作要求为例，高中生写作应着眼于“思维发展与提升”。高中写作教学强调情境具体、任务典型的写作指导与训练，讲求写作具体任务完成的质量。低分段学生较多的，重点指导学生在提高阅读质量和阅读速度的基础上，保证写作能符合题意、能完篇，降低不及格率；高分段学生较多的，重点引导学生追求思想的深刻性以及表达的逻辑性、灵活性、生动性和独创性，提高优秀率。写作的文体以论述文为主，兼顾其他文体。实用类文章要注意格式和功能对文章结构和语言表达的影响。审题训练要贯穿于写作训练的始终，要重视对复杂信息整体含意把握的指导与训练，重视对学生任务意识、限制意识、问题意识、读者意识和交际意识的培养。不猜题，不押题，谨防套作和宿构。因此，高中生的写作思维训练，绕不过高考作文。当然，初中生的写作思维训练，同样绕不过中考作文。当写作思维训练有了明确的指向，那么写作思维训练的指导也就有了方向。

一、明确中考的写作要求，以此进行写作思维训练

初中生的写作思维训练要引导学生注意题意、文体、情感、内容、结构、语言，还要注意书写和标点。书写和标点虽然与思维没有关系，不在思维训练之列，但与思维（表达）的结果有密切的关系。具体来说，初中生的写作思维训练要注意以下几个方面。

1. 符合题意

符合题意，也就是切题，要明确要求，按要求去写，这是对审题的要求。考场作文的第一步就是要审清题意，准确、全面地理解文题的要求，包括题目所要求的取材范围、入题角度、中心思想、字数限制和其他有关要求。话题作文的审题，要认真揣摩话题材料、写作话题、注意事项三个部分，切忌顾此失彼。

2. 符合文体要求

中考作文对文体的要求有两类：一是对文体有明确限制；二是对文体不做限制，由考生自己选择。遇到第一类题目时，应按要求写，严格遵循各种文体的一般写作规律，可以根据表情达意的需要灵活运用各种表达方式，但不能写成“四不像”；遇到第二类题目时，要注意选取自己最擅长的文体，最大限度地展示自己的写作特长。

3. 思想健康，感情真挚

思想健康，指作文内容应反映当代社会的本质和主流，体现正确的人生观、价值观，不要有不健康的、消极的思想内容，不要有违法乱纪的观点和腐朽堕落的感情倾向。感情真挚，指说真话，抒真情，传达自己真实的感受和独立的思考，不无病呻吟，不矫揉造作。

4. 中心明确，内容充实

中心明确，指的是文章观点鲜明而正确。写记叙文，内容集中，表现一个中心；写议论文，中心论点明确，分论点清楚，并有力地支持中心论点。要做到内容充实，一要典型，即材料要能揭示事物的本质，且材料要精，能以一当十；二要有现实感，这就要求学生平时养成关心社会的习惯，多积累写作素材，为现实服务；三要新颖，在平时积累素材的过程中，要特别注意积累新鲜材料，不能人云亦云，即使运用老材料，也要写出新意。

5. 结构完整，语言通顺

结构完整，要求文章有头有尾，首尾呼应，前后照应自然，过渡合理，材料安排有层次、不紊乱。语言通顺，要求文章用词恰当，不乱用方言，不生造词语，语法合乎现代汉语语法规范，句子之间衔接自然、顺畅。

6. 书写规范，标点正确

书写规范，指字体端正，不写错别字，不乱简化字，不乱涂改。因为书写规范、卷面整洁可以使阅卷者对作文“一见钟情”。标点正确，指的是标点使用规范、准确，不乱用、误用标点等。

二、明确高考的写作要求，以此进行写作思维训练

高中生的写作思维训练，要根据高考作文的要求来进行。高考作文的要求实际上为学生写作思维训练提供了范例和规则。高中生在平时的写作思维训练中，绝对不能忽视高考的写作要求。

全国新课标卷高考作文评分标准

一、关于作文的“分等评分”

（一）基础等级（40分）

基础等级分内容和表达两项，基础等级的评分，以题意、内容、语言、文体为重点，全面衡量。

内容项（20分）的重点是题意、内容。对于内容要综合考虑，对于材料的把握虽然符合题意，但文章不好、中心基本明确、内容单薄、感情基本真实的，可以在三等上打分。

对考生的考卷中所述论据的真实性要特别注意，如果是编造，或者有明显错误，或者不能佐证文章观点的，要适当扣分。

表达项（20分）的重点是作文的结构、语言、文体、卷面等，但也要综合考量。

1. 根据表达项的细则，在“内容”评等的基础上，除了在相应的等级上评分外，还可以考虑在上一等或下一等打分。

2. 在“内容”等级判分的基础上，表达项原则上不跨等给分，如内容判三等，表达不能在一等给分，只能在三等或二等或四等给分。

（二）发展等级（20分）

基础等级分要与发展等级分相匹配，发展等级分不能跨越基础等级的得分等级。

1. 发展等级分原则上随内容或表达的等次给分，如内容二等，表达三

等，发展等级一般可在二等给分。

2. 发展等级一般不在内容或表达的下一等给分，如内容一等，表达二等，发展等级一般在一等或二等给分。

3. 发展等级在内容给分的基础上，一般不跨等给分，如内容三等，发展等级不能在一等给分。

4. 内容在四等的，“发展等级”可以给 1 到 2 分；确为抄袭的，发展等级不给分。

发展等级评分。不求全面，可根据“特征”4 项 16 点中若干突出点按等评分。

（1）深刻：①透过现象看本质；②揭示事物内在的因果关系；③观点具有启发作用。

（2）丰富：④材料丰富；⑤论据充足；⑥形象丰满；⑦意境深远。

（3）有文采：⑧用词贴切；⑨句式灵活；⑩善于运用修辞手法；⑪文句有表现力。

（4）有创意：⑫见解新颖；⑬材料新鲜；⑭构思精巧；⑮推理想象有独到之处；⑯有个性特征。

二、关于作文的其他项评定

（一）扣分项评定

出现错别字，1 个错别字扣 1 分，重复不计，扣完 5 分为止；标点符号出现 3 处以上错误的酌情扣分；不足字数者，每少 50 字扣 1 分；无标题扣 2 分。

（二）残篇评定

1. 400 字以上的文章，按评分标准评分，扣字数分。（少 50 个字扣 1 分）

2. 400 字以下的文章，20 分以下评分，不再扣字数分。

3. 200 字以下的文章，10 分以下评分，不再扣字数分。

4. 只写一两句话的，给 1 分或 2 分，不评 0 分。

5. 只写标题的，给 1 分或 2 分，不评 0 分。

6. 完全空白的，评 0 分。

新课标卷作文等级评分标准（满分：60 分）

		一等 （20～16 分）	二等 （15～11 分）	三等 （10～6 分）	四等 （5～0 分）
基础等级	内容 （20 分）	符合题意 中心突出 内容充实 思想健康 感情真挚	符合题意 主题明确 内容较充实 思想健康 感情真实	基本符合题意 中心基本明确 内容单薄 思想基本健康 感情基本真实	偏离题意 中心不明确 内容不当 思想不健康 感情虚假
	表达 （20 分）	符合文体要求 结构严谨 语言流畅 字迹工整	符合文体要求 结构完整 语言通顺 字迹清楚	基本符合文体要求 结构基本完整 语言基本通顺 字迹基本清楚	不符合文体要求 结构混乱 语言不通顺，语病多 字迹潦草难辨
发展等级	特征 （20 分）	深刻 丰富 有文采 有创意	较深刻 较丰富 较有文采 较有创意	略显深刻 略显丰富 略显文采 略显创意	个别语句有深意 个别例子较好 个别语句较精彩 个别地方有深意

漫画材料作文一般已经限定了写作范围，如 2016 年全国新课标Ⅰ卷高考作文题已经指出了写作范围——必须在教育圈子里谈问题，如果抛开教育圈，而以社会评价（扩大或缩小范围）为话题都是不行的。考生要注意细节：唇印（吻）和掌印（巴掌）暗示对孩子的评价，四张纸是考试答卷，卷上有得分。其核心立意：批判唯分数论，批判教育评价单一。

湖北省是按照下面的评分标准来评阅的。

一类卷（48～60 分）：(1) 批判唯分数论。(2) 批判教育目标功利短视。(3) 批判教育评价单一。(4) 批判教育方法简单粗暴。(5) 批判教育重智轻德。

突出以上一点或论及多点，且议论深刻的在 54 分以上给分，议论一般的在 48～53 分给分。

二类卷（42～47 分）：对细节略有忽略，但依然在教育孩子这个范围内谈问题。(1) 教育宽严因人而异：对成绩好的孩子要严格一点，对成绩不好的孩子要宽容一点。(2) 好孩子未必是夸出来的。

记叙文可以以漫画寓意为主题，写自己的经历或见闻。

补充：（1）议论必须结合漫画内容，要么描述漫画内容，要么分析漫画中现象的成因或危害，不能撇开漫画内容单纯谈评价。比如，谈人应该有良好的心态，就属于离题。

（2）漫画是用幽默的方式进行讽刺批判，所以立意时也必须是批判。

当我们了解了高考的写作要求之后，我们就可以按照高考的写作要求加强学生的写作思维训练了。

写作思维与作文命题

当把视角转向写作思维时，我们就不能忽略或者说不能绕过“作文命题”这个话题。写作思维与作文命题有没有关系？答案是明显的——有。因为写作思维训练离不开参照“作文命题”。另外，高考作文每年都受到社会关注。从作文命题到评分标准到满分作文的出炉，每个环节都牵动人心。各家媒体也非常重视报道高考作文的相关情况、对高考试卷的评析等。2008 年福建省高考作文题公布后，就受到了社会各界的广泛关注。

阅读下面的文字，按要求写一篇不少于 800 字的文章。

三个人走进商店。一个人买了一瓶果汁，说：“我喜欢甜的。”一个人买了一杯咖啡，说：“我就喜欢这又苦又甜的滋味。”还有一个人买了一瓶矿泉水后说：“我喜欢淡淡的矿泉水。”

要求选择一个角度构思作文，自定立意，自选文体，自拟标题；不要脱离材料内容及含意的范围，不要套作，不得抄袭。

著名学者，福建师范大学文学院教授、博士生导师孙绍振说：“这是一次比较成功的命题，表现在两个方面：蛮有创意而且非常开放，考生可以根据不同的个性加以发挥。”

福建省语文学会名誉会长、全国中语会常务理事、著名特级教师王立根说：“今年高考命题可能出于两种因素考虑：一方面是防猜题套题；另一方面是引导考生从生活现实感悟富含生活哲理的东西。”他接着说：“每个人的选择往往代表着个性化的追求，而每个人生活的品位，又往往跟文化背景相关联，因此作文情景中的每一种‘喜欢’看似普通，但都代表了一种个性化的选择。”

福建师范大学附属中学语文高级教师薛章辉说：“总体来说，这个作文命题比较容易入手，考生可以任选其中一种‘喜欢’作为写作的主旨。例如，选择果汁的，可以联系甜蜜的生活需要付出辛勤劳动；选择咖啡的，可以联系生活总是又苦又甜、苦中带甜，风雨过后见彩虹；选择矿泉水的，可以联系生活总是平平淡淡才是真……但无论选择哪一种，都要注意与生活实际相联系，要列举事例进行分析。”

福州第一中学的王兆芳老师认为：“这是一道材料作文题，不同于命题作文和话题作文……这是一道浅显的材料作文题，在审题上只要迈过一道坎，就可以海阔天空。这道坎就是要懂得哲理概括。三个人买饮料，所买的各不相同，这本是普通小事，但放在高考考题中，就不是普通小事，就不仅仅是‘饮料’问题，而是上纲上线的‘人生哲理’问题。所以，要做好这道题，首先要发现材料所隐含的哲理，而不能就事论事。”他还说：“如果从整则材料的宏观角度来看，‘生活是多样的’的立意也是可以的。”

王光强先生在博客中谈道：“这是福建自行命题后第一次考话题作文。它比去年的命题作文‘季节’开放；比 2005 年的星圆图作文题材料通俗，更贴近学生生活，在审题上没有给学生设置太多障碍，是一道比较好的作文题……从材料看比较浅显，但放在作文题上就不简单了，不能就事论事，必须要懂得上升到哲理含意分析。它不仅仅是‘饮料’问题，而是‘人生哲理’问题。”

2008 年福建省高考作文题从视觉上给人一种创新的意味，可还是有不足。试将其与 1999 年中国台湾地区学测的短文写作题进行对比：

以下是有关“鱼”的两种不同情景，请选择其中一项，写一段散文，可以从“人”的角度写，也可以从“鱼”的角度写，文限二百字至三百字之间。

（一）餐桌上的鱼；（二）水族箱中的鱼。

1999 年中国台湾地区学测的短文写作题，其情景对比更为强烈。情景作文这种作文命题形式并没有好坏之分，而在于选取的材料。材料有科学与不科学之分，有合理与不合理之说。同样是情景作文，暂且不去评论写作的字数要求，单从命题的科学性来看，三人同时进商店买饮料，有这种可能；但三人各说一句话，比较牵强。而“（一）餐桌上的鱼；（二）水族箱中的鱼”则顺理成章，没有疑问。

王立根认为：“考生在读懂材料后，如果不深入思考，文章立意难免落入平庸。”这强调的是立意，“萝卜青菜，各有所爱”立意不够高远，是不是平庸？《浸泡过的陈山楂》结尾“多加点糖块，咖啡便不苦了；多加点糖水，矿泉水也甜了；多加点爱，人生便不苦了”不平庸，但有画蛇添足之嫌，若去掉，又显得不够扣题。

王兆芳老师认为：“饮料问题可以作为引题，可以先表明你的喜好选择，然后迅速转入正题，谈人生哲理，而不必大谈某种饮料的优劣，否则就傻气了。”王老师在这里实际上谈了一种写作思路，也就是写作思维。可见，作文命题与学生的写作思维密切相关。

写作思维与训练，与选拔性考试的作文命题有关，但还要关注课程标准的要求。在我国《义务教育语文课程标准（2011年版）》（以下简称《语文新课标》）中，“写作”在不同的学段有不同的名称：第一学段（1～2年级）叫“写话”；第二学段（3～4年级）叫“习作”；第三学段（5～6年级）沿用“习作”概念，同时提出学生应该“懂得写作是为了自我表达和与人交流”；第四学段（7～9年级）才正式使用“写作”这一概念。

语文新课标为我们规定了写作教学标准，从“写话”到“习作”，再到“写作”，都有完整的教学内容要求。再看看高中语文课程标准。

必修课程——表达与交流：

1. 学会多角度地观察生活，丰富生活经历和情感体验，对自然、社会和人生有自己的感受和思考，多方面地积累和运用写作素材。

2. 写作时考虑不同的目的和对象，以负责的态度表达自己的看法，激发表达真情实感的热忱，培植科学理性精神。

3. 作文要观点明确，内容充实，感情真实健康；思路清晰连贯，能围绕中心选取材料，合理安排结构。通过写作实践发展形象思维和逻辑思维、分析和综合等基本的思维能力，发展创造性思维。

4. 根据个人特长和兴趣自主写作，力求有个性、有创意地表达。在生活和学习中多想多写，做到有感而发，提倡自主拟题，多写自由作文。

5. 根据表达的需要，展开丰富的联想和想象，恰当运用叙述、说明、描写、议论、抒情等表达方式。能调动自己的语言积累，推敲、锤炼语言，力求准确、鲜明、生动。

6. 写作理论类文本，如评论、随感、杂文等；写作实用类文本，如提要、自荐书、考察报告、读书报告、实验报告、研究报告、会议纪要、访谈录等；尝试进行诗歌、散文等文学类文本的写作。

7. 养成多写多改、相互交流的习惯，对自己的文章进行审读、反思，主动吸纳、辩证分析他人的意见。乐于展示和评价各自的写作成果。45 分钟能写 600 字左右的文章。课外练笔不少于 2 万字。

8. 在口语交际中具有良好的心理素质，树立自信，尊重他人，说话文明，仪态大方。增强人际交往能力，适应现代社会交际的需要。

9. 善于倾听，敏捷应对，恰当地进行表达。能根据不同的交际场合、语境和人际关系，借助语调、语气和表情、手势，提高口语交际的效果。

10. 学会演讲，做到观点鲜明而有个性，材料充分、生动，有风度，有说服力和感染力。在讨论或辩论中积极主动发言，直率而清晰地陈述个人的看法，敏捷而恰当地做出应对和辩驳。

11. 朗诵文学作品，能准确把握作品内容，传达出作品的思想内涵和感情倾向，具有一定的吸引力和感染力。

从小学到初中，再到高中，课程标准对学生写作能力的要求从来都没有放松过，应该说，如果严格按照课程标准进行教学，那么学生的写作水平会有稳步提升。课程标准是写作教学对学生进行写作思维训练的指南，而选拔性考试作文命题则是写作教学对学生进行写作思维训练的指挥棒。

选拔性考试从作文命题到评卷结束，整个过程就是一个系统，具体来讲，从作文命题到作文阅卷，以及阅卷后优秀作文的发布，整个过程对写作教学都有很大的影响。

“推荐它是一种导向。”2007 年何永康老师在“打捞”高考作文《怀想天空》后接受采访时说，“在如今的孩子都不太懂感恩的情况下，已经很少见到有儿子这样来感激当农民的父亲，高考作文中还没有人用过这种笔墨。”所谓“导向”，除了盼着青年学生都能懂得感恩外，何永康也希望阅卷者和中学语文教师能包容并鼓励这份“来自现实生活的质朴”，因为在高考作文中，这已经是久违的文风。①

由此可见，写作思维与训练如果想不受选拔性考试作文命题的影响，那是不可能的！那么，选拔性考试作文命题对写作思维与训练到底有哪些影响？

一是命题的可写性对写作思维与训练的影响。选拔性考试作文命题要考虑到考生有东西可写，即试题的内容不深奥，考生对此不陌生，有一定的了解。如果对命题内容，部分考生熟悉，部分考生陌生，则会造成考试不公平。如写“大海”，对沿海的学生有利，对内陆的学生就不利。

二是命题的选择性对写作思维与训练的影响。选择性指考生对立意角度、文章内容、文体样式、表达方式等进行选择的可能性和多样性。可选择的越多，写作的空间就越大。前两个指标（立意角度、文章内容）在试题题干上常写成“立意自定”，后两个指标（文体样式、表达方式）在试题题干上常写成“文体自定”。不过也有试题对后两个指标提出限制，如“文体自选，诗歌除外”“写议论文和记叙文”“写一篇议论文”等。

三是命题的导向性对写作思维与训练的影响。导向性指试题引导考生朝着健康、积极、深刻的方向立意的意向，引导学生朝着真、善、美的方向发展。导向性实际上就是试题潜在的思想性，是高考作为国家行为选拔人才的标准之一，也是作文题教育功能的体现。目前的作文试题都要求有明朗的、积极的思想导向；有些范围性的标题作文，虽然没有明确的思想导向，以保证考生立意的自由，但绝不可有意无意地引导考生朝着恶意、消极、不健康的方向立意。

四是命题的探究性对写作思维与训练的影响。探究性指试题要引导考生对作文内容进行深入探讨、认真研究，符合课程标准对中学生基本素养的要求，也符合实施意见在考试内容改革方面对独立思考能力的要求。作

---

① 俞发亮．中国学生作文怎么啦［M］．福州：福建人民出版社，2009：12.

文的探究性不是人云亦云、想到什么就写什么，而是要围绕作文材料中有争议、有分歧的问题，适当地提高思维强度，尤其是加强对理性思维和理性表达的引导，这是提高试题探究性的一个途径。

五是命题的防套性对写作思维与训练的影响。防套性指防止考生将别人或自己的旧作稍加改动作为应试作文。高考作文本应考查考生的实际写作能力，设计材料作文就是要以题型的变化消减应试作文的消极影响。以往高考作文题中半命题、熟题、范围性标题作文、多角度的材料作文等，在辅导资料、网络材料面前受到极大挑战。因此，2015 年全国卷的任务驱动作文题的设计，在不影响考生多角度写作的情况下，突出了写作任务的指向，很好地实现了防套功能。

六是命题的难易度对写作思维与训练的影响。难易度指高考作文试题的难度。试题的难度主要由作文涉及主旨的深度、思考的强度、可挖掘的角度等因素决定。一方面试题的难易度与试题本身是否容易理解有关；另一方面，更多左右试题难易度的因素是阅卷环节，这由命题与阅卷协调共同控制。

选拔性考试作文命题实际上为写作思维与训练指明了方向，因此，必须牢牢抓住选拔性考试这一特征，加强写作思维训练。

写作思维与问题意识

2000—2002 年，高考作文连续三年以“时政”为话题。2003 年全国高考话题作文“感情亲疏和对事物的认知”又开启了新话题，这个话题属哲学、思维学、心理学的交叉问题，考查的是学生对认知的体认。

对认知的体认，需要考生具有问题意识，解决问题则需要考生拥有个性思考力。文化诊断学指出：思考力也是矢量，同样遵循力学原理。决定思考力的三个基本要素是大小、方向、着力点——其大小取决于思考者的知识和信息量；其方向取决于思考者的价值目标和思考的集中性；着力点取决于思考的技巧，即对思考对象关键环节的把握能力。这三个基本要素与人的思维活动结合在一起，就形成了一个人具有个性特征的思考力体系和思维体式格局——思考力个性。

"感情亲疏和对事物的认知"虽然在命题上迈出了新的一步，但仍存在一些不足。对此，有人这样评说：限制过多，难度过大，话题失误，思想僵化。

下面是2004年福建省高考作文题：

选择下面所列的一个人物或文学形象作为话题，自选角度，写一篇不少于800字的作文。

人物：孔子　苏轼　曾国藩　鲁迅　史蒂芬·霍金

文学形象：曹操　宋江　薛宝钗　冬妮娅　桑提亚哥

注意：①题目自拟；②立意自定；③文体自选；④不得抄袭。

有人这样评论："这是一道别出心裁的作文题，很符合推动语文教学改革的宗旨。这就是把作文与读书紧紧结合起来，通过考作文来反映学生读书的情况。"

这说得没错，但我想从作文题的命题形式方面补充一下。这一命题实际上是给了一个引子，没有具体话题的限制，有利于学生发挥自己的想象力。两组人物，可以进行多种组合，让学生有东西可写，也能给学生更大的写作自由。同时，这个作文题充分体现了命题者的学生本位和人文关怀。

归纳起来，近年来的高考作文主要有以下几种命题形式。

1. 命题作文

直接给题目，限制多。如2006年北京市高考作文题《北京的符号》、2006年上海市高考作文题《我想握住你的手》、2006年天津市高考作文题《愿景》。

2. 材料作文

如1996年全国卷高考作文题：

仔细观察下面《给六指做整形手术》和《截错了》两幅漫画，完成下面试题。

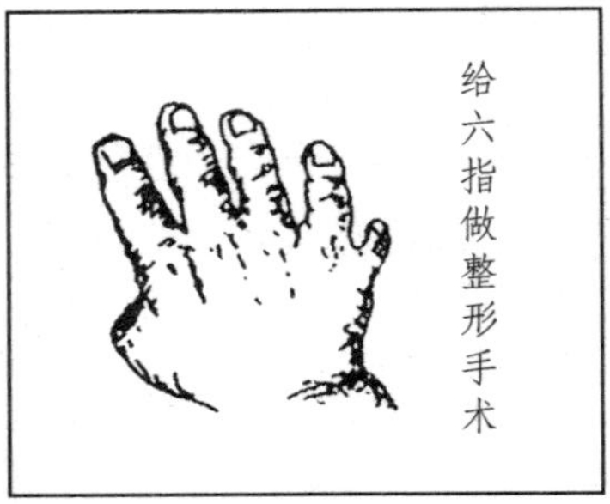

1. 用说明文字介绍两幅漫画的画面内容。

注意：

(1) 两幅漫画分别说明，文字不必平均分配。

(2) 说明画面内容时，不要编故事。

(3) 要求内容完整准确，条理清楚，语言简明。

(4) 共200字左右。

2. 在一次漫画欣赏会上，对这两幅漫画，有人说这幅好，有人说我喜欢那幅，那么你呢？请以“我更喜欢漫画《　　　　》”为题，写一篇议论文，表达你的看法。

注意：

(1) 把你喜欢的那幅漫画的标题填写在作文题目的空白处。

(2) 议论时要有比较，要充分说出自己的感受和理由。

(3) 不少于600字。

材料作文是要求考生依据材料来立意、构思、写作的一种作文形式。

(1) 材料的地位和作用

① 根据材料作文，材料是内容和立意的依据。

② 材料与文章关系密切。

(2) 材料的写作角度

① 材料是作文的起点和跳板。

② 作文必须触及材料，一般只写议论文。

3. 话题作文

如2000年全国卷高考作文题：

阅读下面的材料，根据要求作文。

在一次鼓励创新的报告会上，有位学者出了一道题：

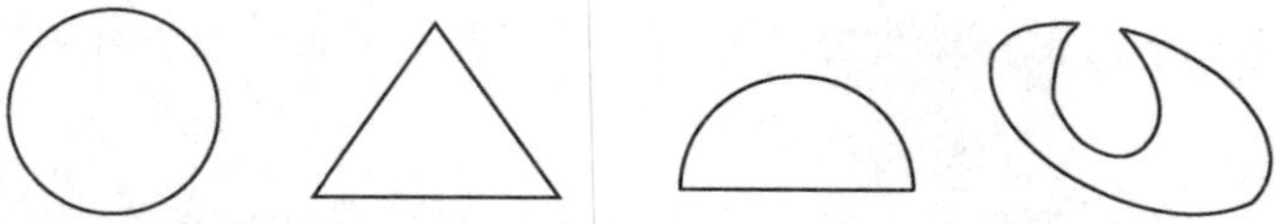

四个图形符号中，哪一个与其他三个类型不同？有人说圆形，因为圆形是唯一没有角的图形；也有人说三角形，它是唯一由直线构成的；又有人说半圆形也正确，它是唯一由直线和曲线组成的；最后有人说，第四个图形也可以，因为它是唯一非对称性的图形。看来，由于标准和角度的不同，这四个图形都可以作为正确答案。

的确，世界是千变万化的，疑问是层出不穷的，答案是丰富多彩的。在生活中，看问题的角度、对问题的理解、解决问题的方法以及问题的答案不止一个的事例很多。你有这样的经历、体验、见闻和认识吗？

请以“答案是丰富多彩的”为话题写一篇文章。

注意：

① 这个话题的范围是很宽泛的，只要与学者的这道题引发的思想感受有关，都符合要求。

② 文体不限。可以记叙经历，编述故事，抒发感情，发表议论，展开想象，等等。

③ 题目自拟。

④ 不少于800字。

话题作文是要求考生根据提供的话题情境和内容范围，进行思辨、联想、想象，结构成文的作文形式，是用一段揭示语启发思考、激发想象、限制范围的一种作文命题形式。

(1) 材料的地位和作用

① 阅读材料，根据要求作文。材料作为引子或例子启发思考，帮助理解话题。

② 材料与文章关系疏远。

(2) 材料的写作角度

① 材料只是理解话题的参考。

② 作文可以丢开材料，文体不限。

4. 问题作文

近年来，上海市在作文命题方面进行了新的尝试。如2013年上海市高考作文题：

生活中，大家往往努力做自己认为重要的事情，但世界上似乎总还有更重要的事。

这种现象普遍存在，人们对此的思考也不尽相同。请选取一个角度，写一篇文章，谈谈你的思考。

要求：(1) 题目自拟；(2) 全文不少于800字；(3) 不要写成诗歌。

这个作文题，先摆出一个现象，进而要求考生思考。转化一下，可以这么设题：你对“生活中，大家往往努力做自己认为重要的事情，但世界上似乎总还有更重要的事”这种现象怎么看？

再看2016年上海市高考作文题：

随着现代社会的发展，人们的生活更容易进入大众视野，评价他人生活变得越来越常见，这些评价对个人和社会的影响也越来越大。人们对“评价他人的生活”这种现象的看法不尽相同，请写一篇文章，谈谈你对这种现象的思考。

要求：(1) 自拟题目；(2) 不少于800字。

2016年江苏省高考作文题：

根据以下材料，选取角度，自拟题目，写一篇不少于800字的文章；文体不限，诗歌除外。

俗话说，有话则长，无话则短。有人却说，有话则短，无话则长——别人已说的我不必再说，别人无话可说处我也许有话要说。有时这是个性的彰显，有时则是创新意识的闪现。

2016年的这两个作文题有别于话题作文，已经衍生出了问题意识。上海市的谈谈你对“评价他人的生活”这种现象的思考，江苏省的“有时这是个性的彰显，有时则是创新意识的闪现”这两个作文题，都隐含着问题。上海市的作文题如果换一种方式，也可以这么问：你对“评价他人的生活”这种现象有何思考？而江苏省的作文题则可以直接抛出一个选择问句。

从上海市、江苏省高考作文的命题方式看，过去的话题材料已经被问题材料所取代，写作思维方向已经不是简单地对话题进行分析，而是需要考生透过现象看本质，从所给的问题材料中分析出要叙述的角度或议论的维度。

这种转变在2016年高考全国卷中也有所显露。全国Ⅱ卷作文题大意为谈如何学习语文，并提出三种学习方式：（1）课堂有效教学；（2）课外大量阅读；（3）社会生活实践。要求考生从自己的角度分析这三种学习方式，谈如何提高学习语文素养。

这个作文题直接从问题出发：谈如何提高语文素养。这种命题方式完全有别于过去的命题作文、材料作文、话题作文，实际就是问题作文的命题形式。这种命题形式，增加了思维的广度与深度。但我们的设问与国外的相比，还是有一定差距。

如2006年法国高考作文题：

文科作文题目（三选一）：

1. “我是谁?”这个问题能否以一个确切的答案来回答?

2. 能否说“所有的权利都伴随以暴力”?

3. 试分析休谟《结伴欲望和孤独》一文的哲学价值。“‘结伴’是人类最强烈的愿望，而孤独可能是使人痛苦的惩罚。”

经济社会学科作文题目（三选一）：

1. 什么是公众舆论能承受的真理?

2. “给予的目的在于获得”，这是否是一切交流的原则?

3. 试分析尼采《罪行与犯罪》一文的哲学意义。作者在文中提出：“舆论在了解了犯罪动机和作案具体情况后，即能遗忘错误。”这是否有悖伦理原则?

理科作文题目（三选一）：

1. 能否将自由视为一种拒绝的权力?

2. 我们对现实的认识是否受科学知识的局限?

3. 试分析卢梭《人类的幸福、不幸和社交性》一文的哲学意义。卢梭说：“我们对同类的感情，更多产生于他们的不幸而不是他们的快乐。为共同利益联系在一起的基础是利益，因共处逆境团结在一起的基础是感情。”

这些紧扣社会、历史，富有哲学思辨性的命题，给我们留下了什么印象？我以为，当前我国高考作文的命题虽然有了明显的进步，但与其他国家对比，差距还是十分明显的。针对这种情况，我们应该采取什么对策？有四点要注意：

第一，要有明确的思考目的——读者意识。作文不是写给具有高度文学修养的教师看的，阅读作文的应该是你的朋友、同学、家人。

第二，要有很强的思考能力——思维能力。思考力体系的完备性程度，决定了一个人对事物认知的科学程度；思维体式格局的完美性程度，决定了一个人对事物把握的合理程度。其中思考力体系的完备性是由思维速率、思维广度、思维高度、思维深度构成的；思维体式格局的完美性是由科学思维程度、价值思维程度、应变思维程度的相互效用决定的。

第三，要有很强的时代意识。作文里的你应该是一个真实的你，而不是一个想象中、理想中的你。有人说，应该表现出你最美的那一面。但我认为应该表现出你的两面（好的或不好的）。无论你想表现的是哪一面，都应该是符合你的实际情况的那一面。

第四，文章是用来交流思想的，表达要有真情实感。你的作文应该表现出你自己的风格、特点，表现出你自己的思想、情趣，关键是看上去像你自己的东西。

问题作文是要求考生根据提供的内容范围，自拟话题，自拟题目，自定立意，自选文体，自己确定写作思路，进行思辨、联想、想象，结构成文的作文形式。命题人不确立具体的话题，也不限制作文题目、文体等，体现了更大的开放性。这也正是问题作文与其他作文形式相比所具有的优越性。

下面列举一些问题作文，供大家参考：

1. 你感觉到星期三怎么样？这是你告诉我们关于你自己、你的鉴赏力、你的抱负的一个机会。每一题都可以用完全真实或完全虚构或兼而有之的方式写作——这是你自己的选择。消遣、分析（不要痛苦地挣扎）、创造、写作——让我们听一听你感兴趣的事情，听一听你的心声。

2. 我们从母亲哪儿得到了什么？

3. 告诉我们一些关于你自己的事情。

4. 谁是你们这代的代言人？他或她传达了什么信息？你同意吗？为什么？

5. 有种理论认为：伟大的领袖人物都是由他们所处的具体的时代创造产生的。照你的看法，伟大人物的产生，是由于所处的环境，还是由于个人的特质？试举出一位人物来支持你的观点。

6. 在愚蠢的错误和聪明的失误之间总是存在着重大的不同。请说一说你的一个聪明的失误，并且解释一下它怎么给你或他人带来益处。

7. 罗马教皇八世 Boniface 要求艺术家 Giotto 放手去画一个完美的圆来证实自己的艺术技巧。什么看似简单的行为能表现你的才能和技巧？怎么去表现？

8. 创造一个能代表你的人生的首字母缩写。这个首字母缩写是什么呢？它又表示什么？

9. 想象你是某两个著名人物的后代。谁是你的父母呢？他们将什么样的素质传给了你？

10. 开车进芝加哥市区，从肯尼迪高速公路上能看到一个表现著名的芝加哥特征的建筑物壁饰。如果你可以在这座建筑物的墙上画任何东西，你将画什么？为什么？

11. 你认为什么思想、发明、发现或创造到目前为止对你的人生产生了最大的影响？请简要说明。

12. 假如你得到一年的时间为别人提供自己的服务，你将选择去干什么？为什么？

13. 什么是你曾经不得不做出的最困难的决定？你是怎么做的？

14. 直至目前，你的什么具体的成功给了你最大的满足？

不管高考命题形式如何改变，写作思维能力的训练都是十分重要的，其中思维广度与深度的训练尤为重要。

议论文写作，需要一个人思维的广度与深度，这不仅需要学习，也需要训练。怎么训练？可能要借助逻辑思维的训练，因为人们在认识过程中常常借助于概念、判断、推理去反映现实，用科学抽象揭示事物本质，表现对现实的认识的结果。这也是由议论文的特点——长于思辨，内容的广博和思想的深邃——决定的。

写作思维与审题谋篇

写作，特别是命题作文，审题很重要。命题者要求什么，写作者就要做什么。审题作为写作思维的重要组成部分，也是“万丈高楼平地起”的基础，对于完成写作任务非常重要，因为这直接关系到后面文章怎么写，即谋篇的问题。

要朝着正确的方向立意，就离不开审题。审题，就是要善于由个别到一般，敏锐地发现特殊个例的普遍意义；要善于由表及里，深入思考，分析实质；要善于展开联系，纵横引申，分析影响。摆现象→析原因→明实质→说影响，是写作此类文章常见的思路。

具体方法可以这样：整体感知，可以抓住材料“三主要”（主要人物、主要事件、主要倾向）；以果推因，可以通过所给材料的结果推出原因，这原因往往就是要讨论的话题观点；抓关键句，材料中带有观点性的句子往往是关键句，关键句常常是立意的关键。

比如，海伦·凯勒成功的原因是什么？如果写作者不知道海伦·凯勒是谁，这篇作文就只有胡乱去写的分；如果了解海伦·凯勒，就要会解读她成功的原因，然后进行立意。从正确的方向立意，可以谈海伦·凯勒有顽强的毅力；从新颖的方向立意，可以谈她有位有爱心的老师，这是联系地看问题；也可以谈残疾使她减少了干扰、目标专一、精力集中，这是全面地看问题。

写作者要能够从不同角度对海伦·凯勒成功的原因进行审视，从中领会审题立意的方法，举一反三，寻找突破，写出好作文。

审题是一种审清题意的思维活动，主要包括以下几个方面。

一、揣摩命题意图的思维能力

中考、高考的命题作文，都是经过命题专家精心打磨的，同样也都包含着命题者的意图。作为考生，或者写作者，揣摩命题意图的思维活动不可缺少，那就是要去分析命题者为什么这样命题，其依据和出发点是什么。

二、分析作文题目意义的思维能力

如2013年北京市高考作文题：

阅读下面的对话，按要求作文。

科学家：假如请爱迪生来21世纪生活一个星期，最让他感到新奇的会是什么呢？

文学家：我想，手机会不会让他感到不可思议呢。

科学家：我同意，手机是信息时代的一个标志物，简直称得上是一部掌中电脑，其丰富的功能一定会让这位大发明家感到新奇。

文学家：手机的广泛应用，深刻地影响着人们的交往方式、思想情感和观念意识，或许这也是爱迪生意想不到的吧。

科学家和文学家各自对手机的看法，引发了你哪些思考、想象？请自选角度，自拟题目，自定文体（诗歌除外），写一篇不少于800字的文章。

这个命题的意义在于，以“手机”“爱迪生”作为材料中的媒介或引子，引出了科学家和文学家从各自领域阐述的对手机的看法，文学家和科学家分别代表两种观点：一是科技，一是人文。所以在审题时，要敏锐地抓住这两个角度加以分析。从科技角度可以这样分析：21世纪，手机在现代生活中有着重要作用，作为一种通信工具，它缩短了人与人之间交流的距离，但也给现代社会带来了种种弊端。从人文角度可以这样分析：手机改变了当代人们的生活，凸显了人文情怀。手机的出现改变了人们的沟通方式；手机正在慢慢地改变着人们的生活习惯，成为人们必不可少的通信工具，但也让人们丢失了某种情怀。

三、审读作文题目要求的思维能力

1. 明确写作文体

过去，一般的命题作文会对文体做出具体明确的要求。如1981年的中考作文题《不怕》，要求“仔细观察下边图画，加以合理想象，写成一篇记叙文”。再如1987年的中考作文题：“仔细阅读下边短文，要求：

（一）以郭明的名义写一则招领启事；（二）联系自己的实际，写一篇读后感，题目自拟。”再如1996年的全国卷高考作文题：“仔细观察下面《给六指做整形手术》和《截错了》两幅漫画……请以‘我更喜欢漫画《　　　》’为题，写一篇议论文，表达你的看法。”这些命题都有明显的特征，就是要求考生明确写作文体。

2. 明确写作对象

作文是状物还是写景，是写人还是写事，是写一人之事还是写多人之事，是需要考生注意的。如1982年的中考作文题《“傻子”不傻二三事》，乍看似乎是以写事为主，其实要求写的是“傻子”，也就是要通过两三件事表现一个人的思想品质。再如1983年的中考作文题《向您介绍我》，则要求写一篇能反映自己性格特点的记叙文，要通过对有关自己的事件或生活片段做具体描述，借以展示自己的性格特点。在话题作文中，也有类似的情况，其实话题本身就是写作对象。考生只有明确了题目要求的写作对象，那么写出的文章才不至于偏离主题。

3. 明确写作重点

抓住写作重点，一般可以从分析题目的关键词入手，抓住题眼。如1986年的中考作文题《我和小人书》，这个题目提示考生写作对象是“我”“小人书”，但能否理解题目中至关重要的也是容易被人忽视的“和”字，是决定审题成败的重要因素。再如1985年的中考作文题《我真高兴》，文眼就在“真”字，有没有写出真情实感，是能否写好这篇作文的关键。而话题作文则表现在有没有围绕话题进行写作，如果话题不够集中，或扣得不紧，也就显得把握不准重点，甚至会离题万里。

四、确定写作文体、写作范围、写作角度和写作重点的思维能力

1. 明确写作文体

如2017年全国Ⅱ卷高考作文题：

阅读下面的材料，根据要求写作。

① 天行健，君子以自强不息。（《周易》）

② 露从今夜白，月是故乡明。（杜甫）

③ 何须浅碧深红色，自是花中第一流。（李清照）

④ 受光于庭户见一堂，受光于天下照四方。（魏源）

⑤ 必须敢于正视，这才可望敢想，敢说，敢作，敢当。（鲁迅）

⑥ 数风流人物，还看今朝。（毛泽东）

中国文化博大精深，无数名句化育后世。读了上面六句，你有怎样的感触与思考？请以其中两三句为基础确定立意，并合理引用，写一篇文章。要求自选角度，明确文体，自拟标题；不要套作，不得抄袭；不少于800字。

这里的“写一篇文章”，就是写作文体方面的要求。文章就是篇幅不很长而独立成篇的文字，包括各种文体的著作、作品，如诗歌、戏剧、小说、科学论文，记叙文、议论文、说明文、应用文等。写作时要明确写作文体的要求，才不至于写出“四不像”的文章。有的高考作文题会明确规定写“议论文”或“记叙文”，写作时一定要看清楚。

如2017年北京市高考作文题：

从下面两个题目中任选一题，按要求作答。不少于700字。将题目抄在答题卡上。

① 纽带是能够起联系作用的人或事物。人心需要纽带凝聚，力量需要纽带汇集。当今时代，经济全球化的发展、文化的交流、历史的传承、社会的安宁、校园的和谐等都需要纽带。

请以“说纽带”为题，写一篇议论文。

要求：观点明确，论据充分，论证合理。

② 2049年，我们的共和国将迎来百年华诞。届时假如请你拍摄一幅或几幅照片来展现中华民族伟大复兴的辉煌成就，你将选择怎样的画面？

请展开想象，以“共和国，我为你拍照”为题，写一篇记叙文。

要求：想象合理，有叙述，有描写。可以写宏大的画面，也可以写小的场景，以小见大。

2. 明确写作范围

无论什么题目，它所要求与包含的内容总有个范围——时间、空间、数量等。如1989年的中考作文题《我爱家乡的山和水》，就明确规定了空间——家乡。再如1991年的中考作文题《我学作文中的一件事》就规定了时间——学写作文的过程中、数量——一件。这就启发我们在审题时务必要搞清楚所规定的写作范围。

再如有的命题可以这样表述:“根据以下材料……”“针对……存在的具体问题,参考……”“请结合……的理解与思考,以……为题,写一篇文章”等,对这些作文题的写作范围一定要明确。

如 2017 年江苏省高考作文题:

根据以下材料,选取角度,自拟题目,写一篇不少于 800 字的文章;文体不限,诗歌除外。

生活中离不开车。车,种类繁多,形态各异。车来车往,见证着时代的发展,承载了世间的真情;车来车往,折射出观念的变迁,蕴含着人生的哲理。

能够审准题目的写作范围很重要,因为关系到所写内容是不是符合写作范围的问题,当然也直接关系到整篇文章的质量。

3. 明确写作角度

写作角度大概可以分为五类:立意角度、选材角度、文体角度、构思角度、语体角度。从命题作文来看,大多数要求“自选角度”。

如 2017 年天津市高考作文题:

请根据下面的材料,写一篇文章。

我们在长辈的环绕下成长,自以为了解他们,其实每一位长辈都是一部厚书,一旦重新打开,就会读到人生的事理,读到传统的积淀,读到时代的印记,还可以读出我们自己,读出我们成长时他们的成长与成熟,读出我们和他们之间认知上的共识或分歧……

十八岁的我们已经长大,今天的重读,是成年个体之间平等的心灵对话、灵魂触摸,是通往理性认知的幽径。请结合自己的生活阅历深入思考,围绕“重读长辈这部书”写一篇作文。

要求:①自选角度,自拟标题;②文体不限(诗歌除外),文体特征鲜明;③不少于 800 字;④不得抄袭,不得套作。

(1)立意角度

立意,可以确定为几个范畴、几个话题。教材上的文章都是文质兼美的范文,它们有的属于同一个话题,但是立意的角度不一样。比如,同样表现民族性格，《拿来主义》《灯下漫笔》《漫话清高》《我若为王》在立意的角度上就不同。

（2）选材角度

同样要表现对国家命运的关注，杜牧写阿房宫的焚毁，苏洵写六国的灭亡，张溥写五人的慷慨赴死，龚自珍写天下之梅皆病……还有郁达夫写故都的秋天，朱自清写清华的荷塘……选材角度各不相同。每个人的教育背景、性格特点、生活经历等的不同决定了各自有不同的素材，因而在写作时就会有不同的选材角度。

（3）文体角度

同样要抒发胸中的块垒、郁闷与感悟，李白的《梦游天姥吟留别》是诗歌，苏轼的《石钟山记》、王安石的《游褒禅山记》是散文，还有小说、杂文等，文体不一。出于抒发感情、表达思想的需要，有时要根据不同的情况选择不同的文体。

（4）构思角度

同样是“小中见大”的写法，王安石、苏轼选择从游山玩水切入，娓娓道来；鲁迅的《灯下漫笔》从现实生活中银行换钱写起；《庄周买水》则是借古人说事。这是构思角度上切入角度的不同。

（5）语体角度

不同的人语体风格不同，即使是同一个人，语言风格也会因内容需要、文体特点而或豪放或婉约，或诙谐或俏皮，或轻松或沉重……这是语体角度的区别。

4. 明确写作重点

写作重点即写作时需要详细、重点描写的内容，也就是文章的关键部分。不少作文题中都有关键词，找到了关键词，也就找到了写作重点。

如 2017 年全国Ⅰ卷高考作文题：

阅读下面的材料，根据要求写作。

据近期一项对来华留学生的调查，他们较为关注的“中国关键词”有：一带一路、大熊猫、广场舞、中华美食、长城、共享单车、京剧、空气污染、美丽乡村、食品安全、高铁、移动支付。

请从中选择两三个关键词来呈现你所认识的中国，写一篇文章帮助外国青年读懂中国。要求选好关键词，使之形成有机的关联；选好角度，明确文体，自拟标题；不要套作，不得抄袭；不少于800字。

这个作文题属于时政材料作文，亦即所谓的“任务驱动作文”。“一带一路”“共享单车”“美丽乡村”“移动支付”彰显了时代性，“京剧”等则体现出传统性。12个关键词，从传统到现代，从本土到国际视野，既“接地气”又不乏“高大上”，范围十分广阔，包含了考生对社会发展、文明进程、科技进步等多方面的认知，要求考生在写作时要有对象意识、读者意识、任务意识与功能意识。

中国著名写作理论家、福建省写作学会会长潘新和教授对此总结了命题的四个优点：一是写作任务、要求明确："帮助外国青年读懂中国"，所选关键词要形成“有机的关联”——不易离题，不致写散；二是关键词贴近社会生活，引导学生关注时政动向；三是开放度大，供选关键词多，可自主任意选择，不愁无话可说；四是所提供的关键词认知难易度存在较大差异，不同认知背景的学生都有发挥空间，体现了一定的公平性、区分度。这里所说的关键词正是考生要明确的写作重点。

五、提高辨析的思维能力

思维的条理是否清晰，思维的过程是否流畅，判断是否准确，尤其是考生有没有较强的辨析能力，对于写作来说非常重要。下面就以2012年3月厦门市适应性考试作文题为例。

阅读下面的文字，根据要求写一篇不少于800字的记叙文或议论文。

生活中常有这样的现象，父母教育孩子时会批评孩子不如谁谁谁优秀；妻子数落丈夫时会唠叨，说他不如谁谁谁有钱；领导激励员工时，会说谁谁谁早已是享誉社会的名流、专家。即使别人不要求你了，自己可能还会在心里嘀咕，谁谁谁本来和我同时参加工作，职位怎么升得那么快……

要求：①必须符合文体要求。②角度自选。③立意自定。④题目自拟。⑤不得抄袭，不得套作。

这场考试结束后，我们发现有的考生所拟的作文题与命题者给的材料无关，有的考生所写的内容与命题者给的材料无关，究其原因，是不会审题立意。试看下面几个例子。

例一《知足与贪念》：人无完人，在这个世界上没有一个人是完美无缺的，也没有任何一件事物可以用完美来赞扬，只要是人就总有缺点，正因如此我们才要改正缺点，若一个人完美无瑕，他活着也会很累，所以我们不要过高要求自己或身边的人如何如何，要学会知足。

例二《自己的白纸》：在每个空间不为人知的地方，都会有一个盘在运转着，这是命运之盘，每个人的命运都会在此中显示，每个人也会有着不同的命运，或喜或悲，没有人知道，而这盘不只会显示，还会预测，这是因为，每个人的命运是由自己来掌握的，是不被他人左右的。

从考生的答卷情况看，面对如此浅显的材料，考生依然审错题、立错意，这是比较令人担心的。新材料作文是要求考生根据所提供的材料，自拟题目，自定立意，自选文体，自己确定写作思路，进行思辨、联想、想象，结构成文的作文形式。命题人不确立话题，也不限制作文题目、文体等，体现了更大的开放性。这也正是新材料作文较其他形式的优越性。但为什么会存在审题立意错误的问题，主要有以下两个原因。

1. 理解能力的问题：对材料的理解把握能力差

对材料的理解把握能力差，主要体现在不能体会材料的主题，即不能准确地把握材料的中心思想：不会抓人物的言行举止，分析人物的性格特点；不会抓故事的主要情节，体会其中的道理；不会抓景物特色，抒发内心情感；不会抓事物的特征，阐明事理或作用。从例一、例二来看，两位考生都出现了不会将自己的话题与命题材料的主题（或中心）结合的问题。

2. 立意方向的问题：涉及文章的灵魂

因为考试时间的限制，考生用在审题上的时间是极为有限的，在有限的时间里要围绕所给材料把作文的“意”立好，不仅要具备很强的解读材料的能力，还要具备很强的概括材料的能力。除此之外，会不会围绕材料进行立意，明确立意的方向也很重要，因为这涉及文章有没有灵魂的问题。

简而言之，立意的主要方向无非有两个：一是朝正确的方向立意，即向积极的方向、有思想价值的方向立意；二是朝新颖的方向立意。不论朝哪个方向，所立之“意”都要与社会发展的主流思想、与时代精神相一致。

如2011年福建省高考作文题：

阅读下面的文字，写一篇不少于800字的议论文或记叙文。

中国杂交水稻之父袁隆平说：“我的工作让我常晒太阳，呼吸新鲜的空气，这使我有个好身体。我梦见我种的水稻长得像高粱那么高，穗子像扫把那么长，颗粒像花生米那么大，我和我的朋友，就坐在稻穗下乘凉。”

要求：（1）必须符合文体要求；（2）角度自选；（3）立意自定；（4）题目自拟；（5）不得抄袭，不得套作。

袁隆平说的这段话，关键在于一种对待工作的态度和热情，体现了科学家对生命价值的认识。考生如果能从科学家的浪漫情怀、理想志向、人格精神等方面立意，也就不难找到诸如“痛并快乐着”“放飞梦想”“梦想的力量”“生命的高度”“欢乐颂”“梅花香自苦寒来”“梦想编织的生命之帆”等主题。

再如2010年福建省高考作文题：

阅读下面的材料，根据要求写一篇不少于800字的文章。

还在念大学的时候，雅科布·格林与威廉·格林兄弟俩的脑子里一直萦绕着这样一个假设：几百年来，流传在民间的故事或许与人类发展的历史暗藏联系。为此，兄弟俩付出了极大的努力，共收集整理出八十六个传说，但他们无论如何也找不出这些传说和人类发展史的联系。于是他们把厚厚的笔记往书架上一搁，又开始了其他工作。

后来，一个朋友偶然发现了这本笔记，立刻联系了柏林一家出版社，把这些故事结集出版。这本故事集至今已经再版两万多次，印刷量超过一个亿，曾被四十多个国家翻译成五十多种语言。这本故事集就是世界各国儿童耳熟能详的《格林童话》。

要求：选择一个角度构思作文，自定立意，自选文体，自拟标题；不要脱离材料内容及含意的范围，不要套作，不得抄袭。

作为考生，应该如何解题？一可以从民间传说与人类发展史的关系角度思考问题；二可以从笔记被束之高阁到被朋友发现并多次再版的角度思考问题。考生如果能从偶然性与必然性的辩证关系入手去思考这个问题，也就不难生发出“存在与发现”“存世与传世”“价值存在与现实存在”等方面的立意，写出见解独到、个性鲜明的作文。

3. 谋篇布局的问题：对材料的概括能力差，不会扣紧材料生发开去

从近几年的作文试卷中可以看出，考生不会概括材料的问题比较突出。考生对所提供的材料概括不完整、理解不清晰，最重要的原因在于考生从材料中提取信息并选出有利于立意的信息的能力不足。例一《知足与贪念》如果能揭示“不要跟别人比，要懂得知足；之所以有贪念，是因为总是跟别人比”这样的道理，就会很不错。例二《自己的白纸》如果能揭示不要被“比”的结果所左右，就会更好。

2011年福建省高考作文题材料选自《中国新闻周刊》2009年第48期的《十年影响力人物特刊》，原文标题为《袁隆平：到了100岁，我还是想在田里》。袁隆平在农业科学上的成就击败了饥饿的威胁，引导中国人走向了一个丰衣足食的世界。现在他虽然年过八旬，但仍旧保持着对稻田的热爱，甘于寂寞，潜心科研，努力把杂交水稻推向全世界。考生如果只停留在思想政治、生物或地理课本里的知识上，那让人看到的作文就会比较单一，缺乏变化。因为命题材料所给的写作角度是多元的，考生可以从理想与现实的角度入手，也可以从平凡与伟大的角度着墨；可以从转变就业、择业观念的角度挥毫，也可以从职业跨向事业的角度深入……如何谋篇布局，大可各显神通，但必须从材料出发，必须自圆其说。

下面是福州第三中学朱天琪老师写的同题作文。

袁隆平的快乐

袁隆平的话，让我们感觉到他的快乐。他的快乐在于他有个好身体，在于他童真的梦想，在于他对工作的热爱，在于他有朋友，在于他懂得享受自然的清风明月。

快乐的人生，没有固定的模式，但袁隆平的快乐，无疑值得我们效仿。“好身体”，使我们吃嘛嘛香；“好身体”，使我们能好好工作；“好身体”，使我们家庭幸福。常说“身体是本钱”，可是很多人忘了身体的重要，拿健康去换事业、换金钱。在网上看了因癌症去世的复旦大学讲师于娟在最后的日子里留下的生命日记，她写道："唯一踩在地上的，是你健康的身体。"读后唏嘘不已的同时，我们真该问问自己：这么拼命是为了什么？

好的身体，使袁隆平能够以充沛的精力投入工作中，能够在水稻育种的事业中取得瞩目的成就。我想，这也是他快乐的源泉。可是袁隆平似乎并不特别在意荣誉，在意一个结果，而是快意于孩子一样的天真梦想。阿尔贝特·史怀哲在《警惕"成熟"》一文中说，"成熟"会给人带来顺从命运的理性化。科学家的理性是必备的，但有孩子这样的梦想，未必能做到。爱因斯坦说过"想象力比知识更重要"的话，这与袁隆平的梦想是一致的。生活在这个社会上，像孩子一样天真快乐，还可摆脱周遭一些烦人的事，不妨看作袁隆平的一种生活智慧。

"与朋友在稻穗下乘凉"，从这幅"共友乘凉图"中，我们看出袁隆平很享受。享受的快乐，虽然人人各异，但毕竟还是有境界的高低。孟子曾问齐宣王："独乐乐，与人乐乐，孰乐？"这虽说的是君王治国的事，但生活中能与朋友共同分享成果的快乐，这也可以看出袁隆平为人的谦和随性。"乘凉"也是生活的享受，我知道袁隆平篮球打得好，小提琴也拉得好，懂得工作，懂得生活，这就是这幅"共友乘凉图"的意义所在。

袁隆平的快乐，很饱满。他的话虽然简单，但很深刻。

【点评】

第一自然段：紧扣袁隆平的话，指出"他的快乐在于他有个好身体，在于他童真的梦想，在于他对工作的热爱，在于他有朋友，在于他懂得享受自然的清风明月"。这是一种开宗明义的写法。

第二自然段：重点写"好身体"，引用了因癌症去世的复旦大学讲师于娟在最后的日子里留下的《生命日记》中的句子"唯一踩在地上的，是你健康的身体"作为论据，进而提出问题："我们真该问问：拼命是为了什么？"引出下文。

第三自然段：强调"好的身体，使袁隆平能够以充沛的精力投入工作中，能够在水稻育种的事业中取得瞩目的成就"。引用了阿尔贝特·史怀哲写的《警惕"成熟"》一文中对"成熟"概念的阐述，指出"成熟"会给人带来顺从命运的理性化，并引用了爱因斯坦说过的"想象力比知识更重要"的话，论证快乐是"袁隆平的梦想""袁隆平的一种生活智慧”。

第四自然段：紧扣材料“与朋友在稻穗下乘凉”这幅“共友乘凉图”，突出袁隆平很享受快乐。引用孟子问齐宣王的话：“独乐乐，与人乐乐，孰乐?”提高思维的深度，突出袁隆平为人的谦和随性。

第五自然段：回应开头，升华主题：“袁隆平的快乐，很饱满。他的话虽然简单，但很深刻。”

如果说“写作是思维和语言在时间上的展开”[①]，我们从朱老师的下水作文的语言中也可以清晰地看到他的写作思维的展开，从中学习如何进行谋篇布局，学习如何拓展思维的深度与广度。

写作思维与分析说理

写议论文，最基本的是要明白：立意就是论点，论据要紧扣论点，分析要集中和充分。要想写好议论文，就要善于分析说理。分析说理是写作思维中重要的能力要求。

要善于分析说理，主要在于善于分析现象、事理的层次性。古代的“说”这一文体，既可以记叙，也可以议论，都是为了阐明一个道理。如《黄生借书说》《马说》《捕蛇者说》《师说》，分别阐明了“书非借不能读也”“千里马常有，而伯乐不常有”“赋敛之毒，有甚是蛇者乎”“师者，所以传道受业解惑也”的道理，但从分析说理的层次性看，基本上停留在一事一议上，这是“说”的文体特征。

而今天的论述类文章写作，如果只从单一的事件或事例中抽象出规律，从议论的层次性来看，就会显得单薄。对于论述类文章，要想写得深入一些，就应该学会从多种事例中分析抽象出规律，让论证富有层次性。所谓层次性，是指在论证过程中将论题“缩小”。“缩小”意味着不是简单

① 郑桂华．语文有效教学：观念・策略・设计［M］．上海：华东师范大学出版社，2009：152.

地阐述大道理，而是要限制论题的规模。具体地说，就是抽丝剥茧式的分析说理，围绕论题设定的条件，一步步论述下去，即一环扣一环地进行论证，第一论点为第二论点服务，以此类推，让论证的层次性很清晰。分析说理不是罗列特征，也不是描述特征，而是分析论题的漏洞与不足。分析论题的漏洞与不足，在于揭示论题的必要性，分析其存在的意义与价值，阐明其重要性，这样利用漏洞或不足、意义与价值作为写作思维的弹跳点，让文脉处于层层深入、层层推进的状态，而此时写作者的思维就有了推动力，在不断地质疑、不断地自圆其说中构成了分析说理的内循环结构，从而让分析说理更加趋于周密。

分析说理，贵在善于质疑。所谓质疑，就是对第一层面的观点的适用范围和适用性质提出疑问，进入第二层面的进一步辨析，看看第一层面的论点适用范围能否拓展，适用性质是否需要改变，以此类推。

下面我们结合 2005 年北京市高考满分作文《说“安”》具体谈谈写作思维与分析说理。

示例一：

说“安”

“安”字有很多含义，其中之一便是“安逸”，“安逸”其实是很多人追求的一种生活态度。

“开荒南野际，守拙归园田”是一种安逸；“小桥流水人家”是一种安逸；然而，“谈笑间，樯橹灰飞烟灭”后的一杯清茶、一壶酒也是一种安逸。安逸是一种释然，是一种随心，是一种大风大浪后的平静与享受。

佛祖释迦牟尼放弃王子的奢侈生活，宁愿漂泊于世，苦求真理，最后终于在菩提树下大彻大悟，得到完善。他所追求的，就是一种安逸。这样的安逸不同于安于现状，是他在艰难的自我否定与自我升华中寻得的。这样的安逸也不等同于安乐，他在找到完善的自我之后，并不满足于此，而是巡游世界、普度众生。因此，安逸，是找到真理后内心的平静，是修行自我后无私的奉献。

陶渊明抛下尘世的功名利禄而归隐田园。无论是他曾幻想的武陵桃花源，还是他自己所经营的“草屋八九间”，他都在追求一种安逸。他“不为五斗米折腰”，是不想让物质的铜臭味破坏他心中的圣境。他的这份安逸，有别于一些人的逍遥快乐，有别于一些人的事不干己，而是希望回归农村的质朴、纯洁，回归人类本性的善良与自然。

李白终生仕途不顺，屡遭排斥，但他可曾想到，后人眼中的他，没有被官场失利的阴影所遮蔽，而是一个“五花马，千金裘，呼儿将出换美酒”的豪情万丈的诗仙！他的“安能摧眉折腰事权贵，使我不得开心颜”，流传百年，受世人称赞，又胜过了多少苦苦追求一官半职、终生逃不出科考的人！他的释然、豪爽，不也是一份安逸吗？不被名利所束缚，这份安逸，就是当时的皇帝也难以享有。没有这样的安逸、洒脱，李白怎能留给后人这前无古人、后无来者的千古名句呢？

安逸给予世上所有人都是平等的，它不是众人分食的一块蛋糕，而是每个人内心深处都埋藏着的一种态度。当我们奋斗一生、努力追求过自己的理想后，我们也许有了白发，也许皱纹爬上眼角，但此时，我们能够说，自己的能量曾经真正地释放过，自己曾经真正拼搏过、付出过，即便没有来生，我们也不后悔。这时，我们得到了一种非常宝贵的东西——安逸，我们此时才真正能够微笑、能够宽容、能够无悔。

【点评】

第一自然段：扣题，从“安”的其中一个含义说起，不说所有人，而说“很多人”，在写作思维上表现出来的是语言的分寸感，只有掌握了分寸，分析说理才能做到准确。

第二自然段：引用了三句诗，看似都在阐明对安逸的认识，其实不然，“不为五斗米折腰”的陶渊明退隐江湖的安逸与金戈铁马后的周瑜“平静与享受”的安逸不尽相同，从“释然”“随心”“平静与享受”三个层面谈“安逸”。

第三自然段：用佛祖释迦牟尼的例子阐明安逸与安于现状、安逸与安乐的区别，其中的变化在于分析说理又深入一层，这也是写作思维的延伸与强化，这里的写作思维特征是利用对比的方法，在概念的对举中辨明是非，在比较中阐述清楚“安”的内在含义。

第四自然段：集中于对“释然”这一含义的阐述，为的是突出陶渊明“释然”的安逸，是“无官一身轻”的安逸，与释迦牟尼自我升华式的精神安逸不同，是另一种心态。此时的写作思维更加深入，更进一步丰富了

“安逸”的内涵。

第五自然段：还是扣住“释然”，而且多了“豪爽”，李白仕途不顺，到“释然”“豪爽”，写作思维在此表现出来的是更进一步分析“安逸”。

第六自然段：全文总括，“安逸给予世上所有人都是平等的”，突出安逸是“每个人内心深处都埋藏着的一种态度”，照应开头，可惜没有紧扣“释然”“随心”“平静与享受”三个层面谈“安逸”。

示例二：

说“安”

提起“安”字，你多半会看到国人微笑的脸，是啊，有谁不喜欢“安”呢？“安”代表了稳定，代表了幸福，至少，国人多是如此看的。

这时我想起了一个王朝的都城——长安。这座都城，古老却蓬勃，清淡而辉煌，它是大唐历史的见证，它有着动听的寓意——“长治久安”。在我看来，历史不外乎乱世及治世，因此以治而安，安而成功，在这个“长治久安”的都城中，唐王朝的统治者实现了一统天下的大业，成就了大唐在历史中的盛世，缔造了中国在世界的辉煌。而长安，仍然是静静地矗立着，即使它有当时的繁华，纵然在百年的历史中也有过动荡，它却仍矗立着，宠辱不惊，因为它的名字中充满了人们的希冀——“长治久安”，因而我们说，“安”字绝妙。

人们希望获得“安”，历代的统治者也在努力制造一个“安”的局面。

然而，真是“安”吗？为何我耳边总在回响着屈原哀怨的绝唱：“路漫漫其修远兮，吾将上下而求索。”求什么呢？求君主的圣明，求百姓的福祉，求国家之“安”。为何我脑海中总是浮现出一位僵卧孤村的老者，那是陆游在吟诗吧，虽然“镜中衰鬓已先斑”，却仍挣扎着，“尚思为国戍轮台”，这位忧国忧民的诗人，至死仍盼望着“王师北定中原日”，而他不知道，宋王朝的统治者只求一隅之“安”，在那风景如画的临安。哈，恰又是一个“安”字，只可惜是“临时安定”。那个在不安中求安的宋朝啊，悲凄的宋朝有易安居士携所有家当追随朝廷，而最后也只得叹一句“至今思项羽，不肯过江东”。只是那执政者不是“人杰”，更不会也不愿做“鬼雄”，他只愿在风雨飘摇中“一晌贪欢”，莫“辜负了窗前月明”就好。

于是我感叹，从古到今，国人一直在追求“安”，可能真如鲁迅先生所述，即使只是做奴隶吧，只要有安定的环境，那也是万幸了，所以我们一直坚信“跟着安定走，幸福向你招手”吗？所以我们可以抛弃土地，抛弃尊严吗？所以在动荡的晚清，我们签下了那么多丧权辱国的条约吗？

不要因为“安”而丧失了我们中华民族的气节。我们喜爱“安”，然而我们也要提防“安”，不要因一晌贪“安”而蒙蔽了双眼。想吾泱泱大国，几千年基业，定要将“安”字慎选。

【点评】

第一自然段：从信息加工理论看，知识表征（或知识单元）是由一些语义联想互相联系起来的。“安”可以看作一个知识表征（或知识单元），在相互联系的多层次系统中，一个高级知识单元可支配几个低级知识单元，“安”知识单元可支配笑脸、稳定、幸福，从而提出了人们对“安”的看法，这是分析说理的开始。

第二自然段：这时的写作思维，由知识单元“安”分析出“长治久安”，这一写作思维线索还要简单地看作“亚单元”长安城，是说理的一部分：分析国人心态中对“安”带来的辉煌值得我们骄傲，在于阐明“安”的民族性和重要性。

第三自然段：紧扣知识单元“安”过渡。

第四自然段：这里的写作思维线索，由“安”这一高级知识单元深入分析说理，支配低一级知识单元——屈原求“安”、宋王朝求“安”。与常态下的知识单元“安”不同，从反面分析知识单元“安”，拓展议论，质疑求安求稳，指出“安”的暂时性、危机性，点明了文章的主旨。由李清照的词句“一晌贪欢”引出统治者的“苟且偷安”，内容上由“求安”转入“偷安”。

第五自然段：如果仅停留在描述“求安”“偷安”现象的层面，文章还不算出彩，真正出彩的是能深入分析“求安”“偷安”。“安”是“安定”“安稳”，求安定、安稳是可以理解的，苟且偷安，则有危险性，因而文章中指出求安不能“抛弃尊严”，更深入一层，认为国家的安定、祥和不是求来的，不仅要看到“安”是一种幸福、一种有尊严的幸福，也要“居安思危”，“安”的背后同样潜藏着危机。这也是写作思维向深入挖掘的价值。

第六自然段：结尾总结概括，再次可以看到写作的思维路径——从“安”联想到历史上的“安乐繁荣”，进一步分析繁荣有脆弱、充满危险、偷安的繁荣，要“居安思危”。由此，我们可以清晰地了解写作的辩证思维，既有概括，又有分析，更有思辨，这是一篇好的议论文的典型的写作思维特征。

一、加强文章的针对性和说理性训练

下面是2016年全国新课标Ⅰ卷高考作文题：

阅读下面的漫画材料，根据要求写一篇不少于800字的文章。

（据夏明作品改动）

要求：结合材料的内容和寓意，选好角度，确定文意，明确文体，自拟标题；不要套作，不得抄袭。

再看2015年全国新课标Ⅰ卷高考作文题：

阅读下面的材料，根据要求写一篇不少于800字的文章。

因父亲总是在高速路上开车时接电话，家人屡劝不改，女大学生小陈迫于无奈，更出于生命安全的考虑，通过微博私信向警方举报了自己的父亲；警方查实后，依法对老陈进行了教育和处罚，并将这起举报发在官方微博上，此事赢得众多网友点赞，也引发一些质疑，经媒体报道后，激起了更大范围、更多角度的讨论。

对于以上事情，你怎么看？请给小陈、老陈或其他相关方写一封信，表明你的态度，阐述你的看法。

要求综合材料内容及含意，选好角度，确定立意，完成写作任务。明确收信人，统一以“明华”为写信人，不得泄露个人信息。

首先，2016年的作文题与2015年的作文题完全不同。2015年的作文题有明确的写作任务：“对于以上事情，你怎么看？请给小陈、老陈或其他相关方写一封信，表明你的态度，阐述你的看法。”而2016年的作文题没有这么明显的写作任务，但明确了“结合材料的内容和寓意”，“选好角度，确定文意，明确文体，自拟标题”是写作要求，而读懂并分析漫画内容和寓意，是写作前的任务。

其次，与福建省往年所命制的作文题也不尽相同。2015年福建省独立命制的作文题写作要求是“上面三则材料，引发你怎样的感悟和联想？请就此写一篇不少于800字的议论文或记叙文”。很明显，这可以看作新材料作文，材料只是引子，是写作的一个桥梁。而2016年的作文题，符合《普通高中语文课程标准》中“能考虑不同的目的要求，以负责的态度陈述自己的看法，表达真情实感，培育科学理性精神”的要求。因此，不管是任务驱动，还是隐藏着这一精神，都值得我们注意。

再者，就2016年的漫画材料而言，对考生来说，要观察漫画材料中人物的特定角色（身份）及人物之间的特定关系，同时要对漫画材料的外延联系自己的学习、家庭和社会生活的实际，明确漫画材料中的有效信息点，分析漫画材料中存在的几个问题或几对矛盾，并抓住核心问题或主要矛盾，体现自己的思考、权衡与选择，做到立论正确、观点鲜明。

2016年的漫画材料题，对考生来说，应该有话可说，但要深刻阐述，可能有一定困难。漫画中的两个孩子，除了明显的分数差异之外，脸上不同的印记更为重要。考生在审题时要找到他们手中的分数与脸上不同的印记的关联及寓意指向，不仅要明确“巴掌”与“吻”所蕴含的意义，理解“巴掌”与批评、“吻”与表扬的语义关系，还要了解漫画的寓意指向，或批评家长，或批评教师，或批评生活中、工作中、人生中不合理的评价。

具体来说，考生谈“进步和退步”与“表扬和批评”的关系，应该比较容易；进而谈家长、教师及社会中不同身份的人对“进步和退步”的“表扬和批评”，则又难了一点；若联系生活中、工作中、人生中对“进步和退步”的不合理“表扬和批评”，则更难了。

总而言之，2016年高考语文全国新课标Ⅰ卷的漫画材料作文具有强烈的讽刺性和幽默性。画家从生活现象中取材，通过夸张、比喻、象征、寓意等手法，表现为幽默、诙谐、辛辣的画面，借以讽刺、批评或歌颂某些人或事。

以漫画作为话题的写作训练，要注意以下四个步骤：首先，读懂漫画意旨。拿到题后，首先要仔细读图，细心审阅，包括标题文字。其次，抓住形象特征。抓住特征，把握本质，就能找到写作材料，顺利地谋篇布局。再次，联系生活实际，揣摩画中之话、话外之音，展开联想和想象。运用联想和想象，不但可以获得大量的写作材料，而且可以加深对漫画意旨的理解。最后，根据题目要求，议论画面，综合构思成文。写作者必须确定适合自己阅历和写作能力的内容和文体，要扬长避短，一般适合写成观点鲜明的议论文，做到内容集中，注重辩证分析。任务驱动型材料作文不能像一般材料作文那样，从材料中引出一个道理，然后进行哲理化写作，而是必须针对材料所展示的现象进行评论，有的放矢；要有说理性，以理服人，让读者能一目了然地知道这种现象的本质是什么、原因是什么以及如何解决。

二、加强选取文章立意角度训练

写文章时，要注意选取明确的立意角度，鲜明地表明自己的态度或观点。以2015年全国新课标Ⅰ卷高考作文题为例，从立意上看，可以写给老陈，也就是材料中的父亲。女儿报警了，表面上看是大义灭亲的行为，但是实际上是对父亲另一种方式的关心，意在提醒父亲注意交通安全，这既是对自己负责，也是对其他人负责，是为了父亲和更多人的安全。所以写给老陈的信，可以从责任这个角度来写，可以提醒他做一个遵纪守法的好公民，不可以违反交通规则。可以写给小陈，也就是材料中的女儿。女儿举报父亲，对她的这一行为，你有什么看法呢？写给小陈的信中，你可以对她的行为表示理解和赞同，因为规则面前人人平等，不能因为是父亲就纵容；你也可以指出她的行为欠妥，告诉她可以用更加宽容的方法帮助父亲，而不是用这种“极端”的方法。也可以写给其他相关方，如写给交通管理者，要求他们严格执法，对这种违反交通规则的行为进行惩罚，多做“摒弃交通陋习、倡导文明出行”的宣传等。

要想选取明确的立意角度，就要读懂材料，能概括出列举现象的具体表现，分析现象的实质、产生的原因（内因与外因、主要原因与次要原因）及结果（积极效应、消极效应），并类比、对比联想同类或性质相反的现象，思考解决问题的方法。

如2010年全国Ⅰ卷高考作文题：

阅读下面的图画材料，根据要求写一篇不少于800字的文章。

（据王铎作品改动）

要求选准角度，明确立意，自选文体，自拟标题；不要脱离材料内容及含意的范围作文，不要套作，不得抄袭。

考生可以从多个角度立意：应专注于本职工作，不管别人的风言风语、冷嘲热讽；也可以赞扬现代社会中即使有“鱼”吃、有条件享受也不忘“捉老鼠”（即不忘职责）的人；还可以再深入一些，提醒人们，即使条件好了，也应居安思危，努力进取。

再如2007年全国Ⅰ卷高考作文题：

阅读下面的图画材料，根据要求写一篇不少于800字的文章。

摔了一跤

要求选择一个角度构思作文，自主确定立意，确定文体，确定标题；不要脱离材料内容及含意的范围作文，不要套作，不得抄袭。

这道漫画作文题《摔了一跤》的寓意是孩子的成长环境存在问题，面对家庭、学校、社会的教育环境、教育方法、教育态度等，考生要学会分析思考，提炼出恰当的写作角度，如哪些方面有待改进，对孩子的成长过分关注是否有利于孩子的发展，家庭、学校、社会事无巨细地替孩子操心是否有利于孩子的成长。事实上，加强选取文章立意角度训练，也是加强思维训练和分析能力、概括能力、思考能力、思辨能力的训练。

三、加强紧扣论点分析说理训练

如2013年上海市高考作文题有很强的开放性、包容性、思辨性，给考生以广阔的思维空间。其开放性在于为考生取材与选材提供了无限的空间；其包容性在于“重要和更重要的事”这一话题的广度几乎可以覆盖一切，万事万物概莫能外；其思辨性在于作文题中“重要和更重要的事”，实际上为考生提供了一组带有思辨色彩的思维路径：“重要和更重要的事”有可比性——从空间上看，比较可以是纵向的，可以是横向的，也可以是纵横交错的；从时间上看，眼前的事可以跟同学比较、跟家长比较，也可以跟社会联系，这是横向的，跟过去或未来比较，这是纵向的。从事情的复杂性上看，复杂的事不一定是深刻的，深刻的事也不一定是复杂的，事实上，简单的事也可以是重要的，也可以是更重要的，如果在考场上选择简单的事来写，并不妨碍写得深刻。

同时还要注意，考生在有限的时间内要完成一篇不少于800字的作文，在写作的容量上不可能包罗万象，写起来还是有一定的难度。因此，在写作思维的训练中，必须提高学生临场斟酌和取舍的能力。

如何在临场时做到成功地斟酌和取舍？这需要考生聚焦思维，确定角度，也就是说，考生在有限的考试时间中，要学会聚焦于某一点，然后辐射或生发开去，写作思维中的概括叙述与分析说理，都要聚焦在某一点上，千万不可含糊不清。记叙可以含蓄，也可以直白，但务必要观点鲜明，论据展开充分，最好采用“总—分—总”的结构。

面对开放性的题目，要放得开，写出来的文章才会有深度；“信马由缰”之后，也要收得拢，否则文章便会显得松散。收放自如，是写作思维训练之道。

写作思维与写作语言

“语言本身不具有‘意义’，‘意义’是在使用语言的社会关系中建构起来的。”“个体通过语言建构的意义会随着时间、情境、个人视角和所属文化群体的不同而变化。”因此，“读写不仅仅是阅读和写作，而且是广泛的、互相联系的各种语言活动，比纯粹的系列技能要更具社会性，也更个性化”。[①] 可以说，“意义”的产生，离不开读者的建构，在特定的时空中，“意义”会随着情境、读者的个人视角和读者所属文化群体的变化而变化，因此，写作活动实际上就是“广泛的、互相联系的各种语言活动”。

由于写作思维依赖“意义”的建构，所建构的语言需要被接受、被理

① 叶丽新．国际《阅读和写作评估标准》的理念和主张［J］．语文学习，2016（6）：63－68.

解，因此，写作思维一方面是写作者应用语言表现的过程，另一方面是读者对写作内容的二次加工。

写作语言“意义”的传输，需要有接收对象——读者。美国较为著名的“6+1要素”作文评价标准，从七个基本维度描述了优秀作文的相关表现标准。在每一个维度的表现标准中，都能看到“读者意识”的影子。

观点和内容维度提及：主题集中，行文明晰，能吸引读者，事件或细节具体而充实。预想到读者的问题，并做了回答。

组织结构维度提及：文章的顺序、结构或信息的呈现自始至终能够吸引读者。

口吻维度提及：作者用一种个人独有的、迷人的和动人的方式直接向读者说话。作者写作时有一种对读者的尊重意识和目的意识。

措辞维度提及：语言很有冲击力，很能吸引读者的眼球和注意力。

语句流畅度方面提及：语言对读者来说是自然的、有效的和恰当的。

规范维度提及：作者对规则运用灵活娴熟，照顾到不同的年级、年龄（读者）。

呈现维度提及：文章的呈现有助于增强读者的理解，增进信息交流，让人赏心悦目。①

从七个基本维度看，写作思维必须具有强烈的“读者意识”，七个“提及”都与读者有关系，观点和内容“能吸引读者”，“预想到读者的问题”，“用一种个人独有的、迷人的和动人的方式直接向读者说话”，“语言很有冲击力，很能吸引读者的眼球和注意力”，“对读者来说是自然的、有效的和恰当的”，“文章的呈现有助于增强读者的理解，增进信息交流，让人赏心悦目”，这些都说明写作时要关注读者，心中有读者。心中没有读者的写作，是盲目的写作，是缺乏交流的写作。

搜狐教育发起了有关2011年福建省高考作文题的调查，有12124位网友参与。结果显示，有60%的网友认为，这道题非常难。同时，在全国各地高考作文难易度评选中，福建省高考作文题被认为是全国最难的。这一

---

① 叶丽新．丰富关于“写作”的基本认识——来自国外母语课程标准的信息[J]．语文教学通讯·小学．2017（1）：4-7.

调查结果，在改卷结束后的统计结果中得到了验证。2011 年 6 月 20 日，《海峡导报》记者从权威渠道获得的消息称，约 18%的考生作文成绩不及格（42 分以下），取得 40～49 分的考生占 67.75%，取得 60 分以上的考生仅占 0.4%（65 分以上的作文仅有 14 篇）。

然而，命题组专家认为，2011 年福建省的高考试题体现了普通高中新课程的基本理念，重视以学生为本，做到了“情景易于理解，设问明确无歧义”“入题容易，答题有门”，让考生能正常发挥自己的水平，同时试题的设计与考查要求兼顾平稳与求新。厦门双十中学的杨极生老师认为，2011 年的作文题是材料作文，从材料内涵出发深化出观点，题目相对平稳，容易让考生有话可说。厦门第一中学的陈岩立老师也指出，相比之下，2010 年的作文题开放度大，选择角度多，而 2011 年的作文题的切入点则相对较少，考生自由发挥的空间受到压缩。但是，在考场上，切入点太多，反而容易使考生陷入选择困境；考题指向性明确，有利于考生在短时间内做出选择。我也觉得 2011 年的作文题比 2010 年的容易入手，可是为什么结果与估计的出入那么大？是不是我们高估了学生的水平？

厦门大学中文系教授俞兆平在《我对福建今年高考作文命题及一类样卷的几点看法》一文中从“作文题目所给予材料的价值地位”“今年作文题目设置的得与失”“‘一类样卷’暴露出的中学写作教学的存在问题”三个方面阐述了他对 2011 年福建省高考作文的看法，比较贴近高中写作教学。

当大脑进入写作状态时，思维与语言已经同处一条线上，正好同时发生，从而产生了“言语思维”。

言语思维的训练，在写作前显得尤为重要。我们习惯于把言语理解为外在的、外显的，理解为与声带、舌头与喉咙有关系的，事实上我们也要弄清楚言语为什么会转向内部的问题。“语言转向内部是因为它的功能起了变化。它的发展经历了三个阶段……外部言语、自我中心言语、内部言语”[①]，维果茨基研究表明，“言语的发展像包括符号运用在内的一切其他

---

① ［俄］列夫·谢苗诺维奇·维果茨基. 思维与语言［M］. 李维译. 杭州：浙江教育出版社，1997：51—53.

的心理运算（如计数或助记记忆）的发展一样，遵循着同样的过程和规律”①。这些运算大致上有四个发展阶段：第一个阶段是原始的或自然的阶段；第二个阶段可以称为“幼稚的心理”；第三个阶段是外部语言符号阶段，在言语发展过程中，该阶段的特点是自我中心的言语；第四个阶段可以称作“内部生长”阶段，在言语发展过程中，这是内部的、无声的言语的最后阶段。这里我们从信息加工学的角度看，可以看作信息的输入，有输入就应该有输出，“当内部言语被用来为外部言语作准备时，内部言语在形式上可能很接近于外部言语，或者甚至完全变得像外部言语——例如，在认真考虑将要发表的演讲时，内部行为与外部行为之间没有明显的分界线，各自都影响着对方”②。

从这个意义上来讲，学生写作时，其思维与语言表达已经融为一体，密不可分。

一、文体自选需要言语思维

2004年以来，福建省高考作文题一直要求“文体自选”，既体现了课程改革的新理念，也有效地扩大了写作的选择性和开放性，在实际的教学中也产生了积极的影响。然而，淡化乃至虚化文体教学的问题日趋严重，一部分学生连最基础的议论文和记叙文都写不好，令人担忧。出于这个原因，2011年福建省高考作文题对文体提出了明确的要求，限定写“议论文或者记叙文”，引导写作教学回归文体训练，这也明确了写作教学中的文体训练要求。因此，高中写作教学不能忽视文体训练。

不能忽视文体训练，指的是不能忽视文体语言的训练。从文章体裁来看，记叙文以记叙、描写为主，说明文以说明为主，议论文以议论为主。这三种文体语言的差异性，决定了训练的差异性，回归文体训练，实际上是回归文体的写作语言训练。

二、材料分析折射言语思维

学生要学会全面把握材料的意思，不能断章取义。正如许序修老师的

---

①② ［俄］列夫·谢苗诺维奇·维果茨基．思维与语言［M］．李维译．杭州：浙江教育出版社，1997：51—53.

分析，2011年福建省高考作文题的材料中，袁隆平所言的内涵起码有四层意义：做科学研究要有好身体；科学研究要善于吸纳新鲜养分；科学研究要有梦想和追求；科学研究要与人共享。他还联系袁隆平的身份、职业进行分析，这些都是材料中所具有的元素。这四层意义是怎么来的，是从对材料的分析中来的，最后必须把分析的结果表达出来，这个表达也属于言语思维的一个部分。

俞兆平教授提出："首先必须尊重题目所给予材料的价值，因为这些材料的设置既提供了思路，但也同时规定、限制了作文的写作范围。按一般道理，考生能完整、圆满地运用所给予的材料写出作文，方为一流卷子；而由材料索隐、引申出来自设的题目，只能算是次一等的卷子。"这个评判思路有新意，对切实引导学生"能完整、圆满地运用所给予的材料写出作文"有提示作用。这里所谈及的"思路""范围""索隐"" 引申"，是俞教授分析材料时所运用的概念，从中也可以认识到言语思维所起的作用。

三、概念运用体现言语思维

俞教授还指出："使我再度感到困惑的，在这4篇一类作文样卷中竟然没有一篇出现水、土壤、阳光、空气、种子这类的字眼。要知道，作文题目给予的材料是写育种专家袁隆平啊！这只能说明，我们今天的许多孩子不懂得口中吃的大米是怎么来的，也说明这些高中生对袁隆平育种的艰辛劳作是茫然无知的。我们的教育欠缺太多了。"对此我完全赞同。时下，部分学生被作业压垮了双肩，让机械的做题固化了思维，不会批判性地思考问题。写作教学要追求智性与理性的统一，训练学生语言非常重要。因为思维离不开语言，轻视语言积累的直接后果是使语言苍白无力。语言训练不能过于注重人文色彩浓厚的话语的使用，还应该重视科学性很强的概念的运用。

但是，学生对科学性很强的概念的运用不容易掌握，而要通过写作言语思维训练，只有重视写作言语思维训练，写作的生命价值才能更好地体现出来。认知科学家诺曼指出，认知要关注人的社会性和社会文化环境，人类的知识和互动与这个世界分割不开，情境与人们的活动相互协调，在此，“情境”的作用在于具有重要的潜在的动机资源，帮助学生形成对情境意图的察觉，指引学生的活动。实际上，真实的情境是向学生暗示了情景资源和相关的问题解决情境的先行组织者。①

训练学生运用科学性很强的概念，其实还是涉及写作思维训练。如何训练学生运用科学性很强的概念？就要向学生提供真实的情境，需要学生生活在社会文化环境当中，学生的活动不应该脱离真实的生活环境，因为“思维就从这原始的情境引起。它不仅由此而发生，也以此为归宿。它的目的和结果，是被它们从出发的情境决定的。在学校里，学生思维训练失败的最大原因，也许在于不能保证像在校外实际生活那样，有可以引起思维的经验的情境”②。

学生不会思维，或者说学生不会运用科学性很强的概念，其最大原因也许正如杜威所言，“也许在于不能保证像在校外实际生活那样，有可以引起思维的经验的情境”。

因此，写作言语思维训练，还有很长的一段路要走。

---

① 高文．教学模式论［M］．上海：上海教育出版社，2002：301—302．

② 杜威．杜威教育论著选［M］．赵祥麟，王承绪编译．上海：华东师范大学出版社，1981：297．

第二章

当识作文的真面目

写作思维的训练实际上是解决“怎么做”的问题，也就是如何把内在语言转化成书面语言。散文大家王鼎钧在《作文三书：文学种籽》中写道：“写作是内在语言变成书面语言，而内在语言就是心思意念。写作是把心思意念转化成物质媒介。”R. L. 克拉茨基在《记忆与意识：信息加工观点》一书中着重论述了促进写作进程的自动化有助于写作技能娴熟化，变长时记忆为工作记忆是提高写作技能的有效途径，积极开展内部言语活动是提高写作技能的有效方法等内容，目的在于帮助基础写作者了解写作思维的一些内容，从而揭开作文的神秘面纱。

写作是一种特殊的学习

写作技能训练实际上是解决“怎么做”的问题，也就是学生必须知道怎样用这些概念去解决写作的问题。詹姆斯·G. 格里诺提出，学生要解决某一方面的问题，其一，必须掌握教科书和其他有关教材所提供的知识；其二，必须知道怎样用这些概念去解决问题，这种关于“怎么做”的知识就是属于“技能”这个一般范畴中的；其三，要掌握“策略知识”。

同样的道理，学生解决写作问题的能力也是由知识构成的，这种能力是一种学习结果，是一种由知识构成的学习结果。学生“知道怎样用这些概念”去解决写作问题的知识就属于技能的问题。这种“知道怎样用这些概念去解决问题”的知识是如何被掌握的呢？有哪些是能够被掌握的呢？

美国心理学家 Flower 和 Hayes 构建的写作认知模型有三个主要部分：任务环境、写作者的长时记忆和写作者的工作记忆。其中，长时记忆与陈述性知识有关，工作记忆则与程序性知识有关。学者 Benton 和 Stiko 通过对擅长写作者（专家）和不善于写作者（新手）进行了比较研究，结果表明，两者在智力和学习动机方面没有明显差异，而在贯穿于写作过程之中的知识、技能和策略方面存在显著差异。Zimmerman 和 Risemberg 的研究结果也充分证明了这一点。他们提出的写作认知模型表明，写作是一种特殊的学习，它与写作者的认知水平和认知结构有密切的关系。

那么，写作作为一种特殊的学习，知识、技能和策略哪一个更重要、更特殊呢？我觉得技能更重要，也更特殊。当前的学生处于知识的包围之中，如果说缺少知识，那是说不过去的。而如果缺少写作的技能，通过策略与知识的组合并不能诞生出一篇文章。技能是用知识条理化、系统化地表达思想情感的重要手段。过去的写作教学，只重视知识的灌输，教学生学习字、词、句、篇、语、修、逻的知识以及审题立意、谋篇布局等知识，但真正的写作技能训练并没有落到实处。

写作技能必须通过写作实践，而绝不是通过知识传授的方式所能形成的。广泛而丰厚的语文知识积累在语文能力的形成过程中有着不可替代的作用。从某种意义上说，知识积累和语文能力是成正比的，但与写作技能是否也成正比？

Flower 和 Hayes 运用口语报告分析方法对被试的写作过程进行了系统的研究，于 1980 年提出了写作认知模型。这个写作认知模型是关于成熟写作者（competent writers）的，包括三部分内容：任务环境、写作者的长时记忆和工作记忆中的写作过程。其具体结构见下图。

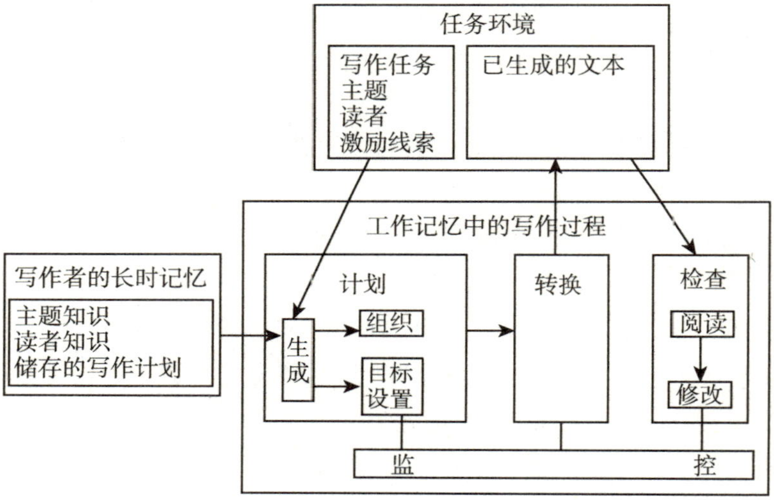

Flower 和 Hayes 的写作认知模型

这个模型的重点是揭示写作过程，从中我们知道写作活动展开的背景是任务环境和写作者的长时记忆。工作记忆中的写作过程包括三个交互作用的阶段：计划、转换和检查。计划包括生成、组织和目标设置三个子过程。生成是指从长时记忆中提取与写作任务相关的信息；组织是指从所提取的内容中进行选择，并组成一个写作计划；目标设置则是指在形成一定观念和大致结构的基础上，确定具体的写作目标。转换是在写作计划的指导下，产生与作者已形成的观念相吻合的语言，并把它变成纸上的文字。

检查包括阅读和修改两个子过程。[1]

写作的任务环境，不属于写作技能的范畴，但影响着个体的写作活动。写作者的长时记忆也不属于写作技能的范畴，它与陈述性知识有关，也就是说，主题知识、读者知识、储存的写作计划都属于陈述性知识。这只是写作活动展开的背景，不属于写作技能研究的对象。写作是需要社会背景和媒介物的一种交流活动，是一个需要动机的生成活动，是需要认知加工和记忆的智力活动。社会背景、社会传统和个人经验决定了写作的内容和方式。文化从流行的文本中提供了易于被同时代人接受的词汇、风格。宋代人说："凡有井水处，皆能歌柳词。"可见柳永词的词汇、风格就为宋代人所接受。时下网络上的那些反映个人闲散生活的文章，那些欲望的告白和内心私密的揭示，或者苍凉透彻直入人生，或者缠绵含蓄道出情怀，无不是社会背景、社会传统和个人经验的反映。

而写作活动的开展，在于工作记忆中的写作过程。其中转换和检查是当前高中生写作技能低下表现最为突出的两个阶段。一方面在于受考场时间的限制，另一方面在于学生的写作技能有待加强。

写作技能的概念及特点

一、写作技能的内涵

1. 关于智力技能

"智力技能"这一术语，初见于20世纪50年代的心理学著作中。苏联心理学家叶戈罗夫在1953年出版的《阅读技能的掌握心理学》一书中曾使用了"智力熟练"一词。后来苏联心理学家梅钦斯卡娅等人在著作中称其为"智力技能"。美国教育心理学家加涅在谈到学习的结果时曾把智力技

---

① 孙素英，肖丽萍. 认知心理学视域中的写作过程［J］. 北京师范大学学报（人文社会科学版）. 2002（1）：134－140.

能作为五种学习结果之一，但他所说的智力技能实际上指的是概念与法则的实际应用，与苏联心理学家所说的智力技能的概念并不一致，而他所谓的认知策略则与之比较接近。在中国，有人把智力技能称为心智技能。智力技能有别于操作技能之处在于它是一种智力活动方式。

作为智力技能构成单位的智力动作具有以下一些特点：①动作对象是观念性的客体，而不是物质或物质化客体。②从动作的实现方面来说，是通过内隐的头脑内部言语动作进行的，而不是通过外显的外部机体运动进行的。③从动作的结构方面来说，其动作的构成要素可以高度简缩甚至省略，而操作性动作的结构在熟练时虽也可以简缩，但有一定限度，不能省略。

2. 关于写作技能

（1）写作技能的概念

写作技能属于智力技能的范畴，是借助内部言语在人的大脑中进行的认识活动方式。这种认知活动借助内部言语按合理的、完善的程序组织起来，并且一环扣一环，仿佛自动化地进行着。学生掌握了写作技能，就能根据不同性质的命题，自如地按照写作程序构思，并写出记叙文、论说文等体裁的文章来。

（2）写作技能的作用

① 写作技能是获取写作素材与解决写作问题的重要条件。

任何个体经验都是在主体和客体相互作用的过程中产生的，经验的产生一方面需要有作为活动对象的客体的影响，另一方面也需要有主体对活动客体的反作用。仅有客体的影响而没有主体的反作用，不足以产生个体经验。另外，写作技能是获得写作理性经验的重要手段，写作理性经验是智力技能的产物。

写作技能不仅对获取写作素材起着重要的作用，同时也是解决写作问题的重要条件。问题解决必须是受目标指引的，必须包含一系列的操作，必须有一系列的智力技能才能实现，比如，对现象的分析判断，形成自己的看法（思想认识），或者得出疑问，进而确定解决问题的程序。这些对问题的解决都起着直接的调节与指导作用。

② 写作技能影响写作能力的形成与发展。

能力是个体心理的特征，是概括化、系统化的知识与技能。知识与技能是能力结构的基本要素。因而写作技能作为获得理性经验的重要手段，也是获得知识的重要条件，写作技能可以通过对知识经验的作用影响写作能力的形成与发展。

二、写作技能的特点

写作技能是借助内部言语在人的大脑中进行的认识活动方式，是以思维为核心的认识加工的具体方式。这种方式有以下三个基本特点。

1. 内潜性

写作本身就是一种智力活动，就智力活动的进行来说，它是在人的大脑中借助内部言语默默地完成的。在大脑中对事物进行分析、综合、抽象、概括的思维活动，不像作用于客观实物的外部动作那样，可以看得到对实物进行加工改造的动作过程。思维活动是在人的大脑中进行的，是从外部觉察不到的，因而具有内潜性。

2. 观念性

写作作为一种智力活动，不是靠摆弄实物实现的。它的动作对象不是客观事物本身，而是客观事物在人的大脑中的反映以及与反映相联系的词。写作作为一种智力活动，是靠内部言语及词的作用进行的，是以词的形式在心里完成的动作，所以具有观念性。

3. 简缩性

写作活动不像实践活动那样，每个操作都不能被简缩和省略，都要实际做出。写作活动脱离了摆弄实物的束缚，可以以高度简缩的方式进行，甚至可以使他人觉察不到其活动的过程，如写作时的构思。写作活动可以高度简缩这些思维的过程，有时比实际操作要快得多。

因此，可根据这些相应的特点判断写作技能是否形成。写作技能形成后，内部言语成为写作活动的工具，不再需要借助直观和明显的支持物（如图示等），而是依靠内部言语进行操作。写作技能形成初期，写作活动的展开是全面、完整和详尽的，最后则高度压缩、简化，达到典型化。写作技能一旦形成，写作者就能运用它快速高效地解决写作问题。

三、写作技能的构成

写作技能可分为一般写作技能和特殊写作技能两大类。

一般写作技能是指认识活动的技能，包括观察技能、思维技能、记忆技能、想象技能；特殊写作技能是在专门领域中形成并发展的智力技能。

一般写作技能只能通过特殊写作技能得到表现，而特殊写作技能又必须建立在一般写作技能的基础上。写作技能的运用，都需要有具体的内容。比如，分析、综合是思维的基本技能，分析什么对象，综合什么材料，涉及一定的专业知识，使思维技能在写作活动中表现出来。而在写作活动中表现的技能就是特殊写作技能。当然，特殊写作技能是不能离开一般写作技能的，因此，特殊写作技能离不开观察技能、思维技能、想象技能、记忆技能，并受一般写作技能的制约。

当前高中生写作技能低下的现状

义务教育阶段写作教学的序列可以概括为“乐于写—自由写—学会写—独立写”四个阶段，这在语文新课标的四个学段教学目标中可以看到其具体的安排。从教学目标内容的安排中，我们可以看出，语文新课标在构建新的写作教学序列时冲破了语言主义和文体主义的束缚，体现了以人为本、以培养学生的写作能力为核心的写作教学新理念，为21世纪中小学写作教学改革指明了方向。从四个学段的训练内容来看，它们之间既相对独立，又紧密联系，体现了由易到难的写作教学原则。第一学段（1～2年级）着力于激发学生写话的兴趣，促使学生“乐于写”；第二学段（3～4年级）将重点放在不拘形式的“自由表达”上，促使学生“自由写”；第三学段（5～6年级）要求学生写“简单的记实作文和想象作文”，促使学生“学会写”；第四学段（7～9年级）要求学生“提高独立写作能力”，促使学生“独立写”。郭根福认为，这个写作教学序列坚持把让学生易于动笔、乐于表达放在首位，让学生在乐于表达的过程中学会写作，这样的安排既符合中小学生的认知规律和心理规律，也符合写作教学规律。而且，写作教学的目标由原大纲的年级安排改为学段安排，既增加了教与学的弹性，为学生的差异发展提供了较为宽广的空间，又体现了学习语言由量变到质变的规律。①

可是果真如此吗？那为什么还是有不少学生害怕写作文呢？为什么学生的作文中仍有那么多问题呢？

东北师范大学文学院的刘雨教授从五个方面对学生的作文进行了总结。

第一，学生的思维能力并没有达到应变（变通）整合的程度。

第二，学生产生思想的能力弱。

第三，学生的阅读经验和生活经验贫乏，表现不出阅读量的丰富。

第四，学生的语言表达的色彩准确性存在问题，语言表达随意，不做斟酌，以为达意即可。

第五，学生的写作口语化问题突出，语言肤浅、低俗；表达交流侧重于口头表达；只注重空间交流，忽略了书面交流。

刘雨教授讲得很有道理，这些问题确实存在，而且很严重。事实上，这五个方面的问题也是高中生写作技能低下的问题，学生在高考作文中也存在这五个方面的问题。若追问其原因，就应该从多方面对中小学语文教学进行反思。

一、对作文的认识存在偏差，内驱动力系统出现问题

1. 对写作的工具性认识不足

毛泽东同志曾指出：“如果学生一切课都学好了，但不能看书作文，那他们出校后的发展仍然是很有限的……学会了看书作文，那他们出校后的发展就有了一种常常用得着的基础工具了。”教育家韦斯特说得更形象：在信息社会，“写作，包围着你”。可惜，许多学生并没有认识到这一点，

---

① 郭根福. 语文课程的新理念与作文教学的新策略［J］. 江苏教育，2002(11B)：45－47.

他们认为作文的作用不大。

语言学家朱德熙曾指出："'五四'以后，开始写白话文，按说写作比较容易了，因为写的就是自己所说的话。但是，'五四'以后一直到解放的语文教学，我看是失败的。为什么呢？就我的切身经验来说，至少在很多学校里不太重视语文课，重视的是数理化和外语，尤其是英语，因为这是考取高等学校和出国留学的主科；另外，老师不像私塾里的先生那么严格，要求学生背得少。所以，语文教学没有收到应有的效果。为什么有些人，像朱自清，还是学会了写文章并成了文学家呢？我想，他们都是自学出来的。就拿我们这一辈人来说，上小学时在语文课上得到老师的好处很少。如果问我的语文水平是怎么来的，我要说是看小说看来的。看什么小说呢？看旧小说，也看新文学。旧小说，如《西游记》《三国演义》等等，看多了对写文章有帮助。"①

朱德熙在 1984 年就提出了这么一个问题："'五四'以后一直到解放的语文教学，我看是失败的。"可能有的教师不赞同，认为没有那么严重，可事实如何呢？

其实，高中毕业生走出校门后，随时需要写作，如写封信、打个报告、写个总结、起个发言稿等，这都需要在高中阶段打好基础。叶圣陶先生曾说："关于作文教学，我想，大概先得想想学生为什么要学作文。要回答似乎并不难，当然是：人在生活中在工作中随时需要作文，所以要学作文，在从前并不是人人需要，在今后却人人需要。写封信，打个报告，写个总结，起个发言稿，写一份说明书，写一篇研究论文，诸如此类，不是各行各业的人经常要做的事吗？因此要求学生要学好作文，在中学阶段打下坚实的基础。至于作诗作小说，并不是人人所需要，学生有兴致去试作，当然绝对不宜禁止，但是这并非作文教学的目标。"②

2. 认识不到写作技能是未来每个人必备的生存技能

写作本身要求思考和推理，有利于发展主动性，有助于提高阅读技

---

① 中国写作研究会华北分会．写作论［M］. 北京：北京师范大学出版社，1984：363.

② 叶圣陶．叶圣陶语文教育论集［M］. 北京：教育科学出版社，1980：154.

能。不管是习作、练笔还是创作，都需要“理出头绪、组织思想，并进行对比”。写作还能够提升思维水平，提高思想修养，陶冶情操，促进个人全面发展。

美国55位科学家叮嘱少年，21世纪需要具备三方面技能：学业技能、个人技能和人际能力、公民技能。其中学业技能的第1条便是读、写能力。良好的阅读和写作能力是生存和有效交际的关键。

3. 认识不到作文是衡量语文水平的重要标尺

写作是一种综合能力，它要求学生会认字、写字，并且要掌握一定数量的字。比如，至少掌握3500个常用汉字；要懂得汉语的表达方式，写得通顺、流畅；要懂得作文之理，需要写什么样的作文就能写什么作文；要能从生活中提炼材料，写得有新意。①

由于认识不到位，学生写作的内驱力不足，直接的表现是被动写作，缺乏写作的冲动和表达的激情。事实上，没有哪一个时代像今天这样需要写作，没有哪一个时代像今天这样依赖写作。当人们在互联网上用键盘无拘无束地交流情感、思想、信息的时候，当人们在生活、工作、学习中自由地发表见解的时候，人类已经走进了写作时代：创作和加工信息需要写作；物质生产的手段、环节、过程需要写作；产生并表现情感需要写作；学习需要写作；在现代媒体的传播活动中，写作更是以其创造性和深刻性占有独特优势。

一些学生对写作缺乏热情与兴趣，认为写作是一件苦差事，甚至讨厌写作、惧怕写作，不喜欢用笔来表达自己的想法与情感。对写作十分厌恶的学生在主观上放弃了作文练习，敷衍了事，有消极对待的情绪；对写作毫无兴趣的学生写作文完全是为了应付考试，缺乏主动练习的积极性。

如果我们仔细观察这部分学生，就会发现他们存在着一个比较普遍的问题，那就是没有形成阅读的习惯。没有阅读就没有积累，没有积累就写不出东西来。长此以往，就没有成就感，对写作也就索然无味，写作冲动、写作热情就更谈不上。

---

① 程红兵．本质论：拨开迷雾　返璞归真——对中学生作文本质的探寻［J］．中学语文教学参考，2004（5）：31—32，41．

当然，造成学生写作的内驱力不足的原因有很多，应试教育的压力是其中之一。由于高中生处于高考的风口浪尖，他们的生存环境问题备受关注。赵志伟在《高中语文课程新探》中指出："由于近年来应试教育的压力，习题训练统治着学生的语文学习，学生疲于应付练习，而少读或者不读文学作品。这不仅削弱了他们的形象思维、创造力，也影响了他们语言表达本身……"江苏省语文特级教师黄厚江指出，中学生的生存环境十分恶劣，作业压得学生喘不过气来，晚上作业做到11点，哪有时间看书积累？没有看书积累，怎么会有写作热情和写作兴趣？

学生写作热情的点燃与写作兴趣的激发，需要有良好的环境。这一环境应是宽松的、自然的、自由的，而不应是紧张的、人为的、拘束的。

二、写作动机出现问题，写作技能训练出现偏差

学生从小学到高中，学了多少课文，写了多少汉字，背了多少语段，可为什么在他们的作文中看不到学过的影子呢？我一直在思考这个问题，到底是什么制约了学生的表达呢？

有一个值得关注的现象：翻开中小学语文课本，每一册都有许多诗歌，有古代的，有现代的，教师教这么多古代、现代诗歌为了什么？只是为了传授知识，应对考试罢了。看高考试卷，对应的只是几道鉴赏题和默写题，并没有太大的实用价值。会鉴赏不一定会写诗，会默写也不一定会写诗，写诗已经淡出了写作教学。因此，诗歌教学仅仅停留在分析鉴赏，而与写作教学毫无联系。诗歌教学缺乏的是实用价值，即学以致用的价值，而不是为了做好诗歌鉴赏题和默写题的实用价值。中考、高考试卷中的作文题虽然"体裁不限"，但也明确地注明"诗歌除外"，这在无形之中把诗歌教学排除在写作教学之外。而美国中学是将诗歌列入写作教学的范围之内的，《美国初、高中优秀作文选评》一书所选择的74篇作文中，诗歌就有21首。

从诗歌教学中可以看出，我国的语文教学还是停留在提高学生的应试能力上，显性的教学行为即是以知识传授为主要特征的教学行为，所追求的是"有效教学"，即学生在中考、高考中取得好成绩。虽然培养中学生的写作技能，并不是像培养作家、诗人那样，但对于一般文体的写作技能

的训练也是不可或缺的。何况诗歌的写作训练对激发学生的写作热情和想象力、语言能力有着不可替代的作用。

妈妈的爱

妈妈是辽阔的星空，
我是星空中的一缕流云，
在妈妈的目光里摇晃。
妈妈是无边的大海，
我是大海里的一朵浪花，
在妈妈的身边欢唱。
妈妈是广袤的原野，
我是原野中的一株幼苗，
在妈妈的怀里成长。

这是一首三年级小学生写的小诗，表现的主题是母爱。诗歌用“辽阔的星空”“无边的大海”和“广袤的原野”来形容母爱的深厚和宽广。在意象的选择上作者分别选了“天”“海”“地”，这三个意象既不重复交叉，又各具特色。用“一缕流云”“一朵浪花”和“一株幼苗”来表达“我”对母爱的体会和感受，三个“一”恰好与“辽阔”“无边”和“广袤”形成鲜明的对比，既烘托出母爱的伟大，又表达了“我”在母爱中成长的幸福和欢乐。语言上讲究对称，用“星空”配“流云”，用“大海”配“浪花”，用“原野”配“幼苗”，一大一小，形象地表达出母子的关系，协调而完美。三年级的小学生能写出这样的诗来，可我们的高中生会写诗、有诗情的恐怕没有几个。是什么原因让高中生退出了诗歌的“百草园”？是什么扼杀了高中生的浪漫诗情？

从教材编写体例来看，人教版高中语文必修教材在“阅读鉴赏”板块后设计了“表达交流”板块，看起来比较重视写作，但由于可操作性不强，与学生的实际联系不够紧密，教学效果很不理想。再加上每个学期教育主管部门为了“质量监控”，实行统考，更让教师不敢放开手脚加强写作教学，写作技能的训练也基本上流于形式，难以落到实处。

冰冻三尺，非一日之寒。写作教学的积弊日深，绝不是一天形成的。多年来，语文教育工作者们对如何实施成功的写作教学的探索一刻也未停止过。无论是宏观的理论探索，还是微观的教学方法的探讨，都已经积累了许多成功的、可资借鉴的经验。比如，打破了古代写作教学“文无定法”“神以明之”的神秘主义色彩，注重向学生传授简明、实用、有效的写作知识。通过探索写作规律，使写作教学具有科学性、可操作性，学生写作不再是“暗箱操作”，不再完全依靠自己的模仿与体悟。写作教学有了一套较系统的文体训练体系和技能训练体系，学生经过中学阶段的训练，基本上能掌握作文的表达方式及一定的写作技巧。

可是，由于长期以来受应试教育的影响，写作教学的基本思路一直遵循着“教师命题—教师指导—学生写作—教师批改”这一传统、封闭、静止的教学程式进行，“用机械枯燥的应试训练取代充满人性之美、生活之趣的表达审美训练，程式化教学代替动态教学”①，从而导致习作空间封闭、表现手法单一、评价方法单调等问题。

写作教学是一个动态的教学过程，是一个充满人性之美、生活之趣的表达审美训练的过程，强调构建写作模式，更要强化写作技能。

写作教学的主要任务是培养学生的写作兴趣，让学生乐于写作。要完成这一任务，教师的作用无可替代。教师应通过写作知识的传授和写作技能的训练，让学生走上自由写作的阳光大道。

当然，写作知识的传授不等于写作技能的训练及写作模式的建立。知识与技能是两个概念：知识是对某个主题确信的认识，并且这些认识拥有潜在的能力为特定目的而使用，如写作知识，我们掌握了写作知识，就拥有潜在的能力为写作而使用。而技能则是一种活动方式，是通过学习获得的，如打球、唱歌、写字、运算、阅读等都是技能。技能是由一些动作组成的，有时这些动作是无形的，在人的大脑中完成；有时这些动作是外显的，通过外部的运动来完成。

---

① 倪伟忠．对《语文课程标准》中作文教学新理念的解读［J］．教学与管理，2002（10）：43－44.

当前高中生写作技能低下的原因分析

一、构思技能低下

有些学生写作技能低下，有话却表达不出来，原因之一就是不会构思。从认知心理学的角度来看，学生不会构思，也就是不会生成文章内容信息，不会表达写作观念，不会设定写作目标。

古人写作并没有我们现在这么多的理论技巧，但我们可以看到《孟子》中的滔滔雄辩、《庄子》中的深邃哲理、《离骚》中的哀怨惆怅、陶渊明的高远恬淡、建安风骨的慷慨悲凉、李白的豪放浪漫、杜甫的沉郁顿挫、宋词的婉约豪放、明清小说的讽谑鞭挞……怎样才能让学生写出这样的好文章呢？在司空见惯的生活中发现不一样的生活，在平凡的生活中发掘独特的视角，言人之所未言，发人之所未发，写出个性，这才是学生写作需要的。时下，高中生接受的写作理论指导不少，读的范文也很多，写出的精彩文章却不多见。

晋人刘勰在我国古代集大成的写作理论专著《文心雕龙》中的“神思篇”说：“古人云：‘形在江海之上，心存魏阙之下。’神思之谓也。文之思也，其神远矣。故寂然凝虑，思接千载；悄焉动容，视通万里；吟咏之间，吐纳珠玉之声；眉睫之前，卷舒风云之色：其思理之致乎！故思理为妙，神与物游。”这段话及其全篇描述了写作过程的重要现象——“神思”。“神思”，今人称之为构思、创意、运思等。“构”，在这里不仅指结构，而且指整体。“思”，是以抽象思维为主导，包括形象思维、潜意识思维和灵感思维等心理活动。构思，是作者在观察体验的基础上，提炼文章的主题意蕴并选择最佳的表现方式，以指导写作实践的富有创造性的总体思维过程，是写作者对一篇作品的整个认识的有中心及层次的、物化的整体过程，是写作者对外界事物的最初感受到成篇的全过程。

但是，与主题意蕴、各种体裁等基本概念一样，“神思”一直没有得到人们准确且完整的认识。创意习惯用于广告活动，运思不常见，而构思也有局限性，不够完整，会使人仅仅理解为结构上的思考。目前文学理论及写作专著教材对其认识也存在着误解和片面的问题。如卫星电视教育、教育学院、函授、自学通用教材《文学概论》认为：“艺术构思是创作欲望的升华，它对艺术发现进行梳理、综合、加工，形成观念中的艺术意象。在艺术构思中，主体因素源源不断地渗入客体因素……是创作中最紧张、最艰苦、最关键的阶段。”这一概念极不规范，不能说明构思的本质、中心和要素。再如全国自学考试教材《写作》指出：“运思，是文章写作过程中最富于创造性的一项内容。它渗透于整个写作过程，但又比较集中地体现在审题、拟题之后，动笔起草之前的一个阶段。”这一认识局限在阶段划分上，同样存在认识模糊甚至有误的问题。

有的学生还是停留在“提取—写作”这样一个线性程序中，只是借助主题或有关事物种类的线索在记忆中搜索，提取相关的内容。他们从记忆中寻找出与主题相关的内容，然后使用讲述知识的加工方法，把出现在脑海里的内容写下来。

我曾布置了一篇以“敬意”为题的作文，结果不少学生说不知道怎么写。为什么？因为这些学生不会构思，即不会生成文章的信息，对题目不理解，因而无从产生观念，也就确定不了写作目标，既不会创造相关联的句子，也不会创造出有内部联系的结构，并在这个有机的整体里表达出一定的观念。因为不会构思，写作就没有了中心，没有了灵魂，其结果注定是等而下之的重复或模仿。

与此相反，熟练的写作者使用知识转换的加工方法，即把目标体现在计划过程中，只把与目标和主题相关的内容写下来。Scardamalia 和 Bereiter 认为，知识陈述与 Flower 和 Hayes 的写作认知模型中计划阶段的生成过程有相似之处，二者的区别主要是知识陈述的内容生成和文章生成的整合，而熟练写作者在计划阶段就提取潜在的内容，并评价其适当性，在把这些内容转化成文字之前就进行了有效的重新组织；采用知识陈述方法的写作者则把提取出来的内容直接写成文章，很少考虑这些内容是否适当。[①]熟练的写作者写起文章来，总是有所指、有所感的。确定了写作目标之后，就在行文中创造相关联的句子，创造出有内部联系的结构，并在这个有机的整体里表达出一定的观念、深刻的感受（亦即情感体验）。如《吴淞废墟》中的片段：

有着红色太阳和红色太阳光线的日本国旗和日本海军旗，在吴淞的尸体之上飘动着。中国人在退走以前，他们将炸药放在军火的贮藏室，塞进大炮的装置中，把机钮一按，一个地震埋掉了炮台。现在，许多弯曲的、残缺不全的大炮钢管留在那里。

日本旗子上的太阳像是一个圆的创伤，从那上面，鲜血向四周流淌。

作者看到日本旗帜，感到日本旗帜上的太阳像一个圆的创伤，鲜血从它四周流出。作者独特、深刻的感受，偏重于对客观对象的把握。

又如散文《有一个小镇》，写“我”与二秃子的一段交往。二秃子是个孤儿，三十好几的人了，还孑然一身。他忠厚老实，十分厚道。当要他为“我”这个大城市下放的大姑娘理发时：

……（我）只得横下一条心，硬着头皮坐上二秃子家那张绝无仅有陈年旧月的破理发椅。我把双眼闭得铁紧，大有被送上断头台之势。

连我自己都不晓得是怎样强撑着捱过那段难捱的时刻的。我只觉得，二秃子的手非常轻，还微微颤抖。当大表婶告诉我剪好了，叫我睁开眼时，我见到那可怜的癞痢头正擦着满头的大汗呢……

这个片段侧重描述，是作者主观方面的情感体验。

二、转换技能低下

高中生写作技能低下的另一个原因在于转换技能低下。转换是在写作计划的指导下从记忆系统中获取素材，把观念或构思转化成可接受的书面文字的过程，即将内在心理表征转变成外在的言语符号的过程。转换过程是在写作计划的指导下，产生与写作者已形成的观念相吻合的语言，并把

---

① 孙素英，肖丽萍．认知心理学视域中的写作过程［J］．北京师范大学学报（人文社会科学版）．2002（1）：134－140．

它变成书面文字。

孙绍振教授曾说，许多教师教作文，把希望放在让学生观察生活上，但是学生写出来的东西往往成为流水账。而有一篇中学生的作文给他留下了深刻的印象：

妈妈带我到杭州旅游。游到第二天，问我感觉如何，我说："景点太多，没有感觉，就是跟着你'瞎闯'。"后来登上了六和塔，才感到惊异。原来，这里的江竟是这样平静，和家乡滔滔滚滚的闽江完全不一样，居然分不清是往东流还是往西流。这里的人生活得太舒服了。只要往地上插一根桃枝，过些年就能长出桃子来。怪不得出了那么多的美女和才子，而没有关西大汉。后来乘火车回到福建，一下子又在高山的走廊中间盘旋。这时才感到江南平原真是令人怀念。但是，为什么在那里的时候，却并不觉得它有多美呢？

这个小作者的成功，并不是光靠观察、贴近江南的山水，而是把对江南山水的观察和自己长期生活在山区的记忆加以对比，才写出了自己眼中、心中的杭州，而不是一些"优秀作文"中千篇一律的杭州。他发现了自己长期习惯于山区的眼睛第一次观看江南平原的惊异。正是因为贴近自己的心灵深处，他的旅游经历才生动了起来。相比之下，那些盲目赞美祖国壮丽山河的游记，倒是给人一种缺乏生活气息的感觉。从写作实践来说，未经自我情思同化的，不带作者特别的困惑和欢欣的生活，就不能算是生活。贴近生活的前提是贴近作者的自我，不能贴近自我活跃的心灵，则永远也不能贴近生活。

单纯强调贴近生活、观察生活是片面的，观察的目的是发现事物的特点。可是光有客观对象的特点，不足以构成有特点的文章。体验到自己内心具有他人不能重复的感受才是文章的生命。作文之所以会成为流水账，表面上看是由于未能发现对象的特点，其实是由于不能发现自我的特点。找不到对象的特点，是因为找不到自我的特点，从而也就很难避免被现成的套话所淹没。

这个例子也正可以说明，学生如何通过观察生活，从而产生与自己已形成的观念相吻合的语言，并把它变成书面文字。这种转换，是高中生写作面临的最大挑战。

贾平凹创作短篇小说《满月儿》，也能说明从记忆系统中获取素材，把观念或构思转化成可接受的书面文字的过程，即将内在心理表征转变成外在的言语符号。他说：

满儿和月儿，最早是我的两位本家姐姐。在我才从初中毕业，回家当农民的那阵，我是一个体质孱弱、腼腆喜静的少年，而我的本家姐姐，却是天真烂漫。在一个偌大的家庭里，她们从来没有忧愁，从来不能安静。一件平常的新闻，能引起她们叽叽喳喳嚷道几天；一句普通的趣话，也会使她们笑得伏在炕沿上起不来。于是，大人们就骂她们“傻笑”，而夸奖我的“安分”了。然而，我却十分爱我的姐姐，至今还能记起她们笑声中的那种不同音调。

后来，认识了我的爱人和她的一位朋友，她们几乎有我两位姐姐一样的性格，都天真无邪，但一个丰满，一个苗条；一个是那么文静，说话从来低音，笑声总是从半启的嘴唇里颤出，一个是那么活泼，故意说反话，当面戏谑人……后来，我们分开了，长时期不见一面，但一闭上眼睛，她们就站在那里了：那睫毛在眨动，那微笑在闪现……

终于，在1977年的冬天，我到一个大队搞社史的时候，我心中的人物被触发了，她跳出来了，逼使着我动笔描绘了。

那时候，我着手采访这个大队农业科学研究站。这个站事迹太丰富了。我走进他们的实验室，看见了从未见过的房间（满儿的房间我是一笔不敢漏地那么写了的），看见了小麦和燕麦远缘杂交出来的新品种。新品种虽然还不够理想，但成绩已经十分突出，我决意要写这个育种试验了。

当天晚上，我躺在床上，突然间我激动起来了：写我心中的人吧，让她们来搞培育吧；既然人物的性格早已在心中成熟，又获得了远缘杂交中的一些感人事迹和大量的知识性的东西，就让这两个人来活动啊！哈，怪得很，根本不需要编什么离奇故事了，只要把她们两个放在培育良种的每一道工序里、每一件事中，她们就按她们的性格发展下去了，很快我就有了新的故事的梗概。

我把新的故事梗概赶快写在本子上。

我尽量搜集着本家姐姐的、爱人的、爱人的朋友的那些生活细节，越想越多，我不管在这篇作品中有用无用，反正我是这么搜集……

于是，我开始整理、构思，我是这么想的：

写两个姑娘，性格要有明显区分，甲就是甲，乙就是乙，不光是长相和脾气，而是一切，每一个动作，每一句话；

两个人物要揉起来写，以“我”来串线，不要露出脱节痕迹：三个人物，一会儿单写甲，一会儿单写乙，一会儿甲乙合写，一会儿甲乙丙聚写，写一个，不要忘了其他，写两个姑娘，不要忘了“我”这第一人称，尽量做到分分合合，穿插连贯，虚虚实实，摇曳多姿；

名字也要体现全文的特点，糅合一体：满月儿；

一出场要自然，要有场景，以形象抓人；

时时写进生活情趣，使故事丰腴；

让月儿和满儿活动，力避“我”来死板介绍，发议论；

描绘要细腻，叙述要抒情；

产生诗的意境；

调子要柔和，语言不要出现成语和歇后语一类太土的话，节奏和音响要有乡下少女言谈笑语式的韵味；

结尾要电影式的“淡出”，淡得耐嚼。

贾平凹经过长期的积累、过滤、发酵，敏锐地抓住了自己的感受，最后把那些感受转变成外在的言语符号。

郭沫若在谈到《凤凰涅槃》的创作过程时这样描述：“《凤凰涅槃》那首长诗是一天之中分两个时期写出来的，上半天在学校的课堂里听讲的时候，突然有诗兴袭来，便在抄本上东鳞西爪地写出了那诗的前半，在晚上行将就寝的时候，诗的后半的意趣又袭来了，伏在枕上用铅笔只是火速地写，全身都有点作寒作冷，连牙关都在打战。就那样把那奇怪的诗写出来了。”诗人诗兴、意趣袭来，并不是没有积蓄和准备的，而是内部言语活动的结果，他的内在情感有一个很长时间的孕育和内化的过程。早在1916年，郭沫若由于国家、民族没有出路，自己又陷入了婚姻的困境，心中早已埋下了“民族的郁积”和“个人的郁积”。这种“郁积”在他当年写的五言诗中便流露了出来：“出门寻死去，孤月流中天。寒风冷我魂，孽恨摧吾肝。茫茫何所之，一步再三叹。画虎今不成，刍狗天地间。偷生实所苦，决死复何难。痴心念家园，忍复就人寰。归来入门首，吾爱泪汍澜。”

过了一年，他在另一首五言诗中又写道："有生不是乐，常望早死好。"流露出他那难以排遣的痛苦心情。1918 年左右，他又以新诗的形式写了《死的诱惑》："我有一把小刀，/倚在窗边向我笑。/她向我笑道：/沫若，你不用心焦！/你快来亲我的嘴儿，/我好替你除去许多烦恼/……" 1921 年 1 月 18 日，他给宗白华写信，这种情绪又一次涌现出来：

我现在很想如 Phonnix（注：古埃及神鸟，五百年集香木自焚而复活）一般，采些香木来，把我现在形骸烧毁了去，唱着哀哀切切的挽歌把他烧毁了去，从那冷净了的灰里再生出一个"我"来！可是我怕终竟是个幻想罢了。

又过了两天，郭沫若终于写成了那首作为"五四"时期狂飙突进时代象征的《凤凰涅槃》。[①] 从这首诗的产生，我们也可以看到，内部言语活动是经历一个怎样的过程，最后才转化为外在的言语符号的。

促进写作进程的自动化
有助于写作技能娴熟化

真正的内部言语活动的特征是自动化的，可以说是自动化的"衔接"。"衔接"的概念是 Halliday 于 1962 年首次提出的。1976 年他与 Hasan 在《英语中的衔接》一书中把"衔接"看作"存在于篇章内部的，能使全文成为篇章的各种语义关系 "。在 Halliday 和 Hasan 于 1985 年出版的《语言·语境·语篇》一书中，Hasan 扩大了"衔接"概念的涵盖范围，把衔接分为结构衔接和非结构衔接。结构衔接包括平行对称结构衔接、主位—述位结构衔接、已知信息—新信息结构衔接。非结构衔接又分为成分关系衔接和有机关系衔接。1990 年，Parsons 对衔接链中衔接项目的数量和语篇连贯的关系进行了研究，把语篇的衔接方式与语篇连贯的程度联系了起来，为解释语篇的连贯和衔接的现象提供了重要的理论基础，对人们理解同一语篇在不同语境中具有不同含义有很大帮助。处理好"有意味的语

① 孙绍振．论变异［M］．广州：花城出版社，1987：225—227．

言”的衔接，要求高中生加强内部言语活动，注意字、词、句、章的衔接关系，也就是有人提出的在“隐性写作”上下一番功夫。一个人不通过后天的学习，不会拼读，不会认字写字，不懂标点符号的使用，不通语法，不会连字成句、连句成篇，是不可能写出一篇文章的。

一、完整的写作知识结构，是实现写作进程自动化的前提

写作者首先必须掌握写作活动中最基本的语法知识、文体知识，掌握一些相关的写作技能，培养起书面语言思维的习惯。正如当我们面对新的知识时，必然要将其与我们原有的知识进行比较分析，找到它们的相似处与共同点，使它们产生联系，以已有知识去融合、吸纳新知识，将其整合成我们整个知识体系的一部分，被我们所掌握。从这个意义上讲，新旧知识之间的联系越紧密，新知识被同化得越好，其被掌握的程度就越高，就越能深入写作者的潜意识之中。当某一时刻受到外界事物的刺激时，才能不假思索地从已有的知识储备和学习经验出发，利用以往被证明有效的方法比较轻松地联想到旧知识，找到新旧知识之间的共同之处，将它们紧密衔接在一起，从而形成完整的写作知识结构。只有真正掌握了完整的写作知识，才有可能实现写作进程的自动化。

而这正与现代认知心理学的研究成果相一致。现代认知心理学认为，知识分为陈述性知识和程序性知识。与主题有关的知识、与读者有关的知识、与写作方法有关的知识，这三类知识在最初作为陈述性知识被很好地掌握之后，平时都储存在我们大脑的长时记忆当中。在实际的写作过程中，必须将陈述性知识转变为程序性知识，而这需要通过不断的练习，形成强有力的思维模式，使这些知识深入人的无意识领域，在写作活动中以一种自动化的行为方式体现出来，从而减少写作活动中的脑力消耗，减轻短时记忆的负荷，以便腾出更多的记忆空间用于其他的写作活动，最终达到提高写作质量的目的。

因此，我们的写作教学主要不应罗列陈述性知识（它可以被无意识地执行），而应该多考虑程序性知识（它能够清楚地被表达出来），那才是活的知识、对培养写作实践能力真正有用的知识。

生活知识和对生活的感受，是写作最基本、最重要的两个条件。有了

这两个条件，完整的写作知识结构才能构建起来。对文艺创作者来说，没有完整的写作知识结构，就写不出好的作品；对于高中生的写作来说，也不例外。徒有生活还不行，从生活感受当中才能见出写作者的思想、情感，对待事物的立场、看法。想写好一个人物，得观察千百个人物；想写好一件事情，就必须对事物产生的情况及其前因后果了如指掌，而且把个人对事物的态度（好或恶）鲜明地表露于其中。这样写出来的文章，才可以避免客观主义，带有写作者主观的思想感情。这种思想情感越强烈，它的感染力也就越强。①

完整的写作知识结构就像王国维在《人间词话》中所说的，古今之成大事业大学问者必须经过三种境界：

“昨夜西风凋碧树，独上高楼，望尽天涯路”，这是第一种境界。就是说，写作者了解并掌握了大量材料，但还是茫然无头绪。

“衣带渐宽终不悔，为伊消得人憔悴”，这是第二种境界。就是说，写作者要像害了相思病那样，拼命研究材料，人熬瘦了也不顾。

“众里寻他千百度，蓦然回首，那人却在灯火阑珊处”，这是第三种境界。就是说，写作者通过反复钻研，找到了事物的本质，胸中豁然开朗。②

如果能够达到这三种境界，就能实现写作进程的自动化了。

二、自觉的内部言语活动，是实现写作进程自动化的关键

个人内部言语活动是一种极具个人色彩的写作心理活动，这一写作心理活动的形成过程，应该是写作者自觉形成的过程，当力求大胆奔放、传达准确、展示个性。

1. 内部言语活动要力求大胆奔放

中国古代的作文训练也主张学生大胆地写，等有了一定的基础再要求精练严谨。苏轼说：“凡文字，少小时须令气象峥嵘，彩色绚烂，渐老渐

---

① 中国写作研究会华北分会．写作论［M］．北京：北京师范大学出版社，1984：序1—2.

② 中国写作研究会华北分会．写作论［M］．北京：北京师范大学出版社，1984：44.

熟，乃造平淡。其实不是平淡，乃绚烂之极也。”连最主张庄严典重的欧阳修也说：“作文之体，初欲奔驰。”谢枋得在《文章轨范》中讲：“凡学文，初要胆大，终要小心，由粗入细，由俗入雅，由繁入简，由豪荡入纯粹。此集皆粗枝大叶之文……初学熟之，开广其胸襟，发抒其志气，但见文之易，不见文之难，必能放言高论，笔端不窘束矣。”只有放胆，学生才能不被写作方法束缚住，才会把自己的注意力放在自由地抒写自己的感情、思想、生活上，写出的文章才会有真情实感。鲁迅先生在《这个与那个》一文中说了个意味深长的譬喻：“孩子初学步的第一步，在成人看来，的确是幼稚、危险、不成样子，或者简直是可笑的。但无论怎样的愚妇人，却总以恳切的希望的心，看他跨出这第一步去，绝不会因为他的走法幼稚，怕要阻碍阔人的路线而‘逼死’他；也绝不至于将他禁在床上，使他躺着研究到能够飞跑时再下地。因为她知道：假如这么办，即使长到一百岁也还是不会走路的。”对学生的写作，也应该这样看。

冰心说，要写好散文，“必须是作者自己对于他所描述的人、物、情、景，有着浓厚真挚的情感”。这是经验之谈。臧克家对此也深有体会地说：“我写了《老哥哥》，他是我家的长工，在我家卖了五十多年的劳力，从我曾祖父到我，一家四辈呼之为‘老哥哥’，但在他七十多岁的暮年，却被我祖父借口无用把他赶走了。我从四十年代到七十年代写了两篇同样题目的散文，三次跑到卫生间去扭开水龙头，让凉水冲洗我的热泪，我流着眼泪写了它，读它的人了也都流了泪，真情才产生真货色。”这告诉我们，对所写的人有真挚浓郁的感情，写出来的文章才能感人。优秀的散文都是真挚浓郁的感情的产物，冰心由于“暖意盈怀”才写出受人赞赏的《梅花赞》；秦牧由于“花市归来，像喝酒微醉似的”，才写出热闹动感的《花城》；杨朔由于“动了情”，才写出脍炙人口的《荔枝蜜》。①

高中生写作技能的训练，应该着眼于让学生大胆去写，让学生一有感触，就拿起笔把内心的世界展现出来。如果怕写、不愿写、没时间写，或写起来怕这怕那，畏首畏尾，要实现写作进程的自动化也就无从谈起。

---

① 中国写作研究会华北分会．写作论［M］．北京：北京师范大学出版社，1984：123.

2. 内部言语活动要善于展现心灵世界

每个人都生活在两个世界里，一个是现实世界，一个是心灵世界。如果把心灵世界展现出来，还原为现实的世界，就需要有娴熟的写作技能。李白的《静夜思》写的是月光映照于“床前”的实景，可是诗人用一个“疑”字、一个“思”字，为我们开辟了一个“明月照九州”的无垠空间。苏轼的《水调歌头》也写明月，却是另一种写法。诗人与明月对话互动，天上人间瞬间往返，呈现出一幅寥廓缥缈的“何似在人间”的虚幻之景。但其结尾仍然复归充满“悲欢离合”的现实人世，并不由自主地发出“但愿人长久，千里共婵娟”的浩叹。如果李白没有虚幻超脱、令人心驰神往的高超写作技能，苏轼不会转换对人生境况的深切体味，他们的作品就没有这么大的魅力穿越浩渺时空流传至今。

写作时，不能为了写景而写景，写景是为了表现人物，烘托主题思想，展现心灵世界。不同的情况有不同的写景手法。同样是写景，《水浒传》中的“林教头风雪山神庙”和《红楼梦》中的“琉璃世界白雪梅”的意境就大不相同。前者写雪，渲染林冲的艰难处境和愤懑心情；后者写雪，抒发大观园中公子小姐赏雪的闲情逸致。①

请人买房子，应该属于应用文范围吧，请看郑板桥与弟书中的句子：“房子太小，见天不大，汝狂兄不愿居也。”仅仅三句，写的是买房子的现实生活琐事，郑板桥的人格与性格却十分鲜明地表现出来了。② 郑板桥在写作时，就是想把自己的真实想法告诉他的弟弟，而且是带着强烈的情感来叙述的。从这个层面来说，内部言语活动是情感的活动，是心灵的活动。

同样是写菊花，不同的诗人笔下却有不一样的景象。陶渊明痛恨腐朽、黑暗的官场，向往纯朴、恬静的田园生活，他从腐朽、黑暗的官场脱身出来，投身到向往已久的大自然的怀抱，所感到的是“久在樊笼里，复

---

① 中国写作研究会华北分会. 写作论［M］. 北京：北京师范大学出版社，1984：46.

② 中国写作研究会华北分会. 写作论［M］. 北京：北京师范大学出版社，1984：序 2.

得返自然”的自然之美，因而有“采菊东篱下，悠然见南山”之叹。李清照早年生活优裕，和丈夫一起过着幸福美满的生活。南渡之后，丈夫逝世，国破家亡，她饱受离乱、贫困、孤单之苦。早年的幸福美满与晚年的离乱寂苦在她心中刻下了难以愈合的创伤。面对菊花，百感交集，她所感到的是“满地黄花堆积，憔悴损，如今有谁堪摘”。而穷途潦倒的杨万里，面对郊外的野菊，则别有一番感慨：“野菊荒苔各铸钱，金黄铜绿两争妍。天公支与穷诗客，只买清愁不买田。”同样是菊花，在诗人的笔下虽然仍不失为“菊花”，但情态各异，已经融入了诗人的需求、兴趣、欲望、感觉、知觉、情感、思维、注意、记忆、直觉、想象、性格、意志等心理因素，“菊花”已经是心灵化以后的“菊花”。而这一切都是通过内部言语活动来完成的。

3. 内部言语活动要由精确的文字来传达

心灵的东西需要通过精确的文字“有理”“有物”“有序”地表达出来，诗歌的语言正好能阐明这个道理。诗歌的妙处在于只可意会不可言传，于是才有“诗无达诂”“耐人寻味”“仁者见仁，智者见智”等说法。诗歌如此，其他的文学样式也一样。文学作品丰富的内涵是要由精确的文字来传达的。所谓精确，就是要充分地把握并用好字义。朱光潜先生在《咬文嚼字》一文中谈道：“字有直指的意义，有联想的意义……直指的意义易用，联想的意义却难用，因为前者是固定的，后者是游离的；前者偏于类型，后者偏于个性……难处就在于含混中显得丰富。”而这正是作家需要做到的。他以苏轼的《惠山烹小龙团》为例子。该诗的本意是用惠山泉水泡小龙团茶，如以叙事手法直接来写，就一点儿意思也没有了。诗人是这样写的：“独携天上小团月，来试人间第二泉。”把泉水映月的景和泉水泡茶的情巧妙融合，使“清沁肺腑的意味”更浓了。诗句中的“小团月”一语双关，兼指月和茶，充分地引发了读者的联想。“这两句诗的妙处就在不即不离若隐若现之中”，而这种朦胧的美感正是源于精确选用意象。不过，正如朱光潜先生所说：“它（指联想的意义）可以使意蕴丰富，也可以使意思含糊甚至于支离。”

精确的文字，大致有字法、句法、章法、篇法之说。字词是构筑文章的细胞、基石。字词准确、生动、精彩、贴切，是内部言语活动的客观要求。古人通过对字词进行反复推敲、锤炼、修改，达到切情、切境、切题，声音优美、语言精练、形象鲜明、情趣隽永的目的。字词可组成句，而句作为文章较大的一级语言单位，使用起来也有特定的技法。长句、短句，单句、复句，顺序句、倒装句，陈述句、疑问句、祈使句，整句、散句的应用，需要斟酌。句与句之间的关系，骈或散，承或转，铺陈或跳跃，顶真或移就，比拟或曲解，须精心推敲。

刘勰指出："因字而生句，积句而成章。"章就是段，内部言语活动不仅要处理好字与句的关系，也要处理好句与章的关系；一方面要处理好一章内各句的关系，另一方面还要处理好各章的关系。积章而最终成篇，"篇"是一个整体，须从总体把握文章的字、词、句、章，是水到渠成，百川归大海。

朱德熙在《写作与写作教学》一文中谈到"准确"时指出，不光是事实要准确，逻辑上没毛病，还要在写文章时注意微妙的地方。他举了正反两个例子。

正面的例子是儿童刊物《东方少年》上刊登的一篇小学生的文章，其中有这样一段文字："我常常搬一个小板凳，坐在湖边上，看那满湖的荷花和那些欢蹦乱跳的鲤鱼。有时，竟看好几个小时。荷花那秀美的身姿、迷人的色彩吸引着我，把我带到童话般的世界里。我想到我曾经看到过的那幅年画。在花心的莲蓬上坐着一个胖乎乎的小男孩，花红的小兜肚，脚上系着铃铛，脖子上有一圈花瓣做成的小链子，胖胖乎乎的小手上拿着一个刻着'福'字的连心锁。"这个学生的描写非常准确，把年画的细节和味道都抓住了。

反面的例子是一篇名为《参观纽约庞贝馆》的文章，其中有这样两句话不正确：一是"有些人躲在桌底或地窖中"，二是"当时人们放在桌面上的食物，仍然很好地保存着"。问题出在"桌底"和"桌面"这两个词上。鞋子有底，箱子有底，桌子哪有"底"？其实说的是"桌子底下"，但"桌子底下"与"桌底"完全是两回事。"底"和"底下"是不一样的。"鞋底"不能说成"鞋底下"，"箱底"和"箱子底下"也完全不一样。因此，说"桌底"是不对的。此外，"桌面上"这个词也不准确。说"桌子上"不就完了吗？"桌底"不对，"桌面上"也不对，这说明作者没有注意这些小细节。这里没有太大的学问，也不用查字典，凡是中国人都知道没有“桌底”和“桌面上”的说法。那为什么会写错呢？跟写汉字有关系。作者一看见那个“底”就认为是“底下”，没有放在嘴里念一念。念一念很重要，凭着语感就能发现问题。①

这里，朱德熙用正反两个例子阐明了语言的准确性问题，指的是内部言语活动中所需要的精确文字的表达。

三、个性化的语言显示，是实现写作进程自动化的难点

语言的魅力，在于鲜活的个性。我在网上看到一个例子，很能说明语言个性化的特点。

让绒绒摸摸小兔（会唱歌的玩具兔）的耳朵，她径直走上前去摸爸爸的耳朵。

对她说“打电话给爸爸”，她直接把手机举得高高的，递到爸爸的手上。

家里不论电话还是妈妈的手机一响，她就说“喂”，把家里的耳麦也叫作“喂”。

爸爸妈妈叫绒绒的二姨奶“二姨”，绒绒也“二姨”“二姨”地叫得欢。

绒绒要出门时，指挥大人“走吧走吧”；她坐的汽车在路边停下时，她也说“走吧走吧”。

绒绒第一次说出的“句子”是“Nei Nei 好吃”。

这里，绒绒的每一句话都符合幼儿的语言特点。如果一个小学生这么说，就有些不对头，因为这不符合小学生的语言特点。这是语言个性化最直观的注解。

正如王克金所说：“我认为诗歌写作的正路是，诗人应该从自身的经历入手，在与自己相关的事物中，挖掘出具有诗意的细节片段，或是经过一段时间深化在经历中的某种感受，然后，把这些通过个性化的语言显

---

① 中国写作研究会华北分会．写作论［M］．北京：北京师范大学出版社，1984：370—371.

示，成为诗歌。”这里的“个性化的语言显示”，就是我们应在写作中加强训练的。

一朵雪花、一片云彩，当它们第一次被人类命名的时候，是多么生动的隐喻。天长日久，当隐喻变成名词之后，这些过去的隐喻的新鲜感退去了，生动感消失了，激不起读者大脑皮层的兴奋了，语言也就缺乏个性了。这时，就要给这些形象重新命名，使这些形象得到新的隐喻，使这些隐喻陌生化，使陌生化的意象鲜活、生动起来，语言也就有了个性。

王克金曾这么说：“真正的诗人，总是随身携带一把奇异的铁锹。他不是准备着用它去挖掘那个外部的世界。他终生挥舞着它，时刻在挖掘历经现实蹂躏的心灵的沃土。他不停地挖下去，渴望出现泉水……挖掘得越深，泉水才会越加甘甜，水源才不至枯竭；诗人的自我生命才会被提升得越高；其超越自我的范围，就会愈加广阔，直至抵达那难以企及的境界。就像一只苍鹰，它越是想显示它的本色，它就越是在高空和大气流中上升，尽览大地的山脉、高原与河流。”

个性化的语言是独树一帜的、特立独行的语言，是富有生命的张力、焕发着青春活力的语言。

汪曾祺的语言淡雅飘逸、舒缓隽永，透露出对传统文化中的和谐美的崇尚；王蒙的语言机智流畅、夸张幽默，表现出对艺术陌生化的追求；陆文夫的语言清丽玲珑、婉约隽永，显露出苏州古城的典丽雅致；冯骥才的语言雅俗合一、诙谐流畅，流溢出津味文化的历史底蕴；何立伟的语言淡雅朦胧、奇巧沉郁，借鉴了唐人绝句的凝练与含蓄；马原的语言凝重厚实、变幻莫测，在结构的迷宫里讲述迷离神奇的故事；王朔的语言漫不经心、调侃戏谑，显示出对社会人生的“痞”性态度；莫言的语言注重感觉体验，好作混杂与堆砌，在强烈的主观感觉中使语言达到陌生化的艺术效果；余华的语言将感觉与幻觉、想象与现实融为一体，凸显了日常生活逻辑的表面性与虚伪性……新时期的作家们以其清醒的语言意识，在文学语言的个性化、艺术化的创造上，取得了显著的成就。

高中生虽然不能与专业作家相比，但可以有自己的语言个性，可以向作家学习。如鲁迅《故乡》中的片段：

他站住了，脸上现出欢喜和凄凉的神情；动着嘴唇，却没有作声。他的态度终于恭敬起来了，分明的叫道：

“老爷！……”

我似乎打了一个寒噤；我就知道，我们之间已经隔了一层可悲的厚障壁了。我也说不出话。

他回过头去说，“水生，给老爷磕头。”

一声“老爷”体现出“我”与闰土少年时代的纯真友情完全被封建的等级观念所代替了。下面是一位学生的语言描写：

门被踢坏了，开了一个拳头大的窟窿。班主任来了，说：“谁踢坏的?”捣乱鬼董小天说：“没看见。”旁边的张小勇还帮董小天说话。高芳芳说：“是董小天踢的。”董小天不承认。老师说：“还有谁看见的?”“没看见。”李星说。

这段描写显得单调乏味。如果加上符合人物性格的个性化语言，同时添上相应的表情和动作，就会加强对话的表达效果，如：

门被踢坏了，开了一个拳头大的窟窿。班主任来了，瞪着眼：“谁踢坏的?”捣乱鬼董小天斜着眼，冷笑着：“鬼知道，又没有人叫我一定要看好门。”旁边的张小勇朝老师做了个鬼脸：“哈，开了窗，好通风。”谁知这一下子却惹恼了站在旁边的高芳芳：“是董小天，他来时，一阵风正好把门关了，他就抬起脚，用力一踢。”董小天脚一跺：“大白天别说梦话！你小心点，不要诬陷好人!”“我才没有瞎说呢，大家都看见的。你凭什么做了坏事还要耍嘴?”老师说：“还有谁看见的?”“我……没看见。”李星使劲地咽了咽口水，神情恍惚。

董小天调皮捣蛋，油嘴滑舌；张小勇幸灾乐祸，混淆是非；高芳芳正义、勇敢，不留情面；李星性格软弱，胆小怕事。人物的性格特点活灵活现地表现了出来。

再看一位小学生的作文片段：

一位佩戴红领巾的少年给老奶奶让座。老奶奶激动地对旁边的乘客说：“现在的形势真是一片大好，学习雷锋蔚然成风，社会上好人好事层出不穷。你看，这位‘红领巾’就是一个‘活雷锋’……”

这段话中，老奶奶说的话就没有自己的个性，也不符合说话的场景，更不会在日常口头交流中用到“蔚然成风”“层出不穷”等成语。她可能会说“这孩子真好”或“真是个好孩子”。

人物的语言必须个性化，即具有人物的个性特征，符合人物独特的身份、地位、年龄、职业、心理状态、文化教养等，使读者听其言如见其人。鲁迅曾说：“只摘出各人的有特色的谈话来，我想，就可以使别人从谈话里推见每个说话的人物。”这里所说的“各人的有特色的谈话”，就是具有个性特征的语言。

《儒林外史》中描写范进的岳父胡屠户对范进中举前后截然不同的态度，就是一个很典型的例子。范进在中举前，穷困潦倒。有一次他向岳父借乡试盘缠，胡屠户不但不借，还将他骂了个狗血喷头：“像你这尖嘴猴腮，也该撒泡尿自己照照！不三不四，就想天鹅屁吃！趁早收了这心。”范进中举后，胡屠户却换了一副嘴脸：“我的这个贤婿，才学又高，品貌又好，就是城里头那张府、周府这些老爷，也没有我女婿这样一个体面的相貌。”两处谈话，前倨后恭，反差极大，活画出胡屠户这个势利小人的丑恶嘴脸。

高中生应从成功的语言描写中吸取养分，使自己使用的语言生动形象、精确凝练、富有个性。但这是难点，当在实践中不断地提高，克服人物语言一般化、雷同化的弊病。

四、走进社会、走进时代，是实现写作进程自动化的源泉

写作与社会、时代的关系十分密切。宋代诗人陆游在总结自己的创作经验时说过：“汝果欲学诗，功夫在诗外。”“纸上得来终觉浅，绝知此事要躬行。”鲁迅先生主张要进行写作必须“留心各样的事情，多看看，不看到一点就写”。叶圣陶认为：“生活就如源泉，文章犹如溪水，源泉丰盈而不枯竭，溪水自然活活泼泼地流个不停。”如果实现了写作的“溪水自然活活泼泼地流个不停”，那么写作进程自动化也就实现了。

而远离社会、疏远时代，势必导致无病呻吟之作泛滥，影响写作进程自动化的实现。20 世纪 70 年代末，巴金在香港《大公报》开设“随想录”专栏，提倡说真话，反思历史，反思和批判自己；冰心密切关注社会进步，自觉承担起作家的责任，“想到就写”，使文章触入社会的变革，充当评议时政的角色；孙犁继承鲁迅以来的文学风格，直接参与和干预社会生

活，书写时代的最强音，为新时期的文学做出了重要贡献。这三位文学前辈成为作家说真话的楷模，影响了一个正在巨变的时代。

钱钟书到美国访问时，操一口流利的英语，中西学问，信手拈来，无所不知。有人抄了一首据说是朱熹的诗让他鉴定，他一看说不是，并且当场指出此诗初刊于哪一本书。有人跟他开玩笑，问他美国的当红影星是谁，他马上就说出了姓名。众人对他涉猎之广非常佩服。

从许多作家的成长过程中我们都能看出一点，如郭沫若、茅盾等，他们都自幼练习写文章，到了二十来岁的时候，他们的文章已然写得很好了。此外，他们还学了外语。这样，赶到一个文艺运动到来，他们就想："我心里也有许多话、许多事，为什么不写写呢?"他们就拿起笔来唰唰地那么一写，竟写出了诗、剧本、小说。如果他们躲到象牙塔里，不走进时代、走进生活，恐怕就不会取得那么辉煌的成就。

总之，他们之所以有如此巨大的成就，是因为他们不远离社会、疏远时代，而是勇敢地站在时代的风口浪尖，走进新时代，走进新社会，走进新生活，写作的源泉才丰盈，源源不断，为他们写作进程的自动化创造了条件。

变长时记忆为工作记忆是提高写作技能的有效途径

长时记忆指个体头脑中与写作有关的三类知识：一是与主题有关的知识，亦即与写作内容有关的经验储备；二是与读者有关的知识，包括对读者的知识水平、理解能力及可能产生的反应的了解；三是有关写作方法的知识，包括各种文本的结构、对文章的构思、各种修辞手法的运用等。这三类知识对于写作而言都是不可或缺的。

这三类知识在最初作为陈述性知识被很好地掌握之后，平时都储存在我们大脑的长时记忆当中。在实际的写作过程中，如果把它们从长时记忆中原样提取出来，放在短时记忆中运作，必然会占用短时记忆的大量认知资源，引起认知超载，因而有必要将它们由陈述性知识转变为程序性知识，即变长时记忆为工作记忆。

从专家与新手的对比研究中，我们可以很清楚地看到：个体三类知识的差异会使他们写出的文章产生质的差异。

J. F. Voss，G. T. Vensonder，G. J. Spilich 曾于 1980 年通过实验证明：个体对文章主题所拥有的陈述性知识不同，那么写出的文章就会有较大的质量差异。实验对象：大学生，他们具有相同水平的语言能力，但对棒球知识的掌握有差别。实验任务：根据自己的想象，写一篇关于半局棒球比赛的解说词。结果：所有棒球知识丰富的学生都成功地完成了任务，而 10 个棒球知识贫乏的学生中仅 7 人完成了任务，其余 3 人中一人写的是板球，1 人写的不足半局，1 人写的超过半局。如果把成功完成写作任务的学生的文章分解为一个个命题的话，这些命题可以分为 6 类。相关知识丰富的个体与相关知识贫乏的个体的文章内容在这 6 类命题中所占的比例也是不一样的。

命题	各类命题所占比例	
	相关知识丰富的个体	相关知识贫乏的个体
情境	0.30	0.25
有意义的陈述	0.09	0.16
比赛动作	0.10	0.09
辅助动作	0.39	0.22
有关的非比赛动作	0.04	0.03
无关的非比赛动作	0.08	0.24

然而，实际的写作过程存在于作者的工作记忆。它包括计划（构思）、转换、检查三个过程。

计划是指根据写作任务确定写作目标，再根据目标从长时记忆或外部材料中提取相关观念，并把这些观念组织起来。它包括目标设置、生成和组织三个部分。目标设置指写作者对自己的写作提出要求或做出计划。目标可能是长期的，也可能是短期的，它在整个写作过程中都有可能发生。生成指在头脑中形成写作时将要使用的观念和内容。观念可能来自长时记忆，也可能来自外部环境。组织指通过句与句、段与段之间的连接，对文章进行组织布局。目标设置、生成与组织都不是一次完成的，而是在写作的全过程中反复相互作用。转换是把通过计划形成的观念系统转化为书面文本。检查则是参照写作目标对已经写好的文章进行评价和修改。计划、转换、检查三个过程不是简单的线性关系，而是循环往复、交互影响的。

如果说长时记忆代表写作所依赖的陈述性知识，工作记忆所代表的则是写作所必需的程序性知识。个体工作记忆的差异也会对写作的质量产生重要影响。

提高写作技能，应该变长时记忆为工作记忆，即将“构思”外化为“提纲”，变隐性思维为显性思维。

文字符号表达的构思就是提纲。文学创作提纲是运用文字和序码来表示的艺术形象之间关系的心理图表。提纲既重要又必要。

托尔斯泰和司汤达都反对创作提纲，但他们记笔记、写要点。其实，笔记及要点就是提纲。创作提纲不是逻辑关系的显示，而是主题、情节和重点的展现，因而具有一定的形象性、模糊性和情感性。进行文学创作较为妥当的办法是，首先，构思出一个符合文学特性的提纲；然后，丢开提纲，自由发挥，任意起草。其实，这样起草时仍然有提纲在潜意识中的理性化观照作用，只不过这种理性已经消融在感性的运作中，成为直觉，更适宜于意象的创作。在起草的过程中，不要去想提纲，任由情性、意识、感性去发挥。当创作遇到巨大阻碍而无法进行下去时，再参看提纲以厘清思路。

文学史上存在一个人们易于忽视的现象，那就是呆板地坚持理性指导创作，尤其是编写详尽提纲的作家，却没有创作出不重视提纲的作家所能写出的传世作品。相形之下，前者比后者略为逊色。当然，两者的差别，其原因相当复杂，但起草方法的不同是一个因素。可以说，按照提纲写出的作品，往往外在观察成分多，理性强。茅盾对《子夜》创作主导思想的反复说明就可见一斑，他写的是一个明确的主题思想：中国民族资本主义在 20 世纪 30 年代的国内外形势下必然是行不通的。而那些没有严格按照提纲甚至不写提纲而创作的作品，则内在体验成分较多，感性（包含着深广的理性的直觉）更强。鲁迅的小说《狂人日记》和《阿 Q 正传》正是这样。《阿Q正传》的写作，不可能预先编写出提纲来，因为这是编辑索稿、定期连载的压力所促成的起草。鲁迅说阿Q的结局作者未能预定，正说明了这一点。然而，《阿Q正传》不仅仅写出了作者对历史和现实的中国及国人心态的观察和分析，更主要的是自然而然地写出了作者生命中最深切、最痛苦的内在体验。

创作需要提纲，起草需要摆脱提纲。贾平凹对待创作提纲的态度值得我们参考。他说："写作的时间不长……但它酝酿的时间却较长。我写过十几个月详细提纲，被折腾得日夜不宁，但落笔时还是全推翻放弃了。一坐到桌边，书里的人物自己就活动起来，故事自动发展，情节、场面、对话联翩而出，像水的自然流止、云的自然起落一样。"而一般文章写作都要编写细致的提纲。只要不断充实，提纲就能成为初稿。

提纲编写程序如下：

（1）确立主题

如果说文章是精神生命，那么材料是血肉，结构是骨骼，语言是细胞，表达方式是皮肤，线索是脉络，而主题意蕴则是核心。因此，编写提纲的第一步是确立主题意蕴。

（2）拟制标题

标题服务于主题。文学作品的标题一般有以下几种形式：一是形象概括意蕴。这类标题较为常见，如《红高粱》《城堡》《老井》等。二是内容提要。指出文章内容，即题材范围。三是与主题有关的事物或人物语言。四是人名、地名、时间等。这类标题要求形象、含蓄、新奇，如《阿Q正传》，新颖独到，土洋结合，又生动形象，像阿Q及清末国人拖着小辫的脑袋。好的标题画龙点睛，使人"一见钟情"，反映出作者文学和思想的造诣。

（3）简述内容

内容简述，有的称剧情简介、情节梗概等，包括主题、层义和要点，在文学性文章中可以写作过程、部分及要点。

（4）选择结构

这一点指的是中间部分的安排。文学性文章的结构有两种形式：一是纵向发展式，即按照事物发展的时序或过程进行。这种结构一般建立在顺叙、倒叙等基础之上。倒叙尽管将结局或最突出的片段提到开头，但主体仍属于纵向发展式，因为作者和读者都有明确的时间意识。线索层次清晰，但易产生沉闷感。这就必须注意主次详略，重点突出。二是横向发展式，即按照事物构成的序列展开，分成几部分。

（5）标明层义

这一部分也叫作全文的纲。层义的主要部分有两种写法。一是标题写法，结尾没有标点符号，简明扼要。这种写法的长处是简洁清楚，易于把握；短处是别人不易看懂，自己也可能在一段时间后弄不明白。二是句子写法，是完整的一句话。这种写法的长处是具体明确；短处是过于冗长，不利于思考。最好是两种方法交替，在简单明了的地方用标题写法，在复杂难记的地方用句子写法，根据具体情况而定。这样，层义具体表现在文章中有两种：一是居中排列的小题目，二是项目。

（6）写出要点

文学性文章提纲应有较大的创作自由，在这里就只需要写出要点或重点，可以是各种提示，如方法、技巧、警句和灵感等，也可以是形象的特征等。

在构思文章的过程中，有人总结出了行之有效的方法：

（1）寻找构成文章的线索

线索就是把文章的全部材料贯穿成一个有机的整体的脉络。抓住线索是构思文章的重要方法。

（2）巧妙地穿插与交织

穿插和交织是叙事性文章的基本技巧，它们都是写作者对文章进行整体构思的结果。穿插，主要是就文章的组织方法而言的；交织，主要是就不同的线索而言的。

（3）悬念与伏应

悬念和伏应是文章中常用的方法，也是文章构思中常要考虑的问题。悬念，主要用于叙事性文章，尤其在文学性的叙事文章中更为常用。伏应是伏笔和照应，各类文章中都可以运用。

（4）铺垫与衬托

铺垫，就是为主要情节和故事高潮的到来，从各个方面、各个角度所做的准备。衬托，就是通过主要对象与次要对象、中心事物与周围事物之间的比照，来鲜明地突出主要对象、中心事物。

(5) 恰当的语体和情调

语体，即语言的体式和色彩。语体可大致分为四类：科学语体、艺术语体、报告语体和应用语体。情调主要是指语言风格的特色。

积极开展内部言语活动是提高写作技能的有效方法

一、不起交际作用的言语过程，是个人思考时的言语活动

内部言语不发出声音，但言语运动器官实际上仍在活动，它向大脑发送动觉刺激，发挥着和出声说话时相同的信号功能。1952 年，语言学家 E. 雅科布森曾做过一次实验，他将电极装在被测试者的下唇或舌尖上，指令被测试者数数或计算简单的算术题，或诵读一首诗。第一次测试“出声地”进行，第二次“默默地”进行，发现所得到的动作电流节律基本相同。这说明人在默默思考时也有言语器官的运动，且性质是相同的。外部言语应当连贯且详尽，否则别人不易理解；内部言语则是对自己说的，可以简略且概括，甚至可以用一个熟悉的词或一个短语代替一系列完整的句子。

人们在说话时，内部言语会向外部言语转化，这个过程叫外化。内部言语转化为外部言语的过程，是从简略、概括的言语转向展开的、别人能够明了的言语的过程。儿童在言语修养不足时，转化时可能会产生困难，或词不达意，或他人不明所说，或所说非所想，故外化必须经过一定的训练。

肖铁（作家肖复兴之子）上小学前，一天从动物园回家，肖复兴对儿子说：“你用一两句话形容一下你印象最深的动物，随便说，想怎么说就怎么说！”肖铁便信口开河：“白熊，我知道你为什么这么白，因为是北极的冰雪给染的……”肖复兴立刻告诉儿子：“这就是作文。”

从肖铁的即兴写作可以看到，当他在观察事物时，他的言语器官在不断地运动着。当他在父亲的要求下口述时，实际上就是内部言语向外部言语转化的过程。肖铁所说的“作文”，就是内部言语向外部言语转化的结果。

二、内部言语动作阶段，是动作在智力水平上形成的最后阶段

外部言语也会向内部言语转化，这个过程叫内化。由外部言语过渡到内部言语，言语的机能和结构都发生了重大变化。内部言语是“为自己用的言语”，是为固定智力动作的个别因素与调节智力动作进行而存在的。内部言语的结构主要是谓语性言语，常常简化成不合语法的结构。加里培林认为，真正的内部言语的特征并不是词的成分的片段性，而是它的进行是自动化的，并且基本上处于自我观察的界限之外。

肖铁上小学时写了一篇描写冬天的作文，从头到尾都是“滴水成冰，朔风刺骨”之类的话，还很为自己掌握的词汇漂亮而得意。肖复兴没表扬，让儿子走出家门，到冬天的汽车站去观察。肖铁发现“等车的人冷得在台阶上直蹦”“挤满了的公共汽车一开门，就会有一团白气冒出来”“大风吹跑了骑车人的帽子，骑车人去追帽子，大风又吹倒了他的自行车”，肖复兴表扬儿子这些细微的观察：“前面写的冷，是别人的冷，只有你观察到的这些，才是属于你自己的冷。”

这里的“滴水成冰，朔风刺骨”并不是肖铁“为自己用的言语”，而是陈述性知识的机械应用，是别人的语言。而肖铁在车站观察到的，也不属于内部言语动作，因为内部言语动作基本上处于自我观察的界限之外。内部言语动作应该是肖铁在观察时调动感觉器官所摄取的存在于大脑之中的简化成不合语法的结构的言语活动。

三、开展内部言语活动，就是进行内化的活动

高中生如何把感觉到的东西内化为“为自己用的言语”，这一点值得探讨。威廉·W. 韦斯特的《提高写作技能》一书第一章开宗明义就表明“写是为了有效地交流”。书中举了这样一个例子：一个名叫杰克·奥布赖恩的美国人高中毕业后参加工作两星期内写了以下这么多东西：两份广

告、一张保险估价单、一张所得税表、两份理由说明、一封抗议信、一封收款信、一封家信、一封申请书。以此说明，“‘写’包围着你”。

这明确地告诉我们，写是为了什么。知道写是为了什么，我们也就知道怎样提高写作技能。学生也明白“为自己用的言语”是为了有效交流的语言。

回顾学生的写作实际，由于汉语书面语体在词汇、句法、语义等方面有别于口语语体，因此书面词语一直是大多数高中生在写作中所面临的一道障碍。不少学生的作文用词简单，从语体的角度分析，这些作文的语体意义都较低，呈口语化的倾向。

如一位学生所写的《感动》一文中的片段：

这天，放学了，我快速地跑出学校，搭上了一辆公交车。随后，又一大批的学生也上了车。幸好我早了点，找到了一个空位坐了下来。过了两站后，上来了一位抱着孩子的妈妈，售票员阿姨忙喊：“谁让个座位呀?”前面的人都装聋子，我站了起来，让那对母子坐下。车上虽十分拥挤，但我因为做了一件好事，所以心情特别好。

由于语体意义较低，口语化写作现象突出，高中生作文的有效交流效果就较差，难以让人产生身临其境之感。

升学考试作文很注重从感性到理性的升华，注重“智性”的思维。要内化这种言语技能，难度较大。学生在读懂材料后，如果不深入思考，文章立意难免落入平庸。学生要想得深刻，就必须联系社会生活实际，如由多样性的选择，可以联想到当前教育制度的单一性，不够注重个性化发展，每个人都有不同的爱好和需求，教育应该知识和能力并重，进行个性化培养，而不是千人一面。

四、开展内部言语活动，可以在言语的比较中进行

有这样一个故事：从前有位国王，一身残疾，瞎了只眼，坏了只手，还跛了条腿。一日，他心血来潮，命令画师们为他画一幅英俊潇洒而又形貌如真的画像，成者重赏，不成者处死。结果一位老画师把画像献了上来。他把国王画成在郊外举枪狩猎的样子：在高低不平的森林草地上，国王支开双腿，跛的那条腿踏着树墩，另一条腿立在地上；一手举起枪身，

另一只废手在扳机上挂着，似乎正欲扣动枪栓的样子；好坏两只眼，一睁一闭，全神贯注地瞄准着前方……好一幅国王郊外狩猎图！老画师非凡的智慧，就在于他将事物组成了合理的结构。写文章亦然。

老画师非凡的智慧是内部的、内在的，只有外化为画面时才具体可感。如果是写作，写作者如画师的智慧就是内部言语，智慧的活动就是内部言语的活动。因此，在具体的写作技能训练中，我们不妨根据这个特点，加强学生内部言语活动训练。

训练一：与人分享。有研究发现，在写作过程中，如果写作者能够和其他人一起讨论、研究、分享自己的意见和观点，那么其写作能力便会得到很大的提升，写作兴趣也会大增。根据高三考试比较频繁的特殊情况，可组织学生对考试作文修改提升。可采取两个或两个以上个体一起互促的形式，让写作基础好的学生帮助写作基础差的学生，两人或多人共同完善一篇作文，然后采取互评互改、分小组集体评改等形式由学生自主进行，教师主要起组织、引导、督促作用。

训练二：注重实用。根据教学计划的要求，结合学生的特点，规定一定的写作范围、文体，提出写作要求，让学生到相关单位进行调查研究，然后完成一个相对完整的写作训练程序。这种训练能使学生清楚工作需要与写作之间的关系，拉近了写作训练与实际工作需要之间的距离。

训练三：模拟情境。即根据不同文体写作的需要，创设不同的情境，让学生置身其中，写出符合写作目的、要求的文章来。比如，组织全班学生就如何写好议论文召开座谈会，根据座谈、讨论情况，让学生完成座谈会主题归纳与阐述。这样的写作训练生动、直观，有助于训练学生的写作能力。

训练四：给定任务。这是一种压担子的训练方法，教师交给学生一项工作，由学生负责完成，要求学生谈谈开展这项工作的思路，写出工作预案，然后师生共同讨论工作预案的可行性，在工作预案的基础上写出这项工作中所用到的所有应用文。这是一项综合训练，要求学生完成一系列任务。这样的训练不但让学生清楚了各文体的用途和写作方法，也增强了学生的责任心和使命感，这对即将走向社会的学生来说具有积极的作用。

训练五：比较言语。教师可以引导学生将名家作品的原稿与修改稿进行比较，以提高学生斟词酌句、组材架构的能力。如将鲁迅先生临终遗嘱的原稿和修改稿提供给学生，让学生感受鲁迅先生措辞的严谨、语序的讲究和深邃的思想境界。

原稿：

一、不得收受任何人的一文钱。——但老朋友的，不在此例。

二、不要做任何关于纪念的事情。

三、赶快收殓、埋掉、拉倒。

四、忘记我，管自己生活。——倘不，那就真是糊涂虫。

五、孩子长大，倘无才能，可寻点小事情过活，万不可去做文学家或美术家。

六、别人应许给你的事物，不可当真。

七、一面损人的牙眼，却反对报复、主张宽容的人，万勿和他接近。

修改稿：

一、不得因为丧事，收受任何人的一文钱。——但老朋友的，不在此例。

二、赶快收殓、埋掉、拉倒。

三、不要做任何关于纪念的事情。

四、忘记我，管自己生活。——倘不，那就真是糊涂虫。

五、孩子长大，倘无才能，可寻点小事情过活，万不可去做空头文学家或美术家。

六、别人应许给你的事物，不可当真。

七、损着别人的牙眼，却反对报复、主张宽容的人，万勿和他接近。

鲁迅先生这一修改的过程，也就是内化的过程。

第三章

巧妇乐为有米之炊

写作在某种程度上是一种心智技能，是一门能力型的学科。写作思维训练的第一步，要将“文章知识”“方法知识”传授给学生，这从课程、教材、教学的层面上看有其重要的价值。写作思维训练的第二步，从写作课程内容意义上看，写作策略是关键。

这一章在写作策略上侧重讲述了练笔、提炼、供料、品读、点评和仿写六个方面，意在通过这六个策略来提高学生的写作思维能力。而写作思维训练，在于解决“巧妇”与“米”的关系，再灵巧的妇女，如果没有米，也做不出饭来。期盼通过本章的学习，“偷”学一点，易为“有米之炊”。

练笔：为写作准备素材

一、日记式读书笔记摘录

即通过日记的形式，把文章中对自己影响较大或自己有独特感受的句子或段落摘录下来。

例一：

1989年3月17日　　星期五　　晴

“我是一艘漂泊的船，在漫天迷雾中乘着神的风，驶进了你的安平港；我放下篷帆，抛下锚桨。我以你为归宿，精神上的、属于生命意义的归宿。我把我的一切，世俗的名誉、事业，都像破网似的抛在甲板上。”

肯尼迪·奥娜西丝评迈克尔·杰克逊，认为他是当今世界上受到亿万听众最热烈喝彩的娱乐表现艺术家之一。“为了追求技艺的精纯，他的忘我奉献达到了一种什么样的程度，公众大概并不知情：极少休息，从不满足。他是一位至善至美之境的永恒追求者，不断向自己提出新的更加炉火纯青也更艰巨的艺术境界。”

例二：

1989年3月27日　　星期一　　晴

尼采论理解性问题：一个人著书立说，不仅希望被人理解，同样也希望不被人理解。……当著作本身要表示自己的观点时，它的每一高贵的精神和情趣也在选择它的读者；与此同时，也就排除了“其他的人”。一切更为高贵风格的规则均起源于此：拒人以远，造成隔阂，禁止“进入”和了解——同时启迪那些通过他们的耳朵与我们关联的人的耳聪。但在我们之间以及涉及我自己的情况——我既不想以我的无知，也不想以我的奔放的性格来阻止我被你们理解。我的朋友们，假如我必须把握一件事，则我奔放的性格会驱使我很快地把握这件事。因为我把对待一个深奥的问题视作如同洗冷水澡——赶快进去，赶快出来。

（摘自《上帝死了——尼采文选》）

二、结构式读书笔记摘录

即把文章的整体结构摘录下来。

例：

题目：国外作文取材活动的特点

作者：杨学良

出处：《中学语文教学》(1990 年第 12 期)

内容摘要：

（一）观察活动法

特点：

1. 重视观察程序的设计。

例如，苏联的写作教材为使学生获取树木落叶的材料，设计了这样一个观察程序：秋天即将到来，请同学们用一段时间观察校园树木落叶的情况，这里为同学们提供一份观察提纲：

(1) 在秋天到来的时候，哪些树的叶子还很茂密？哪些树的叶子已经稀疏？尚未脱落的叶子留在树梢上，还是留在低处的丫枝上？

(2) 各种树木的叶子呈什么颜色？

(3) 在晴天和雨天、刮风天和无风天，这些树叶下落时有什么不同？

(4) 枯叶散发什么气味？

(5) 你最喜欢哪种树的叶子？为什么？

2. 注意背景知识对观察活动的影响。

（二）调查活动法

如写《初中学生课外阅读情况的调查》这篇作文，就要按照下列要求进行调查。

(1) 调查对象：本校初二全体学生。

(2) 调查目的：了解初二年级开展课外活动的情况，发表调查结果，促使大家考虑读书问题。

(3) 调查方法：①对五月份一个月的读书量、读书倾向、读书动机进行调查。②分发调查表格，说明填写方法。③到六月中旬，进行调查结果交流，写出调查报告。

（4）调查结果：按男女同学分类写出阅读各类书籍的读书册数、读书倾向与读书动机。

（5）结果研究：对上述结果进行分析，并提出自己的建议。

（三）讨论活动法

1. 本题讨论。

2. 联想讨论。

3. 取材讨论。

（四）探索活动法

例如，法国的写作教材有一节关于太阳系探索的作文训练，为了便于学生获取写作素材，在取材指导上做了如下设计：

（1）背景知识：向学生介绍有关太阳系的知识，让学生查阅百科全书的有关条目，弄清太阳系的基本概念。

（2）调查：人类征服宇宙的成果。

（3）探索：分成几个小组，每个小组选择太阳或太阳系中的一颗行星进行研究，可以查阅书籍、图片、宇宙探测仪最近发回地球的探测记录。最后写一篇《关于××行星》的作文，并在“天文报告会”上向同学们报告。

（五）综合活动法

如德国的写作教材要学生写《我所喜欢的职业》这个题目，组织如下取材活动：

（1）讲述：每人在小组讲述一下自己想从事的职业，并说明原因。

（2）收集：广泛收集有关职业选择的资料。

（3）访问：到劳工局和企业部门参观访问。

（4）讨论：在小组讨论选择职业的立场和条件。

（5）分析：对调查讨论后的想法和起初的想法进行对比。最后写出自己的作文，在小组发表。

又如写《××河流污染的治理》，要求学生开展如下活动：

（1）观察该河流被污染的情况。

(2) 调查该河流被污染的原因及危害。

(3) 调查该河流污染的资料。

(4) 在化学教师指导下做河流污染的水样化验。

(5) 收集治理河流污染的新方法。

(6) 分析整理上述材料，写出自己的作文，在小组交流。

三、概括式读书笔记摘录

例：

题目：做好青年工作，培养社会主义事业接班人

作者：丁关根

出处：《中国青年报》(1991 年 5 月 4 日第 1 版)

内容摘要：

爱国主义是中华民族伟大的凝聚力量，在我国近代史上，它始终是动员和鼓舞人民团结奋斗的一面光辉旗帜……在创建社会主义新中国的历程中，无数革命先烈从青少年起，为国舍家，奔赴疆场，血洒中华。在社会主义建设时期，有多少好儿女为了改变祖国贫穷落后的面貌，志在四方，艰苦创业。今天和将来，爱国主义仍是我国青年进步的巨大力量源泉。在改革开放的形势下，我们一定要在引导青年面向世界、面向未来、面向现代化的同时，加强对青年一代的爱国主义教育、民族气节教育、国情教育，帮助青年了解祖国的悠久历史，特别是近百年来不屈不挠、抵御外侮的历史，以增强民族自尊心、自信心和自豪感，增强使中华民族屹立于世界先进之林的决心和毅力，把祖国和人民的利益摆在首位，把爱国主义热情融入社会主义现代化建设和改革的大业中。

四、感想式读书笔记摘录

即把自己的感想写下来，也就是通过读后感的形式对他人的文章内容做一些必要的整理。

例：

在昆明华亭寺里，有一张专治心病的处方，读来令人颇受教益。

药有十味：好肚肠一根，慈悲心一片，温柔半两，道理三分，言行要

一，中直一块，孝顺十分，老实一个，阴阳全用，方便不拘多少。

用药方法：宽心锅内炒，不要焦，不要躁，去火性三分。

用药禁忌：言清行浊，利己损人，暗箭中伤，肠中毒，笑里刀，两头蛇，平地起风波。

据说，这个处方是唐朝天际大师石头和尚所开，历时一千多年，不知医好了多少人的心病。

读罢这则材料，大家有何感想？如果能把自己的感想写下来，就是一则感想式读书笔记摘录。

提炼：从素材中挖掘话题

在平时的阅读过程中，学生要善于从素材中提炼出话题，这有助于提高自己的分析能力、概括能力等。下面举三个例子供大家参考。

例一：

【素材】

老师给学生出了一道题：某人廉价购进一批质地优良的汗衫，去阿拉伯沙漠地区出售。问：这趟买卖大约包含哪几项成本？学生随口应答：本金、运费、房屋租赁费、食宿费等。老师点头微笑，表示赞许，但他迟迟未公布标准答案，似乎还在期待着什么。学生窃窃私语，互相商讨着，又勉强列出几种“成本”：税金、意外损耗等。老师说话了：“诸位谁见过阿拉伯人穿着汗衫到处跑的？那儿的太阳很毒，人们外出时都穿着长袍，头上还包着头巾。别以为热的地方，人们就一定得穿汗衫。”学生恍然大悟：“那就滞销啦，卖不掉！”老师总结：“所以，最大的成本你们没有说，那就是——无知。”

【写作指导】

阅读这则材料，学生可以以最后一句话中的“无知”为话题，自拟题目，写一篇不少于800字的作文。

这一命题的最大特点在于材料的故事性强，将社会科学与自然科学融为一体，有较强的文理兼容性，文理科的学生都有内容写，避免了胡编乱造。

例二：

【素材】

美国著名的心理学专家罗伯特·列文在他的《时间地图》里对中国人是这样描述的："中国人是最善于等待适当时机的大师。他们认为，等待本身就为时机的到来创造了机会。等待多久呢？需要多久就多久。如果人为缩短这段酝酿的时间，那就像随随便便处理一座大厦的基础一样愚蠢。"另一位叫作海尔穆特·凯里斯的美国人说得更夸张："按照中国人的时间观念，半个世纪的等待不算太长。"

【写作指导】

阅读这则材料，学生可以从"等待本身就为时机的到来创造了机会"这句话中提炼出"等待"这一话题，自拟题目，写一篇不少于 800 字的作文。

这一命题的最大特点在于以引言为命题材料，材料内容比较抽象概括，这需要学生具有较强的抽象思维能力和形象思维能力，可以根据自己的实际情况，联系现实生活中的具体事例，同时结合国内外的形势，充分展开联想和想象，进行写作练习。

例三：

【素材】

清明上坟，腊八喝粥，是风俗，也是习惯；进了山门拜佛，路过坟场打怵，是心理作用，也是习惯；胖人面前不说肥，麻子面前不讲坑，是避讳，也是习惯。

……

牛犊没有习惯，婴儿没有习惯，白纸没有习惯，小草没有习惯。习惯是框框，是轨道，在习惯中滑行，轻车熟路，安逸舒适。可拘泥于习惯，经验成了桎梏，模式就会蒙灰。牛奶为什么非要放糖，搁点椒盐有何不可？打破习惯，才是创新的开始。

【写作指导】

这两段材料围绕"习惯"进行阐释，学生可以以"习惯"为话题，自拟题目，自选角度，写一篇不少于800字的作文。对这个话题，要注意分析，打开思路，因为每个人都有自己的习惯，但习惯有好坏之分。好人有好习惯，坏人有坏习惯，这种现象又常被习惯地忽视。因此，学生在写作时，尽可以展开想象的翅膀，开拓思路，推陈出新。

供料：帮助学生对材料进行分析与转化

2015年福建省普通高中毕业班质量检查语文试卷中的考场作文有一些现象须引起重视。作文原题：

阅读下面的材料，根据要求作文。

一年有365个日子。有的人过了365天；有的人只过1天，重复365次。

上面的材料，引发了你怎样的联想和感悟？请就此写一篇不少于800字的议论文或记叙文。

要求：（1）必须符合文体要求；（2）角度自选，立意自定，标题自拟；（3）不要脱离材料内容及含意的范围；（4）不得抄袭，不得套作。

现象一：分析不够深入，停留在表面

这则作文材料所蕴含的内容富有哲理，而且短句材料摈弃了复杂材料所带来的主题多义性、歧义性、不确定性等问题，科学性较高。“一年有365个日子”呈现的是事实，“一年”和“365”进行比较。“有的人过了365天”强调“365天”，“有的人只过1天，重复365次”强调“1天”“重复365次”。

分析句子后，我们可以快速找到关键词“重复”，据此，再深入地分析。由“重复”联想到“简单、单调的重复”，由此联想到相对应的“丰富的多样”，将二者进行比较。在此基础上，概括出材料所揭示的话题——“日子”，关键词——“重复”。

考生所写的作文反映出来的问题大多是分析不够深入，如《学会过日子》《千篇一律的反思》，这些题目虽然与材料有关联，但只停留在材料的表面意思上。

如果只是分析“重复”，基本话题虽然有了，但还要深入下去，比如，论题是什么？论点是什么？考生还要深入一层，从态度上分析，可以写不重复、不机械、不浑浑噩噩地过日子，把每一天过得精彩有滋味；从方法上分析，可以写怎样将每一天过好、用好，阐述不单调、不机械地过每一天的措施与方法。

如果再深入一层分析，还可以从材料出发，对材料所呈现的现象进行有针对性的分析——同样的365天，为什么有人过得丰富多彩，有人却重复不变？丰富多彩的生活是否一定比重复不变的生活更有价值？什么样的生活才是有意义、有价值的？如果善于分析材料的核心内涵，那么就有利于更深入一层分析议论。如果在这个层次上能够进行辩证地思考，上升到“人生体验的不同与幸福感受的不同”，或者揭示“平平淡淡的生活才是真”等，就显得更为深刻。

现象二：不会转化，不符合答题要求

在平时的写作教学中，或在阅卷过程中，我们都会发现这样的现象：有的学生驾驭语言的能力很强，但是得不到高分；有的学生也能从材料中挖掘到论题，但作文得分不高。其中的原因是多方面的，其中一点就是虽然找到了论题，但不会转化。

转化本是“转”变被描写对象原来的性质，“化”成另一本质截然不同的物类，来加以形容叙述的方法。借用到议论文中，就是要从所给的材料中概括出抽象的概念，即化具体为抽象，以便形成论题、论点。

《莫让白首空悲切》《岁月如故我成新》《坦然面对人生》《人生的意义在奋斗》《成功需要汗水》《术业有专攻》《活出精彩》《吾日三省吾身》《麻木与盲从》，这些题目都可以或多或少地在材料中找到关联，是从所给的材料中转化出来的论题或论点，但这只是转化的第一步，接下来考生在行文过程中进行“转化”，尤为重要。

有个考生以《莫让奴性摆渡人生》为题写的这样的开头：“一年的365个日子，有的人过着365天，有的人过着365个同样的一天。生活的缤纷却并没有让每个人都活得很精彩，那些过着重复生活的人们啊，莫让奴性摆渡了你们的人性。”第二段：“奴性是什么？……”结尾：“是的，莫让奴性摆渡人性，去过自己想要的生活。”

从行文思路来看，考生并没有完成转化的任务，虽然题目完成了第一步转化，但在行文中没有扣紧这个转化，让人觉得“脱离材料内容及含意的范围”，这就不符合答题要求。

现象三：学会转化，让作文升格

学会转化非常重要，有时转化得好，可以让自己的作文升格。学会转化，就是要紧扣材料内容及含意。

有个考生以《莫让人生黯淡无光》为题写了这样的开头：“‘有的人活着，他已经死了；有些人死了，他还活着。’人生苦短，如何让人生日日充实而非在反复枯燥中虚度消逝至关重要。莫让人生黯淡无光。”结尾：“莫让人生黯淡无光，在脚踏实地中成就自我的充实和精神的富足。珍惜每一天，让人生绚烂多彩。”这篇作文在行文中“转化”基本成功，能够抓住“如何让人生日日充实而非在反复枯燥中虚度消逝至关重要”这一点进行议论，最后以“珍惜每一天，让人生绚烂多彩”收束全文，没有脱离材料内容及含意的范围，符合答题要求。

总之，学会转化，首先要从所给材料中转化出话题或观点；其次要在行文中做好二次转化，即在行文中一定要观照话题、论题、观点与材料内容及含意范围的关联。

品读：带领学生积累写作的素材

大凡文章写得好的人都会在平时进行大量的阅读，注意观察事物和思考各类问题，通过大量的练笔训练写作思维和写作能力，而不具备较强写作能力的人也就缺乏这样的积累，自然也就写不出好文章。学会品读，就是要学会仔细阅读、品味。

在写作指导中，教师常常在写作技能上下了十足的功夫，事实上，还可以另辟蹊径，从品读美文入手，借着美文的“星光”，给学生写作带路。

大多数学生养成了听老师讲解、等标准答案的习惯，形成了严重的依赖心理和思维惰性。如此下去，要实现语文能力的真正提高，是很困难的。

一、学会品读，就是要仔细阅读文本

仔细阅读，就是与文本进行的一种贴心的交流活动，在贴心的交流中，文本客体的意图与语境消失了，读者只能在文本信息载体中留下一些暗示，这些暗示是在与文本贴心交流的过程中留下的，犹如空白，同时有待读者在阅读时运用联想和想象去填充。仔细阅读、品味，读者借助自身的生活经验和语文积淀来获得直觉经验。

二、学会品读，就是要品味文本

1. 品味文本，要学会“读”

“书读百遍，其义自见”，读是品味语言最基本的方法。语文新课标指出：“阅读是学生的个性化行为……不应以教师的分析来代替学生的阅读实践。”苏教版小学语文教材主编张庆说：“事实上要让学生感悟理解课文内容，最根本的途径还是老老实实地读书。”通过读，边读边想象，进入语言所描绘的情境，如见其形，如闻其声，如入其境，在读中感知语言的优美，领略语言的韵味，感受语言的旨趣。

2. 品味文本，要学会“悟”

语言是一定意义的载体，也是一定情感的载体。品味语言需要经历一个过程，在这个过程中要将语言文字转化为鲜明可感、生动形象的画面，到画面中去感受、去体验，而这一切都离不开“悟”。“悟”是透过文字表面现象看文字揭示的本质，是一个由表及里、由浅入深的认识过程，是架起语言与情感的一座桥梁。

3. 品味文本，要学会“思”

读书与思考，说起来容易，做起来难。

首先，读书与思考是一种读书学习的方法。“学而不思则罔，思而不学则殆”，这是孔子所提倡的一种读书学习的方法。“学而不思则罔”，指的是一味读书而不思考，就会因为不能深刻理解书本的意义而不能合理有效地利用书本的知识，甚至会被书本牵着鼻子走，从而被书本表象迷惑而不得其解。《孟子·尽心章句下》中有一句话：“尽信书，则不如无书。”这是精辟透脱的读书法，要求读者善于独立思考问题。“思而不学则殆”，指的是一味地埋头苦思而不积累一定的书本知识，进而对知识进行研究推敲，只能是流于空想，问题仍然得不到解决，甚至会产生更多的疑惑而更加感到精神疲倦。只有把读书和思考结合起来，才能学到有用的真知。孔子说：“吾尝终日不食，终夜不寝，以思，无益，不如学也。”子夏说：“博学而笃志，切问而近思，仁在其中矣。”这些都强调了读书与思考相结合的重要性。

其次，读书与思考是不可分离的。毕淑敏在《阅读是一种孤独》一文中说道：“阅读的时候，我们不断同书的作者争辩。我们极力想寻出破绽，作者则千方百计把读者柔软的思绪纳入他的模具。在这种智力的角斗中，我们往往败下阵来。但思维的力度却在争执中强硬了翅膀。在读名著的时候，我常常在看上一页的时候，揣测下一页的趋势。它们经常同我的想象悬殊甚远，这种时候我会很高兴，知道自己碰上了武林中的高手。大师们的著作像某一流派掌门人的秘籍，记载着绝世的功法。细细研读，琢磨他们的一招一式，会在潜移默化中悟出不可言传的韵律。只是江湖上的口诀多藏之深山传之密室，各个学科大师们的真迹却是唾手而得。由于它的廉价和平凡，人们常常忽视了它的价值。那是古往今来人类最智慧的大脑留给我们的结晶啊！我一次次在先哲们辉煌的思辨与精湛的匠艺面前顶礼膜拜，我一次次在无与伦比的语言搭配之下惊诧莫名……我战胜自己的怯懦不断地阅读它们，勇敢地从匍匐中站起。我知道大师们在高远的天际微笑着注视着后人，他们虽然灿烂却已经凝固。他们是秒表上固定了的纪录，是一根不再升高的横杆。”

张正在《读书如吃饭》一文中用吃饭比读书、消化比思考，很恰当：“生活中时常听到这样的言论：书读多了便如何如何，或者读了书便如何如何，诸如此类。我的观点是：这是读书人的错，不是书的错。读书人要有一颗平常心，把读书看作和吃喝拉撒一样平常。读书的高尚与价值，不在于你读了什么，而在于你从书中吸收了什么，有多少东西化为己有。吃的是山珍海味，肠胃不好，消化不掉，没有用；吃了大鱼大肉，喝高了酒，又翻江倒海“退赔”了，不但养不了身子，还伤身。真正的读书人，就像有些胖子，用民间的话说：喝水都长肉。”

再次，读书与思考浑然天成。冯骥才在《书架》一文中用两滴水溶成一滴来阐述读书与思考的奇妙之处：“书是无穷无尽的，它像世界一样广阔无际和丰富多彩，甚至比现实世界还宽广，还迷人。一本本书就像一个个潮头，一页页书就像一片片浪花，书上的字便是一颗颗晶莹的水珠。它们汇成了海洋吗？那么你最多只是站立滩头的弄潮儿而已。大洋深处有谁到过？有人买书，总偏于某一类，我却不然。两本内容完全是两个领域的书，看起来毫无关系，就像各自在太平洋和大西洋的两滴水珠，没有任何关联一样，但不知哪一天出于一种什么机缘和需要，它俩也会倏然地溶成一滴。”

总之，站在书橱前，看着一排排书籍，能感觉到它们真实地构筑了一个“我”之世界。清人张潮在《幽梦影》中说：“文章是案头的山水，山水是地上的文章。”照此说来，这书，倒是一枕闲山逸水，缓释太过湍急的现代生活潮流，调剂人类的精神世界。

当然，读书不只是调剂，我们要记住乔布斯的话：“每个人的时间都有限，所以不要把时间浪费在别人的生活里。不要被条条框框束缚，否则你就生活在他人思考的结果里。不要让他人的观点所发出的噪音淹没你内心的声音。最为重要的是，要有遵从你的内心和直觉的勇气，它们可能已经知道你想成为一个什么样的人，其他事物都是次要的。”

【美文欣赏】

星

巴　金

在一本比利时短篇小说集里，我无意间见到这样的句子：

“星星，美丽的星星，你们是滚在天边的空间中，我也一样，我了解你们……是，我了解你们……我是一个人……一个能感觉的人……一个痛苦的人……星星，美丽的星星……”

我明白这个比利时某车站小雇员的哀诉的心情。好些人都这样地对蓝空的星群讲过话。他们都是人世间的不幸者。星星永远给他们以无上的安慰。

在上海一个小小舞台上，我看见了屠格涅夫笔下的德国音乐家老伦蒙。他或者坐在钢琴前面，将最高贵的感情寄托在音乐中，呈献给一个人；或者立在蓝天底下，摇动他那白发飘飘的头，用赞叹的调子说着："你这美丽的星星，你这纯洁的星星。"望着蓝空里眼瞳似的闪烁着的无数星子，他的眼睛润湿了。

我了解这个老音乐家的眼泪。这应该是灌溉灵魂的春雨罢。

在我的房间外面，有一段没有被屋瓦遮掩的蓝天。我抬起头可以望见嵌在天幕上的几颗明星。我常常出神地凝视着那些美丽的星星。它们像一个人的眼睛，带着深深的关心望着我，从不厌倦。这些眼睛每一霎动，就像赐予我一次祝福。

在我的天空里星星是不会坠落的。想到这，我的眼睛也湿了。

【品读】

巴金，这位享誉海内外的文学大师，我们对他并不陌生。1904 年，他出生于四川成都一个官宦家庭，在二三十个所谓"上等人"和二三十个所谓"下等人"中间度过童年，从小听惯了年轻生命的痛苦呻吟。19 岁时，他离开成都去上海求学。23 岁时，他又从上海跑到巴黎，要找寻一条救人、救世，也救自己的路。

巴金一生写过 900 多万字的文章，用过 20 多个署名，其中用得最多的是"巴金"这个名字。这个名字是怎么来的呢？那还是在法国沙多—吉里小城，他写完了处女作《灭亡》，想寄回国出版，但又不想用真实的名字李尧棠，就想起了一位叫巴恩波的同学，相处不到一个月，他就到巴黎去了，第二年投水自杀了。为了纪念他，就用了百家姓中少见的"巴"字。而"金"字是一位学哲学的安徽朋友看到巴金正在翻译的克鲁泡特金的《伦理学》一书时建议取用的。一个很随意、很平常的署名，后来却成了家喻户晓的名字。

二十世纪三四十年代，中国大地饱受沧桑，而这个时期正是巴金创作的旺盛期。《新生》《雾》《雨》《电》《家》《春》《秋》《憩园》《寒夜》等名作，都是他在这一时期写下的。他多次回忆自己创作时的情景："我时而蹲踞在椅子上，时而抱头俯在方桌上，或者又站起来走到沙发前面，蜷伏在那里激动地写字。在这种情况下，我写完了二十几万字的长篇小说

《家》、八九万字的《新生》和中篇小说《雾》以及收在《光明》里面的十多个短篇。”

我们不会忘记，初中时学过他的《繁星》(写于1927年1月)，这篇文章选自他的《海上杂记》。1927年1月15日，他离开上海前往法国，在海上历时37天。在漫长的旅途中，他常常清晨起身凭栏观看日出。在浩瀚无垠的大海上，光芒四射的红日喷薄而出，这自然界的伟大奇观深深地打动了他的心，使他看到了光明和希望。

从《繁星》到《星》，巴金走过了十多年。《星》写于另一个特定的时代背景之下，1941年，日本帝国主义占领了中国大部分国土，抗日战争已经进入相持阶段。一方面，日本侵略者气势汹汹，张牙舞爪，不可一世，似乎到处无坚不摧；另一方面，他们因战线拉得过长，在中国战场上疲于奔命，处处受到中国人民的打击。自抗战以来，巴金从来没有放下手中战斗的笔杆。1941—1942年，他在昆明、重庆、桂林一带来回奔忙，进行抗战文艺宣传，同时也进行个人文学创作。1941年7月22日，他写下了《星》。

《繁星》中，他是一个天真而热情的人，他把星天比作母亲，是为了突出他看繁星时温馨甜美的感受；他把星天比作朋友，是为了突出他看繁星时亲密和谐的感受，表达了他对星空、繁星（即大自然）的热爱之情，对美好生活的向往，童心、童趣不减。《星》中，他是一个热情却充满痛苦的人，他常常自问，抗战已经过去四年了，人民朝夕盼望的胜利在哪里呢？他内心深处绝不相信正义会失败、邪恶会成功，但现实如此黑暗，他带着苦闷而又不甘沉沦的思想情绪，喊出了“在我的天空里星星是不会坠落的”。

不论是繁星，还是那么一颗闪亮的星，我们不是去理解“星”这个形象本身的意义，而是去理解“星”所暗示的意义。比如，描写风帆，作者的用意不在风帆本身，而在于它所暗示的乘风破浪的意义；描写和平鸽，作者的用意也不在和平鸽本身，而在于它所暗示的和平的意义。这篇《星》，一看题目，就让人联想到它的暗示意义，看完内容，则更能让人体会到作者所怀有的抗战必胜的信心。巴金写“星”，用意不在赞美“星”，而在于它所暗示的光明，给予人们希望的普遍意义。

《繁星》是作者在找寻一条救人、救世，也救自己的路的过程中写就的；《星》则是作者在寻求、呼吁抗击日本侵略者的征途中写成的。虽然两篇文章写作的时间不同，但从中我们都能感受到，为了民族的解放和国家的昌盛，他痛苦着、思考着、战斗着，他掏出燃烧的心，借着些微的星光，给人们带路。

点评：为学生写作提供范式

学会点评，练就一双识别优秀作文的慧眼，非常重要。

一、对平时自由写作或练笔的点评

1. 点评结构

先看文章开头第一段有没有写出或暗示主题的内容，再看文章的最后一段或倒数第二段有没有点题，最后看中间部分的行文有没有扣题，这是点评有没有偏题或跑题。

2. 点评语言文字

看语言文字是平实还是华丽。初学写作者往往语言文字比较平实，而熟练写作者往往语言文字华丽、生动形象。

3. 点评文章整体

看文章是否完整、严谨，是否通过线索把文章串联起来，使文章结构清晰。

二、对考场作文的点评

一般来说，对中学生考场作文的要求，只要立意准确、文从句顺、结构清晰就可以。有人总结了如下考场作文的评判要点。

1. 点评立意

立意也就是文章的中心。只要立意准确，作文就能得基本分。如所给材料只是陈述了一个客观事实，而并未给出明确的观点和态度，这就给了考生自由发挥的空间，考生可以从不同的角度立意，只要不脱离材料内容及含意的范围，就不算跑题或偏题。

2. 点评语言

语言在作文评判中很重要，它是区别作文等级的重要标准。语言方面，如果能做到文从字顺、表意明确、语病较少，得基本分就没问题。

3. 点评作文结构

一篇作文结构要完整，一般来说，只要段落清晰，有开头、结尾、主体三部分，且首尾呼应，就可以得到基本分。

4. 点评发展等级

透过现象揭示本质，或有创意，比较难，至于作文结构，则更难创新。因此，点评发展等级，一般还是看语言文字，有两种语言文字比较容易得高分：一是优美流畅的语言文字，运用得体的修辞手法，读起来让人感觉很美；二是平实简洁的语言文字，干净利落，逻辑性强，明白晓畅。

针对具体的考场作文可从如下几个方面进行点评。

1. 点评审题立意

点评作文，首先必须对作文的审题立意进行点评，对考生在作文中展现出来的所有内容进行全面、准确的审读，看其是否准确把握命题者的意图，是否把题目的各种限制审清楚。

2. 点评标题

标题是文章的眼睛，“题好一半文”，可见题目的重要性。点评时可以关注以下几个方面：①确切。指标题符合文章内容，也指遣词造句符合规范。②精练。指标题简明扼要。③生动。指标题能体现出一种活力，具有可读性，饶有情趣。④新颖。指标题有新视角、新思路、新感悟，能够给人一种新鲜感。⑤有意蕴。指标题有内在的含义。

3. 点评文体和内容

一般考场作文对文体有以下两种要求：一是规定必须写某种文体，如“写一篇议论文”；二是排除写某种文体，如“除诗歌外，其他文体不限”。

文章内容方面，不假思索就能想到的东西绝对不要写，稍加思索想到的也不要写，要写别人想不到的内容。记叙文最好将主人公设定为自己，以第一人称来写，让“我”的激情在文章中闪光，情真意切，引起共鸣。议论文切忌写大话、套话、废话，要避免空发议论、无病呻吟、滥提口号、乱发号召、空表决心等。作文可以虚构，允许编写故事，但要做到大胆想象，自圆其说，切忌胡编乱造。

4. 点评开头和结尾

开头如“凤头”，结尾如“豹尾”。点评一篇文章时，要看有没有做到开头起笔入题、结尾点明主旨。

5. 点评语言

点评时，看作文语言是否规范准确，是否有个性和活力。严禁文白夹杂，不使用别人看不懂的方言和词汇；多用短句，少用长句；多引用贴切的名言警句；可引用富有时代感的新词汇、流行的通俗歌曲歌词，引用百姓口头民谣，但取向一定要积极向上。

以下是我对2009年福建省高考优秀作文所做的点评，旨在为学生写作提供范式。

这也是一种问题

有瑕疵的才是真实的。

——题记

曾几何时，我们见过这样一则广告：画上有绿油油的草地，草地上一头奶牛正悠闲地吃着草，旁白说着：“提取优质原乳……”画面转到厚重的灰白世界，在运作中的流水生产线上，一罐罐铁盒生产了出来，旁白说着：“无菌生产车间，全自动化管理，上千道检测程序……”画面转向一个个似乎很先进的设备，最后画面转为一个个母亲幸福的笑脸，旁白说：“××牌婴幼儿奶粉，国家免检产品，妈妈们最好的选择！”广告到此为止。

所有的节目都会把最重要的东西放到最后，因此“国家免检”就被放在广告的最后。

诚然，要获得这一称号实属不易，只有十分优秀的产品才能获得国家信任，允以免检。所以免检产品都是没有问题的。

然而，没有问题，这也是一种问题。

有人说过一句话：“干一行，毁一行。”当获得了国家的信任后，为了利益，他们抛弃了良知。

好一个“国家免检”！好一个“妈妈们最好的选择”！当数以百万计的妈妈们兴高采烈地买下这些奶粉时，阴霾便笼罩在她们的头顶。若干年后，越来越多幼儿肾结石的病例发生，心力交瘁的妈妈们终于发现头顶上的阴霾了，上面骇然写着两个字：三鹿。

当专业人士指出三聚氰胺绝不可能通过检验的时候，妈妈们愤怒了：“什么1000道检验程序！什么国家免检！”她们的怒吼也无法使他们的子女恢复健康。名叫“三鹿”的乳白色阴霾连成一片，笼罩着整个中国。

“我们究竟该吃什么？国家免检产品？名牌？哼……”一个妈妈冷笑着说道，一滴眼泪滑落。

没有问题也是一种问题，在这场奶粉风波中，小品牌和国外品牌基本没有被波及，正是因为他们不“免检”。

在获得了免检称号后，得到的是无上的荣耀和群众的信任，同时也得到了犯罪的便利和事成后更为丰富的利润。我们已经无力质问“这些老总们难道没有自己的孩子吗”，但在这场风波过后，我们确实应该思考一下。

所谓乐极生悲，爬得越高摔得越惨，没有问题所造成的问题，比曾经存在过的任何一个问题都来得严重。我们希望听到的是“我们还存在不足，我们会改进”，而不是“我们没有问题，请放心”。俗语说“不干不净，吃了没病”，这个道理大家都懂，但这个道理我们宁愿不懂。虚伪的完美令我们胆寒，有瑕疵的东西我们反而能接受。

近日，国家取消了食品免检制度。我仿佛听见一声叹息，哀怨而悠长，令人动容……

【点评】

作文离不开生活。语文课程标准要求注意观察、重视思考、抒发真情实感，要求说真话、实话、心里话，不说假话、空话。从《这也是一种问题》中我们可以感受到，这位考生在平时是十分注意观察、重视思考的，对“奶粉事件”，由表及里地揭示了“没有问题也是一种问题”的道理，更为可贵的是揭示了“没有问题所造成的问题，比曾经存在过的任何一个问题都来得严重”，因为这是从“没有问题也是一种问题”中化用出来的。正如“没有遗憾其实就是一种遗憾”“没有感觉其实就是一种感觉”一样，只要能够理解其中的意味，就能准确地把握题旨。

这位考生正是抓住了“没有问题也是一种问题”这一充满哲理的观点，联系实际，大胆地想象和联想，把“国家免检”与“没有问题”联系起来，并进行有创意的表达。“虚伪的完美令我们胆寒，有瑕疵的东西我们反而能接受”，这正是得益于考生平时关注生活，多角度地观察生活，发现生活的丰富多彩，捕捉事物的特征，这是值得我们思考的地方。

这也是一种危机

某日，跟同学一起到某书店看书。一进门，看到琳琅满目的书堆得甚是拥挤。上前细看，发现书有三类：一为“百家系列”，二为文学名著，三为励志图书。看到这情形，同学赞道：“真好，有这么多书看啊!”而我却感到这是一种悲哀，也是一种危机!

感到悲哀的不是书少，也不是书贵，而是“文学”泛滥的危机！自改革开放以来，我国经济日益繁荣，文坛也随之活跃，可是产生了文学泛滥的现象。

如今，图书的种类和数量越来越多，但大多数的书是为了迎合人们的一些“特殊胃口”。如“戏说历史”“正说野史”“皇宫艳史”等一些书籍充斥着书架。还有一些什么励志图书，在打造一种如花似雾的成功学，使人们追求不知何在的虚无缥缈的成功。更可怕的是一些所谓的“文学名著解读”，用一些莫名其妙的眼光和手法把名著中的一些人物戏剧化、丑恶化，改变人们心中的名著形象。凡此种种现象，可以称之为“文学泛滥”，看似繁荣的文坛被名和利驱使之后产生的文化泛滥、主流缺失、精神缺乏的现象。

这样的一种现象不能不说是当今文坛的一种危机。因为商业利益和功名利禄的驱使，我们的作家们“产量”越来越高，竞相“放卫星”。而且迎合人们的“快餐”需求和好奇心理，产生一些没有精神、没有引导人们健康向上的品格的书籍，使文坛看似繁荣，其实荒芜。

回想古人求学作文的姿态，不禁汗颜。杜甫一叹“文章千古事，得失寸心知”，他的诗字字真金、首首真情。古人吟诗作赋，须“两句三年得，一吟双泪流”。更有甚者，“吟安一个字，捻断数茎须”，这是何等认真、踏实、谦虚之态度啊！我国古代为什么留下如此之丰的文学瑰宝？我想这和古人求学作文之态度是分不开的。秦朝相国吕不韦有这么一个故事：他主持《吕氏春秋》修撰之时，曾将书简持于市中，宣布能改一字者赏五十金，世人皆叹。

面对当今的文化危机，我们只有放下身价，认真反省，好好总结，然后以求真务实之态，追求真善美，做好求实作文的工作，引领人们、社会遵从真善美，追求真善美，才能让社会更真、更善、更美！

走进书店时，别以为书越多越好，其实，这也是一种危机……

【点评】

这篇考场作文之所以能得到一个不错的分数，最主要的原因是文章的结构严谨、完整。开篇点题：“我却感到这是一种悲哀，也是一种危机”。行文扣题又承上启下：“‘文学’泛滥的危机”“这样的一种现象不能不说是当今文坛的一种危机”“面对当今的文化危机”。篇末再次点题：“其实，这也是一种危机……”注意起承转合，承上启下，前后呼应。

此外，这篇考场作文之所以从众多的考场作文中脱颖而出，还应归功于考生善于抓住有人认为“书越多越好”这一点作为突破口，进而提出了自己的观点——这也是一种危机，并分析危机在哪里，提出了解决这种危机的方法，给人耳目一新的感觉。

然而，这篇考场作文也有不尽如人意的地方。“‘文学’泛滥的危机”与“文化泛滥、主流缺失、精神缺乏的现象”有什么必然的联系没有讲清楚，解决危机的方法先与古人“求学作文”进行对比，进而提出要“以求真务实之态，追求真善美，做好求实作文的工作，引领人们、社会遵从真善美，追求真善美，才能让社会更真、更善、更美”。这里所说的方法与解决“‘文学’泛滥的危机”或解决“文化泛滥、主流缺失、精神缺乏的现象”没有什么直接关系，反而让人只要觉得像古人那样，就不会有什么危机了，或者危机就消失了。事实上并非如此简单，这样写会有“贴标签”“喊口号”之嫌。

这也是一种爱

昏暗的灯火下，一对父子正在吃饭。安静的饭桌上，父亲面无表情，静静地吃着碗里的饭。儿子小心翼翼地观察着父亲，不远处的书包里静静地躺着这次测验的卷子，79 分的成绩既不能算好也不算太差，但是对一向成绩优秀的儿子来说就有失水准了。

“这次考得怎么样?”良久，沉默的父亲终于发话了。

“7……79 分。”无法从父亲的语气中感受到任何感情的儿子小心回答了父亲的提问，并紧紧盯着父亲那张磐石般坚毅的脸。

没有表情！即使是听到儿子成绩下降的时候，那张熟悉的脸庞也仍像一潭死水一样波澜不惊。看到这里，儿子有些失望地低下了头，默默吃着碗里的饭。

曾几何时，父亲会因儿子的成功感到欣慰，会为儿子的失败感到可惜，父子俩一起高兴一起伤心，可是现在的父亲……脸上麻木的表情，没有丝毫的感情，儿子的成功或失败仿佛都没有意义一样。

多少次儿子拿着第一的成绩在父亲面前炫耀，父亲也仅仅只有一声简简单单的回应。同学们所说的进步的奖励、成功的庆祝，这一切儿子都不曾拥有。同时，同学们所说的父母对成绩下降的怒火、严厉的呵责，到了父亲这里连一个简单的表情也换不到。想到这里，儿子不禁有些神伤。

又是一阵无言的沉默，只有咀嚼下咽的声音。

忽然，父亲放下碗筷，儿子有些惊喜地抬头。“你想吃些什么？我明天去买。”父亲没头没尾的话语让儿子有些惊讶，木然地回答之后，又是一阵可怕的沉默。

儿子低头细想父亲刚才的话：“这是在关心我吗?”如此简单的话语让儿子难以理解其中的意义。

望着父亲起身离去的背影，儿子有些茫然。看着洗碗池前父亲忙碌的背影，儿子忽然觉得有种想哭的冲动，眼泪在眼眶中直打转。也许，这就是父亲关心人的方式吧，虽然很简单，也很容易伤人，但这也是一种爱吧！儿子忽然觉得父亲的表情不再木讷了，像死水一样的父亲仿佛又增添了新的活力。儿子赶紧上前与父亲并肩站在一起，帮他洗碗。忽然儿子好像看到父亲笑了，笑得像铁树开花一样灿烂。

这也是一种爱，饭桌上无言的爱。

【点评】

首先，这篇考场作文最为明显的特征莫过于采用了对比的手法，通过“同学们所说的进步的奖励、成功的庆祝”“同学们所说的父母对成绩下降的怒火、严厉的呵责”与“这一切儿子都不曾拥有”“仅仅只有一声简简单单的回应”“到了父亲这里连一个简单的表情也换不到”进行鲜明的对比，从而突出“这也是一种爱”，从这个角度来看，不仅突出了“这”字，也突出了“也”字，由此可以看出该考生具有很强的理解能力和娴熟的表达能力，这是值得肯定的。

其次，这篇作文另一个明显的特征在于细腻的人物刻画。如“父亲面无表情，静静地吃着碗里的饭”“无法从父亲的语气中感受到任何感情”“那张熟悉的脸庞也仍像一潭死水一样波澜不惊”“现在的父亲……脸上麻木的表情，没有丝毫的感情，儿子的成功或失败仿佛都没有意义一样”“仅仅只有一声简简单单的回应”“又是一阵无言的沉默，只有咀嚼下咽的声音”。

再次，情节波澜起伏。前面极力渲染父亲的“面无表情”“像一潭死水一样波澜不惊”“麻木的表情，没有丝毫的感情”，忽然柳暗花明，一句“你想吃些什么？我明天去买”看似言简意赅，却饱含深意，为后面揭示“这就是父亲关心人的方式吧，虽然很简单，也很容易伤人，但这也是一种爱吧”这一主题张本。

这也是一种永恒

永恒，不只在于时间从洪荒而来的脚步，也不只在于风声从亘古而至的呢喃。一个瞬间，往往也能成就永恒。

昙花从不为她鲜艳的短暂而暗自哀怜，因为她将自己怒放的那一刻书进了天地的长卷，万物无不记得这瞬间却永恒的娇美；朝露从不为她光华的瞬息而顾影悲叹，因为她用自己闪耀的那一秒照亮了世界的一隅，众生无不怀想这瞬间而永恒的清丽。

因为真美，那些短暂的事物竟撼动了时间的定律，仅凭一个瞬间，缔造了无尽的永恒。

当诗仙宽袍弃履，举金樽而邀明月，沐月华而影三人的那刻，这一丝浸透了蟾晖的酒香便飘飘摇摇了千余年，萦绕在数万才子的鼻尖挥散不去，似是还携了月下那人的三分不羁，极醇。这瞬间的感悟，便在孩童清亮的诵读声中变为醉人的永恒。

因为不凡，那些即逝的侧影竟跃过了文明的更替，仅凭一个瞬间，缔造了无尽的永恒。

当屈子以血讴歌，孑然一身，仅怀拥一胸才气，腹含一枚忠胆投身汨罗的那一秒，这一缕赤红泣血的绝美魂灵已挣脱世俗的枷锁，就随着汨罗江水的平平仄仄流过了漫漫岁月，滋润在每个志士的心田。这瞬间的悲壮，便在岁岁年年坚实的粽角中变为深沉的永恒。

因为无愧，那些闪现的生命竟无视了历史的变迁，仅凭一个瞬间，缔造了无尽的永恒。“盖将自其变者而观之，则天地曾不能以一瞬。”人生苦短，纵是八十而寿又何尝不是一瞬。

但且回首再看那南山脚下菊态幽美，洞庭湖心月晖清华；看那赤壁山涧金戈铁马，大漠暮里炊烟人家，弥足短暂，却也弥足永恒。

这些由真、善、美缠绕而成的瞬间，往往在笔尖的跃动甚至风叶的交响中被铭记。它们不曾在历史的长河中被淡忘，甚至不曾在岁月的波涛中起伏，它们总以一种轻盈而美好的姿态起舞，独立于世，而在万物心中刻下永恒。

以真行走于世，以善放歌于世，以美馈赠于世，便可以自身之瞬间，成就大世之永恒。

瞬间，也是一种永恒。

【点评】

看这一篇考场作文，我们会发现，语言表达和文章结构是其亮点。

第一，骈散结合，句式富有变化。“当诗仙宽袍弃履，举金樽而邀明月，沐月华而影三人的那刻，这一丝浸透了蟾晖的酒香便飘飘摇摇了千余年，萦绕在数万才子的鼻尖挥散不去，似是还携了月下那人的三分不羁，极醇。”其中“举金樽而邀明月，沐月华而影三人”是个骈句，其他的是散句，骈散结合，疏密有致，给人以语言生动、形象、活泼的感觉。

第二，结构严谨，又不缺乏变化。其严谨在于抓住“瞬间”与“永恒”相反的词意，巧妙地进行构思，揭示出“这些由真、善、美缠绕而成的瞬间，往往在笔尖的跃动甚至风叶的交响中被铭记”“以一种轻盈而美好的姿态起舞，独立于世，而在万物心中刻下永恒”。最后把“以真行走于世，以善放歌于世，以美馈赠于世，便可以自身之瞬间，成就大世之永恒”推向高潮，揭示题意——瞬间，也是一种永恒。

这也是一种幸福

不是每一份爱都许得起“山无陵，江水为竭，冬雷震震，夏雨雪，天地合，乃敢与君绝”的誓言；不是每一份情都需要经受“多情自古伤离别，更那堪、冷落清秋节”的生离死别；涸辙之鲋，相濡以沫，这也是一种幸福。

——题记

爸是医生，妈是护士。两人都在同一所医院上班，科室仅隔了三层楼，几乎每天都是一同骑着自行车去上班，又一同回来。

然而我是向来不肯承认他们的爱情或是他们的婚姻是幸福的。

他们的爱情，太平凡，太普通；他们的婚姻，太匆忙，太急迫。这样的爱情，这样的婚姻，又怎能担得起“幸福”这样一个甜蜜的词汇呢？

在我看来，要爱，便当如唐玄宗与杨贵妃般，“在天愿作比翼鸟，在地愿为连理枝”，这才是轰轰烈烈的幸福；要爱，便当如焦仲卿与刘兰芝，“孔雀东南飞，五里一徘徊”，这才是生死与共的幸福；要爱，便当如张爱玲之于胡兰成，敢爱敢恨，纵然最后挥剑斩情丝，不也有一种曾经爱过而痛彻心扉的幸福吗？

然而妈听完我的话后，笑着拍着我的头，说：“你还太小，不懂什么叫幸福，妈幸福着呢。”说完她就笑了，笑得似乎那份甜蜜从心里一直溢了出来，幸福流了满地。

真的吗？难道是我自己一直都错了，一直都不明白他们所谓的幸福？那被我与生离死别、山盟海誓、轰轰烈烈画上等号的“幸福”，一直就在他们身边吗？

我开始寻找，寻找幸福。

我看见妈生病时，爸做好了饭菜，坐在妈旁边，一口一口喂着她，又像哄小孩一样哄着她吃下药。妈那本因病而恹恹的脸色在刹那间有了阳光般的灿烂。

我看见妈闲来无事时，为爸梳头，梳着梳着便感叹："唉，怎么这么多白头发了。"爸便回头一笑："不都老了吗?"接着两人便笑开了，彼此眼中都有一种心照不宣的甜蜜。

我看见妈下班回来，说着："好累啊，还要做饭。"刚刚才喊累躺在沙发上的爸立马鲤鱼打挺般跳起来，说："我去做!"妈面带笑意随爸进了厨房，一会儿便听到妈温柔地呵斥："你出去，你出去，在这里帮倒忙。"

我还看见……

"我能想到最浪漫的事，就是和你一起慢慢变老……"耳旁传来熟悉的旋律。我想我已经明白了，爸和妈的幸福，在平凡的日常生活中，在琐碎的柴米油盐里，也在那条他们一起走了二十年的路上。

不是每一份爱都需要"众里寻他千百度，蓦然回首，那人却在灯火阑珊处"的苦苦追寻；不是每一份情，都需要"十年生死两茫茫，不思量，自难忘"的肝肠寸断；执子之手，与子偕老，这也是一种幸福。

【点评】

通过题记，用第三人称这一视角，开篇点题——涸辙之鲋，相濡以沫，这也是一种幸福。这里的重点在于突出了"也"字。怎么突出?

先抑："他们的爱情，太平凡，太普通；他们的婚姻，太匆忙，太急迫。这样的爱情，这样的婚姻，又怎能担得起'幸福'这样一个甜蜜的词汇呢?"后扬："你还太小，不懂什么叫幸福，妈幸福着呢。"最后点题——执子之手，与子偕老，这也是一种幸福。通过先抑后扬的手法，通过"抑"与"扬"进行对比，从不明白幸福为何物到明白幸福的真谛，从而在对比中突出"也"字。

当然，这只是这篇作文的主干，或者说是骨架，其枝叶或血肉则是叙写了父母平凡而又相亲相爱的幸福细节，而这些生动的细节描写，是其成功的亮点之一。如"为爸梳头""爸立马鲤鱼打挺般跳起来，说：'我去做!'"……看似极为平常、极为琐碎，可是幸福恰恰隐藏在这些平常而琐碎的小事当中，如果能够揭示出来、表现出来，则需要做生活的有心人，在观察与体会中不断地磨炼自己，在构思与练笔中不断地提高自己。

这也是一种承诺

我要你重获原来的生活，认定了这一辈子的承诺。

——《承诺》

这是著名歌手刘德华借已故艺人黄家驹所作之曲填词，并领衔香港众歌星演唱的赈灾歌曲。每每听到这首歌，总不免心潮澎湃，顷刻之间我就成了汶川人。

5·12汶川地震过去一年多了，但太多太多的东西我们不能忘却，也不会忘却：有舍己救人的英雄，有与死亡之神对峙几十小时甚至百余小时的坚强勇者，更有全国人民源源不断的救助物资和爱心，就如前面歌词所提：让灾区人民尽快过上原来的生活。

我的博客和QQ空间上有一张图片，也是全国人民非常熟悉的：一个男子将因地震而亡的妻子绑在身上，他要骑摩托车将亡妻背回家。这张由CNN记者拍摄的照片，借着媒介和网络传遍了神州大地。照片中的好男人——吴家芳的事迹广为传颂，一时间有很多人将其奉为偶像，甚至有许多女性“争嫁好儿郎”。吴家芳也成了因地震而知名的人物，刚建成的地震博物馆还将其摩托车永久收藏。

然而，“狐狸尾巴终于露出来了”（某网友语）。在离“5·12”还没一周年之际，就传出了吴家芳再婚的消息。一时网络哗然，指责声此起彼伏，众网友愤怒交加，大有被吴家芳忽悠、耍弄之感。在很多人眼里，吴家芳不再是好男儿，而只是个虚伪的小人。然而，我却要大声说“不”，他依然是个好男儿。

据说地震灾区灾民的自杀率非常高。专家分析认为，这是因为很多灾民还未从亲人逝去和财产损失中恢复过来。因此，灾区的重建和灾民的心理治疗成为两项重要的任务。就如《承诺》所唱的那样：重获原来的生活。而让灾区人民重获原来的生活不仅仅是政府的任务，更是全体中华儿女应尽的义务。

一年多了，我们仍在关心灾区建设，仍在关心灾区人民的生活。我们无非是希望灾区人民早日从悲痛中走出来。然而我们做到了吗？指责吴家芳的网友，他们做到了吗？

没错，吴家芳是英雄，但他也是地震的受害者，他也需要别人关心，也需要别人帮助，也需要重获原来的生活，早日从阴影中走出来。他结婚是为了得到家人的关爱，为了尽量从丧妻之痛中解脱出来。我们又凭什么因此指责他呢？每个因地震而心灵遭受巨大伤害的人从痛苦中解脱出来最好的方法是重新得到家的温暖，因此，吴家芳结婚，我们更应该祝福他，为他高兴，而不是指责。

吴家芳不是圣人，也不会像传说中那样与亡妻化为飞蝶或星星，他还要生活。

温总理告诉灾区人民：要好好活着。前面所提的网友的指责岂不是让吴家芳承受比丧妻更大的心理压力和创伤？

“我要你重获原来的生活”不仅仅是唱唱而已，而是每个中华儿女用心的承诺。

【点评】

这篇考场作文，如果不认真看，就会以为扣题不紧，而且语言的亮点也不是很突出，可是，它为什么会被评卷组看好，并被推为满分作文呢？有以下几点：

第一，直接把情感倾泻在“受害者”身上，语言纯朴，感情真挚。“我要你重获原来的生活”，这是对灾区人民的伟大承诺。歌不仅是用来传唱的，更为重要的是转化为自身的内驱力，转化为自觉的行动，“网友的指责岂不是让吴家芳承受比丧妻更大的心理压力和创伤？”在前面不断地铺垫后，情感终于爆发出来了，有很强的震撼力、感染力。

第二，盘活自己的知识积累和生活体验，积累写作素材，为突出中心服务。想写好作文，就要重视积累，没有积累，如巧妇难为无米之炊。这位考生善于从网络上寻找写作的素材，并贴切地为中心服务。试看，“我的博客和QQ空间上有一张图片”“‘狐狸尾巴终于露出来了’（某网友语）”……所有这些，让我们好像看到了一位在网络中建立自己的QQ空间并且不断耕耘的学生，他可能在自己的空间里不断地练笔，提高自己的写作水平。

第三，具有一定的思想高度。思想的高度决定了文章的高度。这篇考场作文虽然语言算不上优美，但我们如果回想一下朱自清先生的《背影》一文的语言，那么就不难揣测这篇文章引起关注的理由。文章一定要写得语言华丽吗？不一定！关键是看一个人思维的高度和思考问题的能力。

这也是一种力量

微笑，恰如淌过的溪流，柔和恬静；微笑，恰似那悬挂的一刀新月，皎洁光亮；微笑，又恰似那挺拔的苍松，积蓄着万般力量……

如果说，有一种力量可以让人坚忍不拔，那便是微笑的力量；如果说，有一种力量可以让人自信满满，那便是微笑的力量；如果说，有一种力量可以让人心头一暖，那便是微笑的力量！

那次天崩地裂，那次地动山摇，高楼大厦瞬间成为一片瓦砾，多少生命在废墟下呼唤求助。当解放军战士将一个小男孩成功托起，放入担架时，他轻轻地一笑，用满是灰尘的右手向战士们敬礼！这是一个孩子的微笑，也是灾区人民对未来充满希望的一笑。它传达了太多：乐观坚强地活着，感谢所有关心灾区的朋友们，我很好！

也许小男孩不曾想到很多，他只知道，每天都是阳光的，而微笑，是给自己最好的犒赏。

我们喜欢微笑，喜欢嘴角的翘起，喜欢那弯起的弧度，更喜欢它所传达的一种力量。

奥运会的志愿者们，无论在何种场合，面对何种肤色、国籍的人，总是报以微笑。这不仅展现了一个大国的风采，更展现了中华民族包容的姿态。它在向全世界传递着一种力量，一种海纳百川、拥抱世界的力量！

而那 2008 张源自世界各地的笑脸，同样传达出微笑不可抗拒的力量。

不需要李白“仰天大笑出门去，我辈岂是蓬蒿人”的大笑；不需要“我自横刀向天笑，去留肝胆两昆仑”的充满血腥的狂笑；也不需要“一骑红尘妃子笑，无人知是荔枝来”的红颜一笑……这些笑，或太狂放不羁，或太刚烈顽强，抑或充满妩媚。而我们需要的，不过是浅浅的会心一笑。

人们很容易记住温总理那慈祥的笑容，那是自信满满的他发自肺腑的微笑。面对金融危机，从容不迫；面对外国记者的犀利问题，他依旧笑对。他正如一代儒者，温文尔雅地处世待人。他的微笑，不也是一种力量吗？这是笑对人生的一种力量！

微笑，正如同一支支高擎的火炬，在全世界，在湛蓝的天空下，一直传递着……

当人们帮助了困境中的你，你的微笑是感激，是满怀深情的力量；当别人不小心踩到你，你的微笑便是宽容大度的力量；当厄运侵袭了你，而你却报以微笑时，微笑便成了坚强勇敢的力量！

如果全世界都充满爱，充满微笑，将不再会有伊拉克战争、巴以冲突以及朝核问题。

我们，作为新世纪的主人，将肩负着历史赋予我们的责任，那就是将微笑作为一种力量，传递到世界的每个角落……

【点评】

这篇作文的构思让人觉得不一般。开篇释题谈微笑：微笑是一种力量，是可以“让人坚忍不拔”“让人自信满满”“让人心头一暖”的力量。这里读不出“也”字的意味，似乎偏题了。接下来写了小男孩敬礼这件事，用“一个孩子的微笑”来写微笑的力量。文章写到这里，似乎还没有出彩。接下来叙写了奥运会的志愿者们的微笑，一笔带过“2008张源自世界各地的笑脸”，还没有奇峰突起的感觉。

进而，通过排比，增强语势，突出情感的表达。不需要大笑，不需要狂笑，也不需要红颜一笑，“这些笑，或太狂放不羁，或太刚烈顽强，抑或充满妩媚”。先抑后扬，写出“我们需要的，不过是浅浅的会心一笑”，不失时机地抛出了温总理的“微笑”。作文写到这里，峰回路转，水到渠成，不失时机地把“他的微笑，不也是一种力量吗？这是笑对人生的一种力量”推到读者面前，起到了深化主题的作用。结尾表达了自己良好的愿望，耐人寻味。

这也是一种芬芳

爷爷是个老中医，家中总是堆满了各式各样的草药。我总是喜欢端坐在小凳上，在一旁静静地看爷爷磨药、熬药。可当那一缕缕药气逐渐弥漫整个屋内，我却厌恶地远远躲避。

小时候常在药铺里玩耍。高大结实的柜台、黑褐色的漆面、发黄陈旧的标签、一杆小秤、一双在重重的药柜之间穿梭不歇的巧手……爷爷时常会像变戏法似的给哭闹的我拿出几枚甘草片，我含在口中，一丝淡淡的甘甜萦绕舌间，于是忘记了药铺苦涩的气味，嘴角微扬，畅想着在遥远的山中，是不是也有人温柔地采摘这些草药，然后晾晒、品尝……

童年是在一碗碗褐色药汤里度过的。爷爷佝偻的背影，药罐里冒出的气体，还有不断舔舐着罐底的蓝色火苗，都一一定格在时光碎片里。那时爷爷总会端着一个白瓷碗，手里拿着两块冰糖，笑眯眯地递送到我面前："良药苦口利于病，乖囡囡，喝了药身体就好了。"我却时常任性地将药碗打翻，留下爷爷独自躲在屋内伤心。

在病榻上只能靠看书、画画来消磨时光。于是从家中破旧的中草药图典里认识了许多美丽的名字：白芷、半夏、紫宛、青黛……爷爷不厌其烦地告诉我它们的功效作用。我常常想，她们前世一定是温婉绰约的美丽女子，然后化作这些草药给病人以最大的安抚。《红楼梦》里林妹妹让人惋怜的身影，也许因为药香的衬托才显得楚楚动人吧。夏喝香薷解暑，冬喝冰糖燕窝……氤氲里的潇湘馆才显得如此与众不同。

我还曾和爷爷去乡间采药，一路上或是阳光明媚或是细雨霏霏，背着背篓的爷爷专注地捻着一棵草药，细细地嗅着。回来的路上，竟看到一家小小的药铺，爷爷熟悉地和他们打着招呼。原来，这样的草药香，已然成为一种独特的旋律，飘散在天涯海角，散落在城市乡间每一个角落，给病人带来最温柔的健康保证。

爷爷又在熬药了，但我不再逃避。"乖囡囡，快让药气熏一熏才好呢！"药香如蝶，满室翩飞，满室氤氲里，是爷爷慈祥的笑容和我理解的沉思。

这样苦涩的药香，却成为我心中最香醇的余味与芬芳，伴随着爷爷的爱，细致，绵软，濡染浸透我的人生。这缠绕而挥之不去的药香，是我生命中最美好的芬芳！

【点评】

作文最怕没有倾诉的对象，目中无人，一路写下去，到了结尾，读者还感觉不到文章是对谁说的。这篇作文从开始写自己不喜欢药香，"我却时常任性地将药碗打翻，留下爷爷独自躲在屋内伤心"，到结尾时，"这样苦涩的药香，却成为我心中最香醇的余味与芬芳"，这种由不喜欢到喜欢的变化，符合情感的逻辑变化，非常值得初学写作者模仿。

全文虽然看不到一个"也"字，但药是苦的，这谁都明白；花是香的，这谁也无法辩驳。如果行文过程中不断地点出“这也是一种芬芳”，反而有画蛇添足之嫌，不利于作文中心思想的突出。就像杜甫的《春夜喜雨》，全诗见不到“喜”字，可处处能感受到“喜”的意味。

这篇作文着重写人，比较注意绘声绘色，语言描写在于绘声，让人有如闻其声之感；环境描写及景物描写重在绘形，让人有身临其境之感；药铺的描写，“高大结实的柜台、黑褐色的漆面、发黄陈旧的标签”，让人有如见其物之感。写作文如果能让人有如此感受，其语言的感染力可见不一般。

仿写：写作思维训练的开始

朱熹谈论古人作文时，指出“古人作文作诗，多是模仿前人而作之，盖学之既久，自然纯熟”。作文要“自然纯熟”，就必须“模仿前人而作之”，而且要“学之既久”，可见模仿在初学写作中的重要性。但模仿也有水平高低，古人谓学文有“三偷”，浅者偷其字，中者偷其意，高者偷其气。“偷”即模仿，对前人词句的模仿，是“浅者”所为；对前人文意的模仿，是“中者”所为；对前人意境气势的模仿，是“高者”所为。难怪杜甫总结道：“别裁伪体亲风雅，转益多师是汝师。”

作文仿写是根据一篇文章的立意、选材、结构、语言、表现手法等方面，有目的地进行模仿的一种写作方法，它是写作教学一种不可或缺的训练过程。作文仿写，并不是一件特别新鲜的事。到现在，我还依稀记得，大概读高中的时候，一个偶然的机会在《参考消息》中看到富兰克林学习写作的故事，大概意思是他总是找文章来仿写，而且一定要写到超过原作的程度为止。

大卫·休谟等很多人称本杰明·富兰克林为“美国第一个伟大的文学家”，这不禁激起我们想去了解他是如何成为伟大作家的。

富兰克林出生于一个孩子很多的铁匠家庭，很小就被送到大哥的印刷厂当学徒工，每日劳作，只能换来一日温饱。然而他并不以为苦，还将一部分伙食费拿来买书，每天只吃很少量的面包。即使生活如此艰苦，富兰克林依然觉得很满意，因为他可以看书了。

他开始读《旁观者》（*Spectator*）杂志，找出认为写得好的文章，在每个句子下都写下简短的注释。几天后，他拿出那些笔记，尝试用自己的话去表达每个句子。写完后，他又将其与最初的文章比较，发现一些错误，然后改正它们。他注意到其中的一个问题是他的词汇量不足。他意识到，创作诗歌需要一个巨大的“词汇库”，因为需要根据押韵和深度的不同采用不同的表达方式，来传达自己想要表达的意思。所以他用诗歌的方式重新改写了《旁观者》中的一些文章。然后，他又将诗歌改写成散文，最后把他写的东西与最初的文章一一比较。富兰克林认识到，一篇好文章的关键在于组织结构，所以他找到一种新方法在这方面下功夫。他不仅对文章中的每个句子都做出简短注解，还把每个注解都写在纸上，然后把这些纸打乱顺序后放在一旁，直至他忘掉那篇文章。此时，他又把这些注解按照正确顺序排列下来，并且尝试把那篇文章重写一遍，然后和原文对照。就这样，他通过多次重复，发现很多错误并修改过来。

令人惊奇的是，富兰克林当时面对问题时所采取的方法，如此吻合结构严谨的刻意练习的原则。虽然没有老师提供指导，但他通过找到一些比他写得好的文章，而创造了自己的老师。《旁观者》中的文章论题鲜明且有创新意义，这正是富兰克林最想写出的那种文章。富兰克林不但从中找到了自己写作中需要提高的方面，而且找到了拓展自己的方法，这正是刻意练习的基本核心。

我们还可以看看我国古代一些文人是怎样学习写作的。

几千年来，模仿早就成为文坛不争的成名捷径。此义之大，放之学海而皆准；此义之秘，虽常见诸实践，却为人所忽视，尤其被语文教师所忽视。我在借鉴前人做法的基础上形成了自己的作文仿写教学四步法。提出仿写的做法，旨在努力改变学生写作时漫无目的、无章可循而胡编乱造的恶习，为学生在阅读与写作之间搭建一座桥梁，同时创设一个平台，锻炼学生的写作技能，提升学生的思维品质，让学生站在经典美文这个“巨人”的肩上，含英咀华，融会贯通，仿写其形，表达我心，从而逐步形成自己的写作思路，走上写作正途。这是让学生“在无法中求有法，再走向无法”的必由之路。

鲁迅先生说："好文章是靠读好书熏出来的。"刘国正先生说："取法乎上始得乎中，让学生登高丘而望远海，开开眼界，大有好处。"写作思维训练正是从仿写开始的。

我在教学实践中，主要是按照阅读经典、赏析经典、观照自我、仿写作文四步实施的。

"仿写"第一步：阅读经典

仿写第一步就是读。要读懂原文，"读"要讲究方法，不仅读内容，还要读结构、方法。具体来说，读的时候要关注这几点：文章写了什么？怎么写的？情感如何表达的？如写《粉笔》，心里明白却不知道如何表达，三言两语就把文章写完了，写得太简单，让人读着没有什么感觉。所以，我们先要读，广泛地读，可以搜索一些优秀的文章，多读几篇，也多读几遍，想一想文章有哪些地方吸引自己，描写了哪几个方面，采用了哪些修辞方法……把内容读熟后，也可以写一写读后感。

要读经典。1923 年，梁启超在撰写《国学入门书要目及其读法》的同时，还写了一篇文章——《治国学杂话》。在文中，梁启超针对为什么要阅读传统经典提出了两点意见。一是作为中国学人，有必要读一些中国传统经典。他在《最低限度之必读书目》后的附录中说："以上各书，无论学矿、学工程……皆须一读。若并此未读，真不能认为中国学人矣。"二是不仅需要阅读必要的经典，对那些"最有价值的文学作品"和"有益身心的格言"，还需要熟读成诵。

梁启超说："好文学是涵养情趣的工具。做一个民族的分子，总须对于本民族的好文学十分领略，能熟读成诵，才在我们的'下意识'里头得着根底，不知不觉会'发酵'。有益身心的圣哲格言，一部分久已在我们全社会上形成共同意识。我既做这社会的分子，总要彻底了解它，才不至和共同意识生隔阂。一方面我们应事接物时候，常常仗它给我们的光明。"

1934 年，《教育杂志》主编何炳松向全国教育界征询"读经"的意见。次年 5 月，《教育杂志》将收回的 70 余篇文章以专辑的形式推出。其中收录时任无锡国专校长唐文治的意见。唐文治说："窃维读经当提倡久矣。往者英人朱尔典与吾华博士严幼陵相友善。严尝以中国危亡为虑，朱曰：'中国决不至亡。'严询其故，朱曰：'中国经书皆宝典也。发而读之，深入人心。基隆扃固，岂有灭亡之理?’余谓朱说良然。吾国经书，不独可以固结民心，且可以涵养民性，和平民气，启发民智。故居今之世，而欲救国，非读经不可。”在唐文治看来，经书为国家的根基，可以团结人民，提高素质，开发智慧，创造和谐社会。

1942年，在西南联大任教的朱自清写成《经典常谈》，此后多次出版或重印。这部书开列了十余部经典，《说文解字》第一，《周易》第二，《尚书》第三，《诗经》第四，“三礼”第五，“春秋三传”第六（《国语》附），“四书”第七，《战国策》第八，《史记》《汉书》第九，诸子第十，辞赋第十一，诗第十二，文第十三，以求能启发读者的兴趣，引他们到经典的大路上去。朱自清在《序》中说：“在中等以上的教育里，经典训练应该是一个必要的项目。经典训练的价值不在实用，而在文化。……再说做一个有相当教育的国民，至少对于本国的经典，也有接触的义务。”70多年来，《经典常谈》也成了人们习读经典的经典。

“仿写”第二步：赏析经典

赏析经典，离不开课堂教学，语文课堂和语文教材是赏析经典的主阵地。课堂教学对经典课文可以深耕细作、条分缕析，这里不详细展开。

赏析经典还要重视课外积累，特别是对名言警句的赏析积累。名言警句是人类发展过程中经过不断锤炼、不断比较、不断沉淀、不断筛选而留传下来的，凝聚着劳动人民智慧的，蕴含丰富思想内涵的，展现感人艺术魅力的，能给予人启迪、照耀人心灵的，代表一个民族的价值观和道德观的成语、俗语、谚语、格言、诗句等。由于名言警句具有独特的魅力、作用，我们在语文教学中要充分挖掘和利用这一资源。为此，我将名言警句引入语文教学中，旨在开阔学生的视野，引领学生领悟个中道理、开启心智。

关于名言警句的梳理，可让学生按照成语、精美语段、小品文、写景、抒情、励志、褒扬、贬斥、时间、学习等分类梳理，还可以细化到描写人物、景物、事件等等。通过对一些名言警句的梳理，培养学生收集和处理信息的能力，提升他们的语言运用能力。同时，通过对名言警句进行解读，让学生课内得法、课外得益。课内，通过对名言警句的具体解读，给学生提供范例，让学生掌握方法，如将“走自己的路，让别人说去吧”

（但丁）这句名言与“常问路的人不会迷失方向”（波兰谚语）进行归类对比、解读，让学生领会其中的精华。这两句话讨论的是坚持走自己的路，向他人问路的问题。路应该是一个比喻，可以指实实在在的路，也可以指人生之路；问路，可以指具体的路怎么走，也可以指听取他人关于人生道路等的建议。这是明确话题和弄清喻义的两步，如果发散开来，大胆求异，就会发现两句各有侧重：前者强调要坚持走自己想走的路，不必在乎别人的看法；后者强调“常问路”，突出“常问路”的结果是不会走错路。如此在平时的课堂教学中能多多进行此类的解读，学生对语言的理解能力也一定会得到提高。当然，若有学生从中能够领会到，生活中我们既要学会“走自己的路”，又要学会“常问路”，则是执教者求之不得的事了。

“仿写”第三步：观照自我

观照自我，即自我显示、自我反映。观照，是中华民族静坐修炼出来反映外在环境变化的物质现象。

有人总结出自我观照的“三部曲”——观照身体、观照大脑、观照内心。在仿写这个环节，需要观照自己的头脑，从而进入一个微妙的世界——观照自己的思想。思想虽然是看不见的，但它跟你的身体一样是物质的。观照自己的思想，唯一的条件是不要判断，因为你一开始判断，你就会忘记观照。这个过程是学习的过程，也是积累的过程。就像学生上课时如果过分专注于记笔记，可能就会忽略老师上课的重点。

阅读经典时，我们应该观照自己的思想，将它视为在天空中飘过的云，不要对它们下判断，思想只不过是经过我们头脑的一些短波。

阅读经典，只是一个观照，它意味着自己只是一面镜子，镜子从来不做任何判断。一部经典书籍来照镜子，镜子不会判断；一篇经典美文来照镜子，对镜子来讲并没有什么差别。

读“四书”“五经”，从仿写的角度去读；读鲁迅的书，从仿写的角度去读……长期阅读，不断积累，当自己静心走了一半的路，从思想移到更细微的经验——情绪、感觉，同样没有判断，只是观照，自己将会感到惊讶，大多数占有你的是情绪、感觉。当自己觉得悲伤，自己就被悲伤所占有；当自己觉得生气，自己就变得充满愤怒……这时，你手上有笔、有纸，你从心底里想把自己的喜怒哀乐表现出来，这表现出来的文字，一个个充满情感，富有质感，文章始成。

“仿写”第四步：仿写作文

所谓“仿”，就是模仿，模仿是我们的天性，作文也是可以模仿的。写作就是这样一个过程：由读到写，由不会到会写，最后写出生动形象的好文章来。同样，“仿”的方法也有讲究。“仿”不同于“抄”，“仿”主要在于方法的领悟与实践，“抄”只是摘记。

“仿”可分为以下几个环节：

1. 仿语言

前面所举的例子中讲到，富兰克林刚开始学习写作时注意到自己所写的文章中有一个问题——他的词汇量不足。他是如何解决这个问题的呢？他意识到，创作诗歌需要一个巨大的“词汇库”，因为需要根据押韵和深度的不同采用不同的表达方式，来传达任何一个意思。所以他用诗歌的方式重新改写一些文章。这就是仿语言。

2. 仿结构

富兰克林认识到，一篇好文章的关键在于组织结构，所以他找到一种新方法在这方面下功夫。他不仅对文章中的每个句子都做出简短注解，还把每个注解都写在纸上，然后把这些纸打乱顺序后放在一旁，直至他忘掉那篇文章。此时，他又把这些注解按照正确顺序排列下来，并且尝试把那篇文章重写一遍，然后和原文对照。这就是仿结构。

3. 仿思维

模仿思维，在于寻找、创造自己的老师。富兰克林通过找到一些比他写得好的文章，而创造了自己的老师。如果想训练自己的写作思维，不妨向富兰克林学习，读很多书，积累很多材料，仿写很多文章，从而积累写作思维的经验。只要坚持不懈，从读到仿，从仿到写，循序渐进，久而久之，你的写作思维水平一定能大幅提高。

第四章

狭路相逢，勇者必胜

当你抱怨作文无话可写时，请你静下心来，听听曹文轩老师是怎么说的。曹文轩老师在《生活无处不在——与中学生谈写作》一文中指出：“不要总怀疑自己没有生活，你怎么能说自己没有生活呢？……你既然是个大活人，且又是一个天生爱动不肯安分的少年，就一定会有生活。你没有发现你就在生活之中吗?”事实正是如此，我们都在生活之中，都有大量可写的故事，大胆去写吧！

学习写作：运用信息交合法解决“写什么”的问题

学生在语文学习中遇到的最大问题是写作，写作最大的问题是不知道写什么。当一个命题摆在面前时，学生往往大脑一片空白，不知所措，长此以往，产生了害怕写作的心理。当教师一讲到要写作文时，学生就开始不自在了，能不写则不写，能拖延则拖延，能不交则不交，于是，在作业提交问题上，催交作文应该是最痛苦的事。

而引进信息交合法，仿佛为学生提供了一个广阔的思维天地，学生好像找到了一根魔法棒，可以变出许多可资写作的信息，这些信息可以为他们提供写作的思维路径。

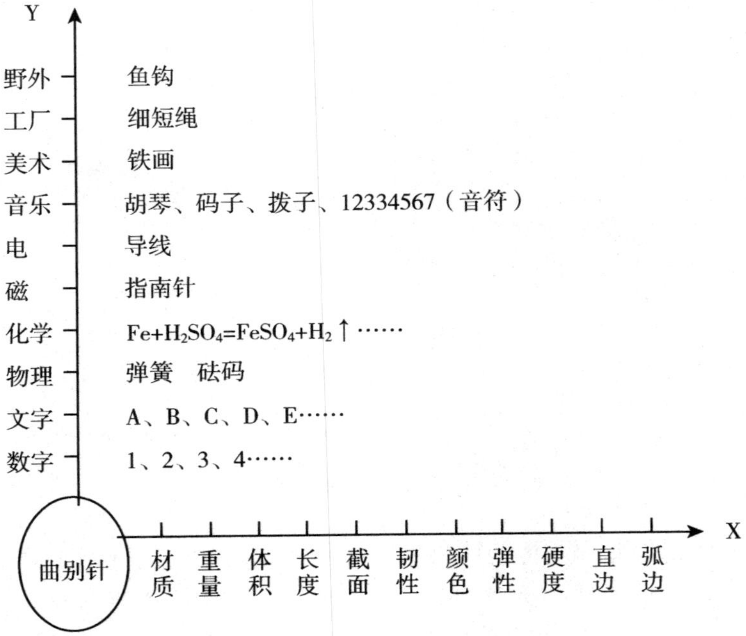

信息交合法，说起来并不神秘，有人称之为“要素标的发明法”，也有人称之为“信息反应场法”。这听起来很玄，说白一点，就是一种思维

技巧而已，即把物体的总体信息分解成若干个要素，然后把这种物体与人类各种实践活动相关的用途进行要素分解，把两种信息要素用数学坐标来表示，即X轴与Y轴，两轴垂直相交，一轴上各点的信息可以依次与另一轴上的信息交合，从而产生新的信息。

如上图所示，这种思维方法一点儿也不神秘，实际上就是进行一场“头脑风暴”，让自己的脑洞大开一回。如果在临场考试中娴熟地运用这种方法，那么一定会让人受益，因为这种思维技巧有助于写作思维层级的分解，也有助于写作思维品质的提高。那么，信息交合法在写作思维训练中到底有什么作用？

一、信息交合法为学生提供了写作思维支架

信息交合法的主要特点就是变单线思维为复合思维，可以把任何一种物体分解为若干个要素构成的一个直角坐标系，如下图：

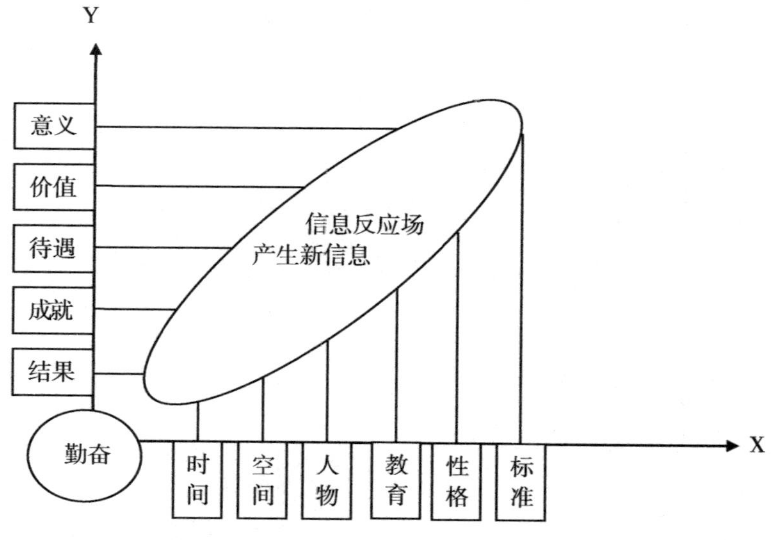

由上图可以看出，把物体替换为抽象的概念——勤奋，并把“勤奋”的总体信息分解成若干个要素——X轴上标示时间、空间、人物、教育、性格、标准等，另外从“勤奋”的用途进行要素分解——Y轴上标示结果、成就、待遇、价值、意义等，这样两种信息要素就用数学坐标表示出来，若让两轴垂直相交，即时间与结果相关，勤奋会得出什么新的信息？

以此类推，在信息相交的地方，被称为“信息反应场”，就会产生新信息。

尝试采用信息交合法，可以让学生进行一次“头脑风暴”，让学生的思维活动更加活跃丰富，也为学生动笔写作提供了思维支架。

二、信息交合法为学生提供了写作思维路径

我们可以从一个物体中分解出许多信息，如果我们懂得恰当运用这种思维技巧，就不用担心作文怎么写了。考场写作有时间限制，需要思维高速运转，快速下笔，这样才能在规定的时间内完成写作任务。如果能恰当运用信息交合法，当然不是死记硬背信息交合法的概念术语，而是灵活运用，真正理解这种思维技巧的妙处，并且平时利用课余时间多训练，就能真正提高写作思维能力。在考场写作时，既能够节省时间，也有助于高质量地完成写作任务。

如何灵活地掌握信息交合法，我们不妨试试将“曲别针”替换成别的物体，甚至将其替换成抽象的概念，如上图，我们将“曲别针”替换成了“勤奋”，并从以下维度进行分解。

X 轴：

从时间上看：婴儿期、幼儿期、少年期、青年期、中年期、老年期……

从空间上看：农村、城镇、城乡接合部、城市……

从人物上看：工人、农民、士兵、学生、商人……

从教育上看：幼儿园、小学、中学、大学……

从性格上看：外向、内向……

从标准上看：什么程度算勤奋，什么程度不算勤奋……

……

Y 轴：

从结果上看：何时、何地、何人“勤奋”有什么结果……

从成就上看：何时、何地、何人“勤奋”有什么成就……

从待遇上看：勤奋程度与待遇的关系……

从价值上看：勤奋的价值在哪里……

从意义上看：勤奋的意义在哪里……

……

通过对信息的有序分解，词与词之间的结构关系便一目了然，从词汇意义上可以寻找到一条通向语篇写作的思维路径。正如我们要前往某地，当不知道怎么走的时候，内心不免着急、恐惧，一旦了解路在何方，也就有了信心，出发时也不那么着急、恐惧了。因此，寻找到一条通往语篇写作的康庄大道非常重要，而信息交合法正好为此提供了思维路径。

三、信息交合法为学生打开了写作思维空间

“写作是面对一大堆‘未知’‘问题空间’，用文字进行思考的过程即问题解决过程。想清楚了，也就有东西写了，也就容易写清楚了！”① 荣维东在他的博士论文中谈到“四要素交际语境”写作发生模型时对“写作”做了这样的阐述。这里值得一提的是，一大堆“未知”“问题空间”，事实上就是学生在写作前所面临的思维空间，当学生处于单线思维状态时，就不会面对一大堆未知的问题空间；只有当学生处于信息反应场，面对一个个由不同信息交合而产生的新信息时，才真正遇到一大堆的“空间”，这时已经不再是“问题空间”了，而是打开了写作思维空间。

信息交合法的灵活运用，为学生打开了写作思维空间，学生可以就任何一个话题，这个话题可以是人物、景物、事物、现象等，分解出如上图X、Y轴两组信息，在两轴相关的区域，即“信息反应场”部分，就可能有许许多多可写的内容，如：

勤奋，在时间与结果相交的维度上，会产生什么新信息？

勤奋，在空间与成就相交的维度上，会产生什么新信息？

勤奋，在人物与待遇相交的维度上，会产生什么新信息？

……

以此类推，学生的思维空间就会被打开。但是，写作思维空间打开了，怎么写还是一个问题。因为考场作文是有特定的写作任务的，这时依然可以运用信息交合法，在“信息反应场”中进行选择，虽然可以写成多种体裁，但命题有了“规限”，很可能“只有一种是最适合你的现实处境、

① 荣维东．写作课程范式研究［D］．上海：华东师范大学．2010：121－122.

你掌握的信息、最大程度完成你的愿望、最让你得心应手……”[①]。因此，可以根据命题要求，选择自己适合的、得心应手的来完成考场写作任务。

综上所述，我们如果能够恰当运用信息交合法，就能帮助学生解决“没东西写”的问题，准确一点来说，能帮助学生解决“没有确定性的东西可写”的问题。

学习写作：如何激发学生写作的内驱力

写作需要有发自内心的动力，也就是内驱力。学生有了内驱力，其写作热情也会被点燃。如何激发学生写作的内驱力，点燃学生的写作热情呢？传统的方法无非是在作文讲评课上宣读学生作品，或者利用教室的宣传栏张贴学生作品，除此以外，我们还可以利用网络与大家分享学生作品。2006 年，我就利用博客发表学生作品。在博客上，教师可以点评，网友也可以点评，这极大地激发了学生的写作兴趣。下面是当时上传的几篇学生作品。

目标与现实

2009 届高一（7）班　陈凤

雪野茫茫，在这寒冷的冬季，大雪残酷地将一切覆盖，万物沉睡。天地间，除了那呼啸着的凛冽的寒风，唯有沉寂。冬去春来，大雪渐渐融化了。瞧！那是什么？未褪尽的雪面上点点鲜绿正朝着太阳爬去。多么可爱的绿色呀！有谁会想到，这嫩绿娇小的芽儿曾是冬季雪被下轻轻的梦呓！正是为了能再见到太阳，为了这个目标，它努力了一个冬季，最后它如愿了！

大雁南飞，征途迢迢，它虽然感到很累，但依然往前奋飞，是什么力量让它如此坚持不懈？它望着远方，那眼神告诉了我们它执着的原因。正是为了能再次看见南方的春天，为了再次见到久别的故乡。它的执着注定

① 荣维东. 写作课程范式研究［D］. 上海：华东师范大学. 2010：146.

了它是胜者！

那么试问：小草与大雁，它们之所以能如愿，仅仅是因为努力与执着吗？不！是目标与努力结合的成果！一个人只有为自己定下了合理的目标，才会为之付出努力，付出辛劳与汗水，只有持之以恒，成功的大门才会为你开启。

一个人要想成功，光靠努力是不够的，因为如若你的目标不合理，你就不能真正地成功。当你只是一个无名小卒时，你却梦想在短时间内成为全世界关注的大人物，你注定会在自己的无知中失败。你的目标太高了，这是不合理的。你的梦想还需要时间与坚持来帮助升华。

还有人认为只要一次的目标“错了位”就会满盘皆输，是这样吗？答案当然是否定的。就拿现在无人不知、无人不晓的鲁迅来说吧，他曾梦想成为一名救人于病痛之中的医生，但是现实社会的残酷告诉他，在那样的黑暗社会中，一名好医生只能救治一个人伤痛的躯体，而不能救治堕落的灵魂，所以他毫不犹豫地弃医从文，握起笔杆开始了他的写作生涯，更是救治人类灵魂的生涯。笔成了他最有力的手术工具与武器，最后的结果是，他成功了！他成功地用他那锋利的手术工具和尖锐的武器拯救了一个个徘徊在悬崖边缘的灵魂，抨击了那些令人深恶痛绝的黑暗势力。

这就告诉了我们，目标是可以根据现实情况改变的。一个错误的决定并不代表成功之路将不再为你铺起，只要你愿意，只要你能正确地找到你的出路，你还是可以将成功之路一点一点地铺起，直到你抵达成功的出口。

有了目标，你的生命才会更加美丽，前进的脚步才会更加坚实。有了正确的目标，你便会看到窗外的阳光，看到天边的彩霞。窗前托腮凝思的少女，你是想做一朵云的诗，还是做一只蝶的画？风中奔跑的少年，你是想做一只翱翔的雄鹰，与天比高，还是做一条壮阔的长河，为大地抒怀？

朋友，只要你为自己定了准确的目标，那就努力吧！请相信，只有为你的目标努力了才会有收获，只有为你的目标奋斗了才会有回报。一次的失败并不算什么，为了你的目标，让坚持不懈与持之以恒的奋斗伴你向前冲吧！

【教师点评】

这篇文章的主要特点在于观点鲜明，层层深入，条理清楚，材料与观点能统一在一起，且语言比较优美，如“窗前托腮凝思的少女，你是想做一朵云的诗，还是做一只蝶的画？风中奔跑的少年，你是想做一只翱翔的雄鹰，与天比高，还是做一条壮阔的长河，为大地抒怀？”材料与观点的统一体现在先从小草、大雁写起，引出观点，继而用鲁迅弃医从文作为例证，阐述了“一个人只有为自己定下了合理的目标，才会为之付出努力，付出辛劳与汗水，只有持之以恒，成功的大门才会为你开启”的观点。

感动，原来就在终点

2009 届高一（7）班　林玉珊

感动，每个人都拥有，只是感动的发源处不同。有的人为亲情而感动，有的人为友情而感动，有的人为爱情而感动，而我则为终点而感动。

终点，无处不在。而我的感动恰在终点，终点有我的感动。

去年的十月，校运动会如火如荼地进行着，而我目光呆滞地站在 100 米跨栏起跑处，看着老师为我安排下的“迷阵”，我找不到一点儿线索走出“迷宫”，即使栏架的高度已是最低，但对我来说如一面面高墙，难以逾越。我的心“砰砰砰”直跳。

终于，不想面对的时刻还是到了，随着一声枪响，我毫无自信地冲了出去：“哦！第一个栏过了，耶！——啊！第二个栏被脚绊住，倒了！——第三个栏也倒了……”“啪——”我脚一崴，整个人扑向地面，我想象得到同学们惊讶和紧张的表情、志愿者热情的双手……我心里觉得一阵委屈，强忍着泪水，自己站了起来，继续冲向终点。

终点终于到了，这一刻我似乎已经等了好久好久，耳边传来其他班同学的欢呼声，而我觉得没有颜面面对我的同学，因为我给班级丢脸了。我低着头强忍着委屈的泪水，走进了人群。

这时，我们班的同学和老师一下子冲到我身旁：“脚受伤了，疼不疼？要不要去医务室？”

“我们阿珊最棒了，在哪里摔倒，就从哪里爬起来！”

“跨栏原本就不是你的强项，你是为了班级荣誉才坚持参加的，你已经很厉害了！”

“一个人，应该看他付出了什么，而并非获得了什么!”

一直强忍着的泪水终于忍不住断断续续地掉了下来，而老师和同学还在不断地鼓励我、安慰我。

那一刻，我不再因为自己不争气丢了班级的脸而感到委屈，而是感到一阵阵暖流流入我的心田，让我无比感动。

【教师点评】

作者从运动会上采撷一朵“浪花”，叙写了在运动会上的所见所闻，突出自己的内心感受，体现了同学之间的真情。

写在秋天

2009届高一（5）班　陈雅文

我一向是喜爱秋的。别人何曾了解，那秋的斑斓、秋的含蓄、秋的富有，无一不使我感到惊喜、温馨、痴迷……

我一向是喜爱秋的——那说不出的斑斓。透过那空空的窗架，屋前一片延伸的金黄。深褐色的枝干，像是沉睡了千年的古铜，泛出淡绿色的光泽。树叶儿或翻着，或仰着，或俯着，或拽着，有绿绿的镶上金边的，有铁锈红滴上绿点儿的，有土黄色的，也有仍是绿油油的……凝望着它，你能找到希望；抚摸着它，你能寻到寄托。茫茫的深褐、点点的金黄、隐隐的墨绿，它，是斑斓的。我在画上默默地涂抹，我在远处悄悄地观望，我在心中深深地珍藏……只有在这时，那些不了解秋的人才了解了秋，那些不了解我的人才了解了我……

我一向是喜爱秋的——那说不尽的含蓄。没有春那跃进眼帘的浓浓的青色，没有夏那让人睁不开眼的阳光，也没有冬那满目凄凉的荒芜。它，包容了春的希望、夏的热情、冬的苍茫。它，是含蓄的。我在人们欣喜的脸上追寻，我在寂静的草原上凝望，我在山岩之巅向秋色伸出了臂膀……只有在这时，那些不了解秋的人才了解了秋，那些不了解我的人才了解了我……

我一向是喜爱秋的——那说不完的富有。枝间绽出苹果的笑脸，叶下散发出柑橘的幽香，菜篮中蹲着硕大肥胖的白菜，田野里站着敦厚朴实的高粱。秋，是富有的。我在谷垛上酣睡，我在落叶堆上欢叫，我在树林里捉迷藏。只有在这时，那些不了解秋的人才了解了秋，那些不了解我的人才了解了我……

当秋悄悄逼近，又匆匆消逝，不知不觉中已在我身旁洒满祝福，也默默孕育着新的希望。

【教师点评】

这篇作文最大的特点是突出“我一向是喜爱秋的”。全文围绕这句话展开，使文章的结构有回环之美，这一点值得广大写作者学习。

生命因感动而精彩

2009届高一（5）班 胡碧霞

时间匆匆地过去，一时的感动铸成了生命中最美丽的风景，而我们的生命，是因感动而精彩的。

NO. 1

偷偷爬上因特网，打开一部名为《泰坦尼克号》的影片：黑暗的夜空，冰冷的海洋，当“泰坦尼克号”即将沉没之时，露丝放弃了最后一次离开的机会，和杰克紧紧相拥在一起。最终杰克将露丝推上了仅能容纳一个人的木板，把生的机会让给自己最爱的人，自己却葬身海底。在生命与爱之间，他们俩都选择了爱。因为他们知道没有爱的生命是枯燥无味的。杰克和露丝演绎了一段催人泪下又可歌可泣的故事。正因为如此，才让我知道爱无止境，因为有爱，生命才变得精彩。

NO. 2

翻开报纸，一个题目深深地吸引了我——《最美的画面》，旁边还有一张图。只见图片上两位老人深情对视着，一副永不分离的样子。冷冷清清的医院里，静得可怕，病房里有一位奄奄一息的老公公躺在病床上，旁边有一位老婆婆正目不转睛地盯着他，似乎要陪他走完这人生的最后一程。一辈子相濡以沫的爱，好美啊！在这充满生气的季节里，交换着一辈子的感情，静静地相互依偎、相互陪伴，该是多么幸福的一件事啊！我祝福他们！

人生旅途上，感动无处不在。它有可能是一句令你感到温暖的话语，有可能是你跌倒时真诚的搀扶，也可能是一把打开你心扉的钥匙。

一切的感动都离不开“爱”这个字。有了爱，生命是如此绚丽多彩。感动能播放出优美的旋律，让生命翩翩起舞。就让我们尽情地创造出美丽、精彩的生活，让感动离不开我们，让生命因感动而精彩！

【教师点评】

这篇作文给人的第一印象是文章结构具有很强的冲击力，以“NO. 1”“NO. 2”分别对两件事进行叙写，给人条理清晰的印象。

妈妈的心

2009届高一（5）班　王冬梅

“哎呀！现在你都长大了。我记得小时候你在外婆家寄住，胖嘟嘟的，穿着一件红色小肚兜，小手紧握着汤勺，吃得真香，那样子真可爱。”妈妈看着狼吞虎咽的我吃着晚饭，笑着说。

妈妈怎么会对我小时候的事记得那么清楚？这有什么好回忆的呀！“那时的你看到我冲过来抱着你，吓得哇哇大哭，两只眼睛直瞪瞪地望着我，不管我怎么唤你，你都站在那儿不动。那时的我都不知道该怎么办呀！哎！直到我要走时你才抱着我喊‘妈妈’！”妈妈望着我眯着眼笑，眼角和嘴角时时地勾起，似乎看到了小时候的我。

微风徐徐，月光下我和妈妈在公园里散步，妈妈执意要挽着我的手，我低着头，感到浑身不自在，这样多别扭呀，我都这么大了！

今晚的月色格外明亮，我们的身影紧紧挨着，这时一个年轻妇女的身影急匆匆地穿过，往前方的人群奔去。一股好奇心让我挣脱了妈妈挽着我的手。

只见那位年轻妇女往一个小男孩的方向跑去，先是用力地紧抱着他号啕大哭，紧接着不断地捶打着小男孩的背。

这时有位知情者说：“这个小男孩太顽皮，与他妈妈开了一个小玩笑，躲得不见人影。但对他妈妈来讲简直是个晴天霹雳，她像无头苍蝇一样找了一整天。”

只见那个小男孩傻站在那儿，不知是被妈妈这突如其来的行为吓坏了，还是他还不知道自己的行为也吓坏了他妈妈。

最后，那位年轻妈妈背着已熟睡的男孩从我身边走过，我看到她脸上的泪痕依然明显，红着眼眶，却带着微笑离开。

月色依然明亮，路面上那两个黑影依然明显，我的身影已和妈妈的身影一样高。我追上妈妈，挽起她的手，说：“妈妈，跟我说说我小时候的故事吧!”月光下那个庞大的身影依旧明显，似乎看不到一丝空隙。我靠着妈妈，听着她的心跳声，觉得好温暖。

【教师点评】

本文有两个特点值得注意：一是注意景物描写。如“微风徐徐，月光下……”“今晚的月色格外明亮”“月色依然明亮”，其作用在于渲染气氛，推动情节发展。二是注意情节安排和情感的变化。如“妈妈执意要挽着我的手，我低着头，感到浑身不自在，这样多别扭呀，我都这么大了”“一股好奇心让我挣脱了妈妈挽着我的手”“我追上妈妈，挽起她的手”。这样写，使文章跌宕起伏、结构严谨。

距离美

2009 届高一（5）班　王雪碧

人与人之间总是存在着差异，而这种差异使人与人之间产生了距离。

“咫尺天涯”是说虽然距离很近，却仿佛远在天边。这很直观地描述了人与人之间的距离。有时候，虽然身体之间的距离很近，但心灵之间的距离很遥远。就如儿童与成人之间，成人往往无法理解儿童的种种做法，这就是距离。

有人说，距离使人与人之间产生陌生感，我却不这么认为。“距离产生美”，想必这是每个人都耳熟能详的一句话。以前，我一直无法理解这句话的含义，觉得距离只会使人与人之间产生更大的距离。但是随着时间的推移，我的想法有了改变。以前，我总觉得母亲爱唠叨、爱生气，只有一个字可形容她——烦；现在却觉得只有这些才能让人感受到母亲的关怀。当身边缺少一个向你叨唠、什么都管你的人的时候，你就会感到缺少了什么东西一样，心里空荡荡的。有句话叫“失去后才懂拥有”。母亲不在家的一段时间里，我产生了一种从未有过的感觉，我发现自己会想她，想她对我说过的话、做过的事。以前我很少和她讲话，但距离让我和母亲能在电话里聊很久。距离让我懂得去想念一个人。就像现在，初中毕业后，不管熟不熟的同学，见面都会感到十分开心，有一种亲切感，这是以前从未有过的，这也是距离所给予的。

正是因为有了距离，一切才有所改变，得以进步。正是因为地球之大，各国人民之间有距离，无法沟通，为了缩小距离，才得以使科学技术不断进步，使世界得以发展；正是因为同学之间成绩有距离，才使每个人都懂得不断进取，去努力获得好成绩；正是因为人与人之间有距离，为了缩小距离，大家彼此相识、了解、交流；也正是因为人与自然之间有距离，人们才不断地去探索、发现、思考、追求……

【网友评论】

距离是上帝赐予我们的一份特别的礼物。有的人认为距离不好，那是因为他还没有体悟到其中的真谛。不要担心与他人有距离，学会好好利用它，你会有意想不到的收获。距离，是一种美。

轻点关门

2009届高一（5）班　陈小满

我的朋友曾经向我讲述了这么一个故事。

他住在一栋七层的居民楼里，家住二楼。一楼住着一对夫妻与一位老人。一天，楼下的那对夫妻按响了他家的门铃。夫妻俩都是职工，穿得很质朴，一打开门，他们便深深地鞠了一躬，丈夫说："不好意思，这么晚来打扰，我们有个小请求。"他停了一下，看了看主人的眼神，微微低着头，说："我的父亲患有心脏病，我们家又住在一楼，大家在关门时，发出的声响对老人的心脏不好，所以能否请您以后轻点关门。"他的话音刚落，便与妻子又深深地鞠了一躬。主人听后，说："这当然可以，以后我会轻点关门。"

夫妻俩听完，眼里流露出了感激之情，二人异口同声地说了无数次的"谢谢"。主人又问："既然老人的心脏不好，你们为什么要住在一楼这么一个噪声大又潮湿的楼层呢?"夫妻俩的回答令人感慨万分："因为老人除了心脏不好以外，腿脚也不好，走几步路便会感到酸痛。为了老人，我们就将就着吧。"说完，他们便回去了，在关门时主人偶然间听到了一句"终于每个楼层都通知完了"。原来，他们夫妻俩是一个楼层一个楼层、一户人家一户人家地去拜访的。两人的孝心令人深深地感动。

此后，这栋楼的人在关门时声音都非常轻，我想这不仅是对诺言的实现，更重要的是懂得了尊重他人。

大概过了一个月，这对夫妻又一次按响了那位主人家的门铃。他们先深深地鞠了一躬，丈夫说："谢谢你们这段时间里对我们的帮助、理解与谅解。我父亲在这一段时间内过得非常平静、舒适。他临终前托我向你们表示感谢。谢谢你们！”话音刚落，夫妻俩又深深地鞠了一躬。

不久后，夫妻俩搬走了，但轻点关门这个动作也成了大家的习惯。我们学会尊重别人，就是尊重自己。

【网友评论】

尊重别人也就是尊重自己，一个小小的举动让一个将要逝世的老人度过了一段平静、舒适的时间。要是每个人都能这样做，那么世界将会变得更加美好！

心·景

2009 届高一（5）班　钟璐伊

清晨醒来，天空微微亮着，马路上的车显然少了，街上的行人也显然少了，多的只是初秋的一丝寒意。不一会儿，太阳从东边缓缓升起，它的光芒让天空更亮了，阳光洒向大地，照耀着每一寸土地。这时，我们感受到了些许温暖，听到鸟儿开始唱歌了。随之，马路上的车渐渐多了，街上的行人也渐渐多了，一片生机勃勃的景象。

今天去爬山。我喜欢爬山的那种感觉，慢慢地从山脚爬到山顶，这是一个过程，也是一段小小的旅程。到达了山顶，就会有成就感，抬头可以看见蓝天白云，低头可以看见城市的繁华景象，每当这时，心情便会自然地放松下来，就有了快乐的感觉。

当我站在山顶时，望着那片我们生活着的天地，它是多么广阔，又是多么渺小，刹那间，觉得一切都缩小了，房子小了，车子小了，人更小了，有种虚幻的感觉。这时，才能真正放松自己，放宽心，去感受大自然，感受鸟语花香，感受身边的人和事。才发现，有些事情其实很简单，笑一笑，没什么大不了的。

在最高的山顶，在幽静的森林公园，在古朴的乡间小道，在辽阔的大海边，远离城市的喧嚣、街市的喧闹，感受最自然、最单纯的快乐，好好地给自己放个假，给心放个假，让久违的快乐与舒心重现。

原来，最美的景色一直都藏在我们的内心深处，你看到了吗？

【网友评论】

一次次路过风景，或自然，或人为，总是寻找着一种完美，灵魂深处的触动，只需瞬间的感动，停留只是前进途中的一个过程，驻足只是一个原点，目光在烛光中延伸，想象在夜空中漫延，春之草香醉了这夜、这景、这人。华灯下，烛光中，皆是景。

灿烂的微笑

2009届高一（5）班　杨德易

开学后，生活又恢复了规律。早上6点出门，坐在开往学校的公交车上。我将书包放在腿上，肘部顶着书包，手掌托住腮，脑袋微微倾斜着，去端详不怎么蔚蓝的天空。天色阴沉沉的，天空被云层笼罩着，透不出一丝的灿烂阳光，似乎向下压得很低，周围的气氛亦是沉闷。

因为周围没有什么人在讲话，只能听见发动机的轰鸣声，所以我把MP3的声音开得很小——声音越小，越能融入音乐的境界之中。

压抑的天空，安静的公交车，低沉的歌曲旋律使我自然地闭上眼睛，随着歌词所带来的意境同歌手一同步入幻想的空间，音乐本来就是无病呻吟，只有少数情感丰富的人才会把歌的内容与自己的思想感情结合起来。

一个加速度的左转弯使我条件反射般地睁开了眼睛，紧接着又是一个急刹车，使得整辆公交车里的人都前拥后倒。

“不要命啦！红灯也敢闯！”司机大声呵斥着公交车前那些正在为赶时间而闯红灯的上班族。

公交车停在了斑马线上动弹不得，车前是人，车后也是人，行人纷纷穿插而过，车上的人们开始躁动不安，沉闷的气氛被他们破坏了。我摘下耳机，无奈地扫视着蜂拥的人群，其中有两个人吸引住了我的视线，一位中年妇女和她抱着的小孩，他们没有像其他人那样随着人流穿过马路，而是安静地站在那里。

小孩突然笑了，他是向着车里的一个女孩笑的，女孩也在笑，虽相隔着一扇车窗，但并不阻碍他们互相交流感情。小孩的手举了起来，指向了女孩，那位妇女也微笑着将小孩抱到车窗前，小孩的手指向车窗，那位女孩也将手伸向车窗与小孩的手碰了一下，小孩顿时笑开了，他那淡淡的褐色眉毛、大大的眼睛、小小的鼻尖，与笑开了的小嘴合成了一张多么可爱的笑脸。

一缕阳光照了下来，洒在了马路上，洒在了人们身上，洒在了车窗上，洒在了小孩那灿烂的笑脸上。

人流停止了，公交车启动了，我扭过头看着渐渐远去的灿烂微笑，不自觉地也翘起嘴角，心中感到些许欣慰。

天蓝了，汽车的轰鸣声变大了，车内也不再安静……

【教师点评】

生活中有许许多多的小事，如果你细心观察，就会发现其中有趣的、有意义的东西。作者抓住“小孩突然笑了，他是向着车里的一个女孩笑的，女孩也在笑”中的“笑”，同时抓住妇女的“笑”，写出了人与人之间美好的一面，很感人。

学习写作：敢于拟有意蕴的作文题

作文的题目，犹如人的眼睛。眼睛是心灵的窗户，通过它可以观察世界、认识生活。作文的题目，也是文章的窗户，透过它可以管窥文章的内容。因此，写一篇文章，拟个好题目非常重要，不论是平时作文，还是考场作文，都要大胆拟出有意蕴的作文题。

一、拟有意蕴的作文题要注意五个方面的标准

1. 注意形象性

如果作文的题目形象、生动，就可以激发读者的阅读兴趣。例如，2017 年 11 月 7 日的《厦门日报》中有一篇文章题为《又到栾树开花时》，这个题目就十分形象。文章描写了十月开花的栾树：“它们枝繁叶茂，整个树冠赤红黄绿，像是一幅多彩的油画，煞是好看。那树的颜色，绿的似海，红的似霞，黄的赛金，整个秋天仿佛都被它装点得如诗如画，五色斑斓。”语言形象生动，作者由此联想到作家蒋勋在《此时众生》中写过栾树，“普通植物大多是花儿极尽娇艳诱惑之能事，待结了果实后则像怀孕了的妇人，仿佛所有的躁动平静了下来，然而像栾树这样的植物则相反，

它的花儿是害羞谦逊的，它所有的力量和美貌都在彰显着孕育的喜悦”，以此突出主旨。

2. 注意趣味性

作文不论是针对社会生活、家庭生活、学习生活中普遍存在的问题和薄弱环节，还是针对人们普遍关注而又疑惑不解的问题，抑或针对似是而非的思想行为，都应该注意拟题的趣味性。例如，2017 年 5 月 18 日的《厦门日报》中有一篇文章题为《两所学校门前路灯“失明”多日》，“失明”本指人的视力丧失，用在路灯上，给人耳目一新之感，让人觉得趣味盎然，想要先睹为快。

3. 注意典型性

题目要典型，有代表性。例如，2016 年 11 月 4 日《中国青年报》要闻版的《踏上全面从严治党新征程》、2016 年 12 月 24 日《光明日报》要闻版的《从解决好人民群众普遍关心的突出问题出发》等，这些题目，有的直接突出典型事件，有的直接针对典型问题，有的直接表现典型人物，不管怎样，都可以看出是人们普遍关注的、能够引起人们深思的、激发人们阅读兴趣的好题目。

4. 注意通俗性

作文的题目若深奥难懂，读者一定很少，尽管写的都是人们所喜闻乐见的人、事、物，但一般读者只要目光一接触到题目，可能就已经有自己的看法了，有的文章则可能根本不会去看。例如，2016 年 12 月 28 日《光明日报》头版的《环境数据不能被“污染”》，题目通俗易懂，如果改为《环境数据不能被主观修改》，则没有原题目生动形象，也缺乏文采，就可能导致一部分读者没有兴趣阅读。

5. 注意时代性

作文应尽量地反映时代精神，文章的题目实际上也蕴含着这一特点。例如，2016 年 12 月 25 日《光明日报》中的《语言助推“一带一路”上的中国文化传播》、2017 年 1 月 15 日《人民日报》中的《让人类命运共同体理念照亮未来》，前者紧扣“一带一路”，后者紧扣“人类命运共同体”理念，都具有很强的时代性。因此，作文的题目，要能把握时代的脉搏，要有时代气息，才更富有现实意义。

二、有意蕴的作文题要注意简介题目中词语的含义

辨，即分辨真伪正误，区分事物性质。

析，即解疑答难，剖析错误。

说，即对事理进行叙述、解说。

谈，即像与人谈话一样进行说理。

议，即以一定标准进行评判。

驳，即批驳错误的说法。

斥，即在驳的基础上加强贬斥的感情色彩。

启示（启迪），即侧重于表达收获、教益。

有感，即侧重于抒发自己的感想、体会、认识。

赞，即正面歌颂，介于抒情与议论之间。

序，一般属于说明文体，有的序侧重于发表对作品的评论。

演讲词，即要有针对性、启发性和感染力。

三、在考场上怎样快速拟有意蕴的作文题

人们常说“看书看皮，看报看题”，所以我们一定要尽量拟好文章的题目。但考试时由于受时间的限制，要拟好一个作文题实在不是一件容易的事。下面就简单地介绍一下拟题的方法。

1. 概括论点拟题

这种方法要求学生仔细阅读和把握材料的内在含义，在此基础上确定好写作角度，将材料的基本观点或作文的论点概括成一句简洁的话，作为标题。

2. 概括论题拟题

这种方法要求学生将文章所要论述的主要问题概括成一句话或一个短语，作为标题。

3. 根据议论的范围、对象拟题

这种方法要求学生把材料中的事件、事物和议论的范围、对象概括出

来，作为标题。

4. 正副标题结合拟题

有时为了使标题既扣住材料，又全面概括文章的内容，可以考虑采用正副标题结合的方法拟题。

5. 运用修辞手法拟题

这种方法是在以上方法的基础上对语言进行加工，是属于高层次的拟题方法。

总之，不管采用什么方法拟题，如果要使题目产生一定的魅力，我们就要做到求新、求异、求巧。用流行的语言或口语，那种离“料”（与原材料无关）、离“文”（与文章不搭界）、含混、空泛、啰唆、俗滥的标题万万要不得。

学习写作：要敢于“写”

古人有一种很好的写作理念：“凡学文，初要胆大，终要小心，由粗入细，由俗入雅，由繁入简，由豪荡入纯粹。”学习写作，要敢于“写”，由写“放胆文”逐渐过渡到写“小心文”，也就是说，在学习写作的初始阶段，不必被种种规矩束缚，可以放胆去写。就像初学走路的婴幼儿，首先要让他有走路的勇气，让他敢于迈开步子自己走路，不要人扶，这时候什么走路的规矩和技巧对他们来说都毫无用处。因此，在初学写作阶段，关键是敢于写，把心中所想、口中所说的话用文字写下来，消除写作的神秘感。

写“放胆文”，也可叫作“自由写作”。所谓“自由”，就是不受拘束、不受限制。自由写作就是按照自己的意愿，想写什么就写什么，想怎么写就怎么写。

一、写随笔

随笔，顾名思义，随笔一记，是散文的一个分支，是议论文的一种变体，兼有议论和抒情两种特性，通常篇幅短小，形式多样，写作者惯常用各种修辞手法表达自己的见解和情感，语言灵动，婉而多讽，是言禁未开之社会较为流行的一种文体。随笔作为一种文学样式，是由法国散文家蒙田所创的。

下面是我写的一篇随笔。

东北师范大学印象记

东北师范大学是一块适宜读书的风水宝地，如一颗翡翠镶嵌在黑土地上，可说是群贤毕至，少长咸集。

东北师范大学给人的第一个印象是占地面积大，功能非常齐全。如果绕校园外围墙走一圈，要一个多小时。校园内阡陌交通，纵横交错。规整的布局，把各功能区科学地分布在校园里。校园的南北两侧为学生宿舍；校园东部为学生饮食与运动区，食堂分南北两个，一个为南苑餐厅，一个为北苑餐厅，两个餐厅周围有许多运动场馆，功能合理；校园中部、西部为学习区，各院系、图书馆、研究生院就坐落在西边。

校园如此之大，以至初来乍到的人不辨东西，走错方向是常有的事。昨天，我就闹了个笑话。我去图书馆，已经走到了图书馆大门南侧的十字路口，就问一个同学："图书馆在哪儿?"他不知道。我知道大概位置，于是从田家炳楼那儿绕了一圈，回到图书馆大门的北侧路口，本来仅需一分钟就可以走到，结果绕了一大圈，自己也觉得好笑。

东北师范大学给人的第二个印象是环境幽雅。漫步在校园里，仿佛置身于一个公园。说它像公园，一点儿也不过分。这里树木品种繁多，仅松树就有好几种：油松、樟子松、黄花落叶松……投入松林的怀抱，你会为阵阵松涛而激动、而欢呼、而雀跃。

校园里最有特色的景观是静湖，那是我最喜爱的地方。静湖是人工湖，一池清水，清澈见底；一池风花，秀色可餐。小桥渡人至仁爱亭，仁爱亭四周植松树数棵，郁郁葱葱，其歆美甚。伫立亭中，放眼四望，北面的假山与之呼应，岸边的垂柳与之唱和。于是乎，我振臂高呼："小桥渡我，我渡何人?"

东北师范大学给人的第三个印象是历史悠久。不用去档案馆查阅，也不用问头发花白的先生，你只问北大门那棵经历风吹雨打的榆树即可；不用去图书馆查阅资料，也不用去校史馆询问，你只问披星戴月、迎着寒风、顶着瑞雪的静湖垂柳就行。这里有张学思，这里有成仿吾……

由东北大学一路走来，大浪淘沙，长江后浪，势不可当，奔腾不息。

二、写随感

我们可以随时随地把自己看到的记录下来，把当时的感受写下来，以备日后进行更为深入的处理。

下面是我写的一篇随感。

知识技能与能力之辨

近日，重新阅读了一些有关高中语文新课程标准的文章，发现有些文章对三维目标的理解存在偏差，下面略择一二。

1. 错误的引用

“高中语文课程继续坚持《全日制义务教育语文课程标准（实验稿）》提出的基本理念，根据新时期高中语文教育的任务和学生的需求，从‘知识和能力’‘过程和方法’‘情感态度和价值观’三个维度出发设计课程目标，努力改革课程的内容、结构和实施机制。”

“‘新课标’着眼于知识和能力、过程和方法、情感态度和价值观三个维度去设计课程目标，培养和优化学生综合性的语文素养。”①

2. 正确的引用

“在新理念下进行数学教学设计，尤其要关注如下几个基本环节，而具体落实这些设计活动就是必须经过集体讨论和个人感悟的内容：

（1）知识与技能，如哪些知识是过程性的？哪些是默会知识？

（2）过程与方法（数学内容要和未来的职业与日常生活有关）。

（3）情感态度与情感体验，即对数学活动的兴趣，自信心和意志力，探索创新、交流合作、严谨求实的态度与习惯等等。”②

“我国国家基础教育新一轮课程改革以转变学生的学习方式作为课程改

---

① 潘涌．语文新课程与教师创造精神的解放［N］．中国教育报，2002-10-5.

② 孔凡哲，李利璋．中小学校本教研与校本培训的具体内容［J］．中小学教师培训，2005（12）：16—18.

革的突破口，提出了以‘科学探究’为主的多元化学习方式的课改思路，以落实‘知识与技能、过程与方法、情感态度与价值观’的三维课程目标。”①

总之，在生活中处处留心，运用自己的感官，观察社会，认识社会，敢于动笔，乐于用笔表情达意，一定会提高写作能力的。

三、写观后感

观后感，就是看了一部影片或连续剧后，把具体感受和得到的启示写下来而成的文章。所谓“感”，可以是从作品中领悟出来的道理或精湛的思想，可以是受作品中的内容启发而引起的思考与联想，可以是因观看而激发的决心和理想，也可以是因观看而引起的对社会上某些丑恶现象的抨击。观后感的表达方式灵活多样，基本属于议论范畴，但写法不同于一般议论文，因为它必须是在观看后的基础上抒发的感想，简单来说就是观赏过后的感触。

下面是我写的一篇观后感。

让学生学习兴趣的激发成为可能

——观《春风化雨》有感

过去，为了让学生快乐地学习，我会想尽各种各样的办法，为学生创造出喜闻乐见的形式，可现在想一想，仿佛总是自己一厢情愿，学生并不领我的情，原因何在？

《春风化雨》这部影片中的一个细节让我豁然开朗：教材和学校规定贺老师教的音乐应该是古典音乐，他也严格地实施，结果如何呢？学生没兴趣，不想学！是古典音乐不好吗？是贺老师的教学水平不行吗？答案当然是否定的，也就是说不是古典音乐不好，也不是贺老师的教学水平不行，那么是什么原因导致了这个结果呢？

如果我们继续追问下去，就会发现一个有趣的现象：学生很喜欢音乐！既然学生喜欢音乐，却又不爱上音乐课，是不是很矛盾呢？就像学生很喜欢读文学作品，却不喜欢上语文课，不也是一种让人觉得十分矛盾的

---

① 马胜利，李莉．实施探究学习对学生的知识技能、能力方法和情感态度方面影响的调查 [J]．化学教育，2006（6）：43—45.

现象吗？

如果我们对这一现象继续分析，就会发现原因既不在老师，也不在学生，而在于课程的设计，尤其是教材的编写。

教材的编写出了问题？从表面上看，教材的编写没有出现问题，无论我们从学科历史的角度去审视，还是从人文的角度去审读，抑或从伦理的角度去评判，都是中规中矩的。我们没有理由怀疑教材编写者的水平及科学的理念。既然如此，教材不就也没问题吗？

然而，教材真没问题吗？如果没有问题，那么学生应该爱学才对呀，可事实是不是这样呢？贺老师是一位专业水平很高的教师，教古典音乐绰绰有余。是贺老师的教学方法过于生硬？贺老师也和风细雨，润物无声呀。是贺老师不尽职吗？贺老师也晓之以理，动之以情呀，可学生不买账。

贺老师问学生喜欢什么音乐，学生非常自豪地告诉贺老师——摇滚乐。贺老师终于明白了学生不喜欢上音乐课的原因，于是，他开始了富有个性特点的课堂教学，把古典音乐的教学任务放在一边，学生学习的劲头来了，学习兴趣被充分地调动了起来。可是，问题又来了，以副校长为代表的反对派极力反对贺老师的“自作聪明”，校长也觉得有压力，担心校董事会取消这一课程的开设。面对如此巨大的压力，如果换作我们，会怎么做？我们会放弃吗？我想也许会，因为我们怕失败。可贺老师理直气壮地对校长说：“古典音乐与摇滚乐没有什么区别，只要能让学生喜欢音乐就行。”

答案终于出来了，我们都没有错，可我们有放弃原有课程的权利吗？没有，谁也不敢！于是，我们从理论上不断地探讨——如何激发学生的学习兴趣，如何培养学生学习的主动性，如何让学生快乐学习……

如果我们能像贺老师一样，那么……

学习写作：要敢于“想”

初学写作者，最痛苦的是没有东西写，因此，要鼓励他们大胆地写，要敢于想，这里的“想”，有联想、想象之意。常言道：只有想不到，没有做不到。写作也是如此，只是万事开头难而已。

香菱学诗时，作的第一首诗通篇就只说了“月亮很亮”这么一个意思。所以黛玉就说，初学者看的诗少，措辞不雅，要放开胆子去作，要有想象力才行。这也是很对的。恩格斯在评论德国诗人普拉顿的时候曾强调说：“写诗必须有大胆的想象。”可以说，没有想象就没有形象思维，也就没有诗。形象思维的过程自始至终都贯穿着丰富的艺术想象，大胆的想象可以使极平常的生活景象焕发出奇特的美感，令人耳目一新。

一、敢于联想

初学写作者，要学会联想，善用联想。联想大致有四种方法：

1. 相似联想

即由某一事物想到与之相似的其他事物，或由某一事物（具体的）想到与之相似的情、理（抽象的）。例如，巴金的《灯》，作者由眼前的路灯联想到古希腊传说里的灯光，再联想到煤油灯，这里运用的就是相似联想。1991年全国高考作文题要求考生以圆为联想物，写一篇想象作文。考生如能运用相似联想，由材料中的一轮满月想到与之相似的太阳、地球、明眸、向日葵、肥皂泡、花环、乒乓球、葡萄、圆形的挂表、台钟等物体，可谓恰到好处。

2. 相关联想

即由某一事物想到与之相关的其他事物。事物间有空间的相关，如由教室联想到学生，由黑板联想到老师；事物间也有时间的相关，如由眼前所见到的弹痕联想到过去曾发生的战争，由当前改革中存在着旧的习惯势力联想到几千年来封建社会传统思想的影响；事物间还有原因和结果的相关，如由地球的“呻吟”联想到人类对地球的污染和破坏。

3. 同类联想

即由某一事物想到与之性质或特点类似的其他事物。例如，陶铸在《崇高的理想》一文中写到千百年来人们一直在尊重、怀念和思念那些具有伟大理想并为之而斗争的人时，由夏禹联想到李冰父子、扁鹊、黄道婆、霍去病、岳飞、文天祥、林则徐、洪秀全和孙中山这些人，作者运用的就是同类联想，从而使文章的论据更加充分、更有说服力。

4. 对比联想

即由某一事物想到与之性质或特点相反的其他事物。如朱自清在《绿》一文中为了突出梅雨潭绿的特点，联想到在别的地方所见到的“绿”，与之做对比：“我曾见过北京什刹海拂地的绿杨，脱不了鹅黄的底子，似乎太淡了。我又曾见过杭州虎跑寺近旁高峻而深密的‘绿壁’，重叠着无穷的碧草与绿叶的，那又似乎太浓了。其余呢，西湖的波太明了，秦淮河的又太暗了。”作者通过这样的对比联想，突出了梅雨潭的绿有着明暗适度、浓淡相宜的特点。

敢“想”，要展开联想。林清玄在《生平一瓣香》中开始写少年时代“常坐在淡水河口看夕阳斜落”，接着写“在密西西比河水中观月”“在木栅的小木屋里临墙赋诗”“在小灯下读钱钟书的《谈艺录》”，写当时相当穷困，“住在两坪大只有一个书桌的小屋”“唯一的财产是满屋的书以及爱情”，后来穷困到跳窗离开小屋，写到这时，他总结道：“我于是想到世事一场大梦，书香、酒魄、年轻的爱与梦想都离得远了，真的是镜花水月一场，空留去思。可是重要的是一种回应，如果那镜是清明，花即使谢了，也曾清楚地映照过；如果那水是澄朗，月即使沉落了，也曾明白地留下波光。水与镜似乎都是永恒的事物，明显如胸中的块垒，那么，花与月虽有开谢升沉，都是一种可贵的步迹。”①

敢“想”，要看清生活的真实。思维有广度与深度之分，如果说上面所说的敢“想”在于厚积薄发，是从广度上来谈的，那么这里则更强调思维的深度。具体地说思维的广度就是你能想到多宽，比如说，别人说到椅子，你能想到板凳、沙发、桌子、房子……这种就叫广度；而思维的深度是指你考虑得有多深入，如由椅子想到它是由哪几部分组成的，材质是什么。

林清玄在《地暖，或者春寒》中写道：“这个世界是相对的，时间空间的改变，使我们对事物的看法改变，禅心也是如此，它不是用来改变生活的，而是看清生活的真实。与‘禅心’相对的是‘凡心’，也就是凡俗

---

① 林清玄．自心清净，能断烦恼［M］．武汉：长江文艺出版社，2017：61.

的心，是一般人眼见的世界，是迷惑于世界的变幻，禅者不同的是在这种变幻中看到了真知，体会到了不动的一面。”①

他在《生活的回香》中，广度只能看到他与其他朋友在极乐寺吃素菜，特别是其中一道炒茴香的菜，而深度却是“我们所经历过的美好事物，其实都是永不失去的，只是被卷存典藏着，一旦打开了，就会在记忆中回香，从遥远不可知的角落飘回来。我们生命里，早就种了许多‘回香’，等待因缘的摘取吧”②。

二、敢于想象

初学写作者，还要会想象，培养自己的想象力很重要。要敢“想”，大胆地“想”，超越现实地“想”，会“异想天开”。

写作文要敢于打破常规，要打破常规，靠的是想象。联想，常常在于由此及彼，也就是由某一事物想到与之相关的另一事物。想象则不同，想象是对已有表象进行加工、改造、重新组合，从而形成新形象的心理过程，可跨越时间和空间。如郭沫若的《天上的街市》，通过对地上的街市的加工、改造、重组，描绘了天上的街市。再如李白的《梦游天姥吟留别》，这是一首记梦诗（或称为游仙诗），其意境雄伟，变幻莫测，艺术形象缤纷多彩。诗境由前面的奇异转入后面的荒唐，让全诗进入高潮：令人惊悚不已的幽深暮色，霎时间“丘峦崩摧”，神仙世界“訇然中开”。“青冥浩荡不见底，日月照耀金银台。霓为衣兮风为马，云之君兮纷纷而来下。”洞天福地，于此出现。“云之君”披彩虹为衣，驱长风为马，虎为之鼓瑟，鸾为之驾车，皆受命于诗人之笔，奔赴仙山的盛会来了。“仙之人兮列如麻”，群仙好像列队迎接诗人的到来。金台、银台与日月交相辉映，景色壮丽，异彩纷呈，是何等光彩夺目！仙山的盛会正是诗人想象的世界，这一想象的世界之所以如此迷人，在于诗人敢于打破现实生活的常规，打破常人思维的常规，对人世间生活进行加工、改造、重新组合，突破时空的束缚，思接千载，神通万里。

---

① 林清玄．自心清净，能断烦恼［M］．武汉：长江文艺出版社，2017：73.
② 林清玄．自心清净，能断烦恼［M］．武汉：长江文艺出版社，2017：37－38.

李白的这首诗写梦游奇境，与一般游仙诗的不同之处在于其感慨深沉，情感激越。表面看诗歌描述了虚无缥缈的神仙世界，但诗歌并非完全依托于虚幻，而是着眼于现实，虽神游仙境，而感慨“世间行乐亦如此”。诗人长期漫游经历过的万壑千山的印象，受古代传说、屈原诗歌的启发与影响，以及长安三年的宫廷生活，这一切通过诗人非凡的想象，为我们展现了一个辉煌灿烂、气象万千的神仙世界。如果诗人足不出户，躲在象牙塔里，则很难为我们描绘出这样的神仙世界。

如果把联想与想象综合起来看，以“砖”为例，可以从“砖”的制作过程展开联想，由烂泥巴制成的土坯经过烈火的烧制才形成坚硬的砖想到，一个人想成为具有坚强意志和过硬本领的人，必须经过艰难困苦的磨炼；还可以从砖的形状展开联想，由形状方方正正、规规矩矩的砖想到为人处世应该做方方正正、奉公守法的公民；还可以从砖的性质展开想象，由具有刚性、宁断不弯的砖想到做人要有坚毅不屈、宁折不弯的英雄气节。总之，不管是初学写作的，还是有一定写作基础的，都绕不开联想和想象的话题。我们看科幻小说，常惊叹于作者丰富的想象力。同样，对于中学生，训练自己联想与想象的能力也是十分重要的。

学习写作：大胆求“真”

近年来，一些中考、高考作文套话成灾，空话连篇，机械模仿，无病呻吟，远离了生活的本真和生命的体验。这种现象引起了教育界的高度重视，中考、高考作文需要“真情为文”的呼声也越来越高。

2017 年 4 月 7 日，江苏省特级教师徐思源在上海师范大学徐汇校区汉语言文学教育高地实验中心做了题为《写作教学的几点思考》的精彩讲座。她在讲座中指出，我们一再追求所谓的文学性、文艺性，脱离了学生的现实生活，使学生所学到的东西没有实用性，所写的文章内容空洞虚假，没有真情实感，辞藻浮华而言之无物。命题者需要加强命题与学生生活的关联度，尽可能提高命题表述的准确性和指向性，追求“求真”的教育价值观。

从语文课程标准来看，最为常见的表述有“写作要有真情实感”“写真实，写实在”“写最动情的东西”“说真话，诉真情”“表达真情实感”“感情真实健康”等。语文课程标准在写作教学方面已经做出要求，但教材编写是不是遵循这一规范要求？特别是选文方面，如果学生学的是一套，做的又是一套，实际反映出来的就会是读写“两张皮”。如果撇开阅读文本，单就写作而言，就会发现在写作教学上还没有成熟的、让广大教师接受的、科学且系统的写作课程，由此而产生的一系列问题也就可想而知了。

无论是在考场上还是在平时的学生习作中，我们都可以发现一些虚情假意的文章。如有的学生在文中为了突出“父亲”的伟大形象，编造了父亲走上抗击“非典”前线的“壮举”。还有不少考生在作文中或精心编造舍己救人的英雄故事，或大力粉饰大公无私的美好心灵，或违心高喊不怕牺牲的烈士口号，或任意虚构先进人物的豪言壮语等。甚至某年某省高考要求写以“战胜脆弱”为话题的作文，许多学生编造父母双亡或自己身有残疾的假话。造成虚假文章泛滥的原因，主要是学生为作文而作文，千人一面，缺乏生活的阅历和写作的素材，没有生气和灵气，写不出真情实感。曾任华南师范大学文学院院长的柯汉琳教授明确表示：“作文想拿高分，关键是写出真情实感！”刘勰在《文心雕龙·知音》中就说过：“夫缀文者情动而辞发，观文者披文以入情。”高考大纲也明确要求作文应“感情真挚”，抒写“真情实感”。所谓真情实感，就是要在作文中自然地表达内心对社会、人生、生活的真实感受，使感情的流露给人以真实感、真诚感，而不是附加感、装饰感。因为情感是连接作者与读者的桥梁，是审美主体与对象碰撞时产生的电光火石，所以在一篇作文中，充分展现作者的个人风格是吸引读者的一个亮点，抒写真情实感是一篇作文自成高格的关键因素。

作文如何求“真”？这里的“真”指的就是“真情实感”，如何求“真”，就是指如何写出富有真情实感的好作文。

关于“情感”，有人从“文学性”的角度进行了一番研究。20 世纪以来，不少文艺理论家为了谋求文学的独立地位，积极探寻文学的“文学性”。一些文论家从语义学角度对文学作品与非文学作品进行了明确的区分。如新批评派的代表人物瑞恰兹就认为，科学语言在于“参证”，文学语言在于“情感”。“所谓参证，是语言参与证明真理与命题。”“文学语言与此不同，它是为了表现情感……只要表达了艺术的情感，文学语言就算完成了任务。”① 卫姆塞特和布鲁克斯也说：“科学作真陈述，而诗作‘假陈述’：假陈述的参证价值等于零。诗把语言作情感的使用，这是诗的特质。”这就意味着，文学的本质与情感语言的运用是一体的。

对于“真陈述”与“假陈述”，我的理解是，“真陈述”是客观的陈述，如“学校操场边上有许多树”，如果学校操场真的有许多树，这就是真的陈述，是客观陈述；“假陈述”是情感的陈述，如“春天来了”，是真陈述，“盼望着，盼望着，春天的脚步近了”是情感陈述。

更进一步来看，我们追求的“真”体现在哪儿？

对于这个问题，我们不妨从文学的“真”的角度来理解。按瑞恰兹的观点，文学的“真”体现在两个方面：一是“真”具有可接受性。如《西游记》是一个完全虚构的故事，人们接受它，认为它真实，是因为故事本身具有内在必然性，符合逻辑事理，而非生活真实本身。二是“真”与“诚”相等。作家在作品中要表达诚挚的感情。虚构情节、艺术加工是文学作品表达至真至诚的主体情感的必然选择。“文学是种谎言，但是伟大的谎言。”文学没办法完全记录真实的生活，如镜子一样再现生活的影像不是文学的使命，中外文论家早已经指出了亚里士多德的“模仿说”“再现说”的理论缺陷。卡西尔在其名著《语言与神话》中记录了这样一件事：一位法国数学家在看了拉辛的《伊菲革涅亚》之后，问他的朋友这样一个问题：“这证明了什么呢？”显然，数学家是以理性主义的态度、科学的“真”来看待这部文学作品的，与艺术精神、文学的“真”背道而驰了。学生作文，强调的应该是艺术精神、文学的“真”。

明白了“真”，还远远不够，因为这只是停留在概念层面上的，离自己真正写出具有真情实感的好作文还有一定的距离。作文评分细则中的

---

① 杨传珍．人文补课：20世纪西方文论概览［M］．北京：中国工人出版社，2003：137.

“感情真挚”这一条要求，就是要求学生真实地记录自己的情感历程、真实地抒发自己的生活感悟、真实地表现自己的审美情趣。

因此，“真”意味着发自内心，独立思考，充满真情实感。

那么，如何在作文中表达真情实感呢？要用心感悟生活，主动体察真情。生活是写作的源泉，更是感情的源泉。要在文章中写出真情实感，就必须关注生活，用心感悟生活，把思想的触角伸向生活的各个角落，观察周围生活中的闪光点、动情点，“登山则情满于山，观海则意溢于海”。

有位五年级的学生写了一篇作文《淘气的我》，就真实地再现了当时自己是怎么淘气的。

淘气的我

何俊达

生活就像一条清澈见底的小溪，里面有的记忆总是被我快速遗忘，但有的记忆总是清晰地印在我的脑海中。

那是一个炎热的夏日，我在家中没事干，晃来晃去晃了半天，思考该干什么。“丁零零——”妈妈的手机铃声响了起来，我凑过去一看，原来是姐姐下课了。姐姐快回来了？对了！何不趁这个时机好好地捉弄一下她？怎么做呢？我皱紧眉头冥思苦想……对！就这样！说干就干，我像兔子一般，以迅雷不及掩耳之势，溜进了姐姐的房间。嘿嘿，让我这个“最佳侦查员”去侦查侦查她有没有藏着什么好玩的东西。

嗯，这个写满字的小本子看起来挺不错的，好，就把它藏起来吧！真是个不错的选择。“叮咚——”门铃响了，什么？姐姐到家了？快把本子藏起来！我犹如离弦的箭一般冲进了自己的房间，不慌不忙地将小本子藏在书架上，哈哈，真是天衣无缝呀！干完一切，我信心满满地坐了下来。“咔——”姐姐打开了自己房间的门，我一边偷笑，一边假装若无其事地认真写作业。

过了一会儿，姐姐“响彻云霄”的怒吼声传了过来。“喂！我的本子呢？给我交出来！”我一边笑着一边装傻充愣：“没有呀，我没拿你本子呀。”“不可能！”姐姐还是不相信我的谎言。“我连你房间都没去过呀。”我继续辩解道。“咦？不在你那儿，会在哪儿呢？”姐姐疑惑着说道。“捣蛋鬼”我来也！我开始为姐姐出“鬼点子”，一会儿说会不会在她的书桌上，一会儿又说会不会在箱子里或抽屉里。

姐姐找不到小本子，心里很着急，但也没办法，只好没精打采地回房间写作业去了，我躺在床上捧腹大笑。一会儿，我又悠闲自在、一蹦一跳地出来了，在客厅里来回走动，嘴里还哼着小曲儿。姐姐好像知道了些啥，跑过来问我："我的本子到底在哪儿！一定是在你那里！对不对?"我为自己的"计划"成功而自鸣得意，在姐姐面前跳来跳去，还故意怪声怪气地说："你的小本子呀，在哪里来着？哦！想起来啦！在那儿!"姐姐双眼似乎都要冒火了，怒气冲冲地瞪着我，吓得我胆战心惊："在我的书架上——拜拜——"看见姐姐伸出了"铁砂掌"准备揍我，我立刻落荒而逃。

如今，我已再不是当年那个无比淘气、喜欢捉弄人的小孩了，但每当想起这件事，我就会忍不住哈哈大笑，笑到连腰都直不起来了。

《淘气的我》真实地记录了日常生活中姐弟之间发生的生活小事，是小作者自己亲身体验过的成长过程中的小插曲、小故事，带着童趣、童真，看似一场恶作剧，实为姐弟之间的互动游戏，是姐弟之间情感交流的途径之一。

有素材，有生活，还要会深化，求另一个真——真理，这里的"真理"是指隐藏在生活现象、物质世界背后的真实的东西。譬如抱小孩，不少人有过这样的生活体验，但有谁想到拿来作为作文素材呢？有一位聪明的学生却想到了，她从陪表姐的孩子玩耍半小时而累得精疲力竭、叫苦不迭的体验中，提炼出这样一个颇有意义的中心："由此，我想到了我小时候也一定是非常调皮的，爸爸妈妈也一定是这么哄我、陪我玩并且辛辛苦苦把我拉扯大的，这是多么不容易啊！这时，我不禁吟起了孟郊的诗句：'谁言寸草心，报得三春晖。'我该怎样来报答父母对我的养育之恩呢?"这样就升华了真情，达到了"求真"的目的。

第五章

它山之石，可以攻玉

初学写作的人，往往不知道如何把心思意念转化成物质媒介，如何忠实于心灵世界，如何表达，如何推敲琢磨、反复修改等，如何才能不怕作文，需要学习。散文大家王鼎钧在《作文三书：文学种籽》中说道：“凡是一种工具都有它的性能，使用者要经过学习练习，把它的性能发挥出来。”“一个尚未成为作家的人，可以把写作当作一项技能、一门手艺来学练。”写作思维训练，千万不要忘记“它山之石，可以攻玉”。

写作思维训练：学会多角度分析

当今，学生写作中普遍存在一种现象：思维能力训练不够，分析事理的能力低下；写作时避重就轻，以事例代替分析，或堆叠事例，人云亦云。更为严重的是，急功近利，套题宿构，追求形式，以应试作文为导向。高考中，有考生因“故事新编”形式的作文得了满分，于是，这一类作文比比皆是；有考生因散文化的议论文得了满分，于是，华丽空洞的排比、矫揉造作的抒情不一而足。

写作贵在有个人的独立思考，贵在有个人的真知灼见，贵在有个人的真情实感。要想提升学生的写作思维水平，提高学生多角度思维的能力很重要。在平时的写作思维训练中，要注意训练学生多角度分析问题，理清思维层级，列出分论点。

多角度思维，是指对某一事物（或话题），通过思维活动，从多角度逐层分析，犹如抽丝剥茧一般发现蕴含在其中的丰富事理。角度越多，发掘的事理就越深入。将这些事理分层列出来并加以阐述，就成了作文的分论点。

材料所蕴含的观点并不是唯一的，从不同的角度进行分析可以得到不同的结论，因此，要学会从多角度审视材料。材料作文中的思想有的显露一些，有的含蓄一些，在审题时，要小心谨慎，要多思考、多动脑筋。例如，“越是忙碌，就越会有闲暇”“我空闲的时候，常常是我最忙的时候”，材料分别为英国文艺评论家、散文家海斯利特和古罗马政治家西塞罗的格言，两句话都紧扣“忙”与“闲”两个要素，阐述了二者之间对立与统一的关系。

“忙”最重要的义项是事情多，没空闲；“闲”最重要的义项是无事，与“忙”相对。这样看来，“忙”和“闲”是两种对立的状态，但仔细分析就会发现，这两种状态往往纠缠在一起，难以截然分开，“忙里”不是可以“偷闲”吗？实际上海斯利特和西塞罗的话都表达了这种对立中的统一，这需要写作者能够理解。

第一句“越是忙碌，就越会有闲暇”有两层意思：第一层意思是只有在充分有序的忙碌后，才会有闲暇；第二层意思是在做自己喜欢的事时，即便忙碌，也有轻松畅快的闲暇之感。第二句“我空闲的时候，常常是我最忙的时候”至少可以从以下三个角度来理解：第一个角度，忙于事而闲于心，即第一句的第二层意思，全神贯注做自己热爱的事情，其实也是一种最好的放松；第二个角度，忙于事而闲于思，指在忙碌中放逐思想；第三个角度，忙于思而闲于身，指思想不停地运转而身体处于放松的状态。

写作时，既可以围绕一句话来立意，也可以从两句话的相同点与不同点入手，但必须抓住“忙”与“闲”的相对关系行文。如果文中既有“忙”也有“闲”，但缺少对“忙”与“闲”的合理关系的思考，就算不上一篇好作文。

由此可见，看问题总是有多种角度。在规定范围之后，一些中考、高考作文题经常会或明或暗地提出“自选角度”立意，这就需要考生注意自选的角度既要与关键问题有关，还要与总体感情倾向一致。下面试举一例加以阐释。

【材料】

趴在鱼缸里晒太阳的乌龟对刚被捕捞起来的鲥鱼说：“哎，你马上就要成为盘中佳肴，再也不能像我一样呼吸自由的空气了。”鲥鱼奄奄一息地说：“虽然我的生命短暂，但我至少领略过江海的辽远；你的生命再长，却从未欣赏过鱼缸外的山色湖光。”乌龟悠闲地踱了几步，笑着说：“连生命都没有了，还拿什么去见识外面的世界?”

【对材料的理解】

这则材料写的是趴在鱼缸里晒太阳的乌龟与刚被捕捞起来的鲥鱼之间的对话，从对话中可以看到相对立的观点，乌龟说：“你马上就要成为盘中佳肴，再也不能像我一样呼吸自由的空气了。”“连生命都没有了，还拿什么去见识外面的世界?”鲥鱼说：“虽然我的生命短暂，但我至少领略过江海的辽远；你的生命再长，却从未欣赏过鱼缸外的山色湖光。”再从对话中找出关键词句——“生命短暂”与“生命再长”，生命没有了不能

“见识外面的世界”与生命再长却“从未欣赏过鱼缸外的山色湖光”。

【不同角度的立意】

（1）鲥鱼的角度：生命虽然短暂，但充实、有意义，“虽然我的生命短暂，但我至少领略过江海的辽远”。

（2）乌龟的角度：生命的价值，“像我一样呼吸自由的空气”；生命的可贵，“连生命都没有了，还拿什么去见识外面的世界”。

（3）乌龟与鲥鱼对比的角度：生命的价值取决于生命是长还是短？生命的意义与价值是什么？

（4）反思角度立意：要正确认识自己，被捕捞起来的鲥鱼要认识到自己生命的不足，趴在鱼缸里晒太阳的乌龟也要认识到自己生命的不足。

【存在问题的分析】

有的学生在阐述自己的看法时撇开了所给的材料，一味地凭着自己的喜好，结果偏离了要求。实际上应从所给的材料中提炼看法或见解，并适当引用材料中的观点，作为支撑自己看法的论据，以便较充分地阐明自己的看法或见解。

有的学生在立意上犯了“假、大、空”的错误。“假”表现在撇开所给的材料，望文生义，提出“生命再长但没有见过世面也是没用的”；“大”表现在过分拔高材料所折射的思想内涵，把珍惜时间、热爱劳动与生命的意义联系在一起；“空”表现在议论时喊口号多，摆事实、讲道理少，缺乏说服力。这些问题在写作中都是要注意避免的。

以上存在的两种问题，反映了有的学生没有准确地把握材料的精神实质，也反映了一些学生没有掌握好审题立意、分析论证的一般方法。

【多角度思维的路径】

第一境——对“必备知识”的挖掘，即还原材料的话题内涵。

第二境——对“关键能力”的检测，即升级处理材料的话题内涵。

第三境——对“学科素养”的考查，即结合“生命的价值与意义”所形成的具体环境——具体问题具体分析，并处理好复杂任务。考查学生概括、分析的能力，特别是对无序的、杂陈的关键词句进行有序化的能力。

从上面的案例分析中我们可以具体地感受到，通过有计划、有目的的科学训练，展现了多角度思维训练的步骤及方法，帮助学生掌握思维技巧及提高思维能力。下面从写作记叙文、议论文、说明文三种文体的角度各举一例谈谈如何从多角度分析材料，以提高写作思维能力。

一、多角度分析写作记叙文的材料

【材料】

阅读下面的材料，根据自己的感悟和联想，写一篇不少于800字的记叙文。

“如果你一直向上看，你就觉得自己在下面；如果你一直向下看，你就觉得自己在上面。”

要求：①选准角度，自定立意；②自拟题目；③不要套作，不得抄袭。

【多角度分析】

（1）分析含义，初定立意。

① 表层含义：“向上看”即仰视或抬头，“向下看”即俯视或低头；“在下面”即位置在下面，“在上面”即位置在上面。

② 深层含义：“向上看”可以理解为目标远大，拥有积极的人生态度；“在下面”可以理解为看到不足和差距，从而产生一种向上的动力。“向上看”也可以理解为目标不切实际，好高骛远；“在下面”也可以理解为感到很渺小，从而失去生活的信心。“向下看”可以理解为关注那些生活艰难却不失信心和勇气的人们；“在上面”可以理解为感到自己是幸福的，从而获得信心和勇气。“向下看”也可以理解为只看到那些不如自己的人；“在上面”也可以理解为自负、高高在上，从而止步不前。

（2）选择角度，明确立意。

可以选择第一句立意，也可以选择第二句立意，还可以二者兼之立意。

（3）要注意文题有写记叙文的明确要求。

二、多角度分析写作议论文的材料

【材料】

星巴克的老板舒尔茨有一次去英国出差，在伦敦最繁华金贵的地方，看见在很多名牌店的中间夹着一个非常小的店铺，在卖最便宜的奶酪。他很好奇地走了进去，见一胡子拉碴的老人在整理奶酪，他问："老先生，这里是寸金之地，您卖奶酪的钱够付房租吗？"

老人看着他说："先买十英镑的奶酪，我再回答你。"于是舒尔茨买了十英镑的奶酪。

"年轻人，你走出我店门向外看看，"老头说，"这街上所有你看见的豪华店铺基本上都是我们家的地产。我们家很多代人都卖奶酪，赚了钱就买些店铺。我和我儿子现在还是卖奶酪，因为我们喜欢卖奶酪。"

请根据你对材料的理解和感悟，自选文体（诗歌除外），自拟标题，写一篇不少于800字的文章。要求：立意明确，不要套作，不得抄袭。

【多角度分析】

（1）找突破口

可采用固定材料的特有角度，从几个固定角度评价和联想，确立立意角度。例：

固定角度	观察范围	立意方向
正面	我们喜欢卖奶酪	兴趣是成功的关键
正面一部分	我们家很多代人都卖奶酪，赚了钱就买些店铺	一代人叫坚持，几代人叫坚守
反面	在伦敦最繁华金贵的地方，看见在很多名牌店的中间夹着一个非常小的店铺，在卖最便宜的奶酪。	成功往往隐藏在不起眼的地方

以上三个角度可以说是观察议论的基本角度，而每个因素都可以审视、挖掘，作为突破口进行立意，但又有主次之分，主要方面蕴含更深刻的思想。

（2）快速拟题

议论文的题目较易识别，有一定特征可辨，如带有“谈”（试谈、浅谈、略谈）、“论”（试论、浅论、略论）、“说”（试说、浅说、略说）、“析”（简析、浅析、析疑）、“……有感”以及“……的启示”等。可利用这些知识快速拟题，如《便宜奶酪店的启示》《从便宜奶酪店谈起》等。

（3）联系实际

要善于在现实生活中储备素材、选择素材，如一些翔实、具体、典型的事例，少而精地引用一些名言、格言等，可联系到当前“互联网+”“一带一路”等时代背景下人们对如何获得“成功”的种种不同的看法，以增强文章的现实性。

三、多角度分析写作说明文的材料

【材料】

只取千灯一盏灯

乔忠延

江南水乡的众多古镇，我独钟千灯。于是，坐飞机，乘汽车，赶去寻访。

千灯果然有灯。清水滋润的河边是一条古旧的石板街，就在那石板街边的店铺中间，有一座古屋，里面陈列着很多的灯，据说，真够上千盏了。那些灯有陶捏的，有瓷质的，有铁铸的，有铜制的。品类众多，造型各异，几乎每一盏灯都闪射着人们心灵中智慧的光芒。

无疑，千灯在江南水乡里是亮色独具的。然而，我追溯的却不是这聚合起来的文物拼盘。流动的河水，飞翘的屋檐，都能够标示本土文化的辉泽。流动的河水名为尚书浦，因为曾经疏浚河道的是明朝尚书夏元吉，尚书名气就不小了，可他手下主事的一位官员竟然是比他名气还要大的海瑞。这河流岂可小瞧！凝固的屋檐也不弱，他的羽翼下名人辈出，有江南丝竹的首创者、陶渊明的后裔陶岘，有世人尊为昆曲鼻祖的顾坚，有明代的抗倭英雄陈先锋，还有昆山市出自南宋的第一位状元卫泾……一个小镇，孕育出这么多的人杰精英，实属罕见。更罕见的是，明清以来考中的进士居然多达35人！

……

根据文中对“灯”的描写，设想“灯”的样子，写一段说明文字。

要求：①说明要符合江南、水乡的环境，突出品类、造型、亮色。②150字以内。

【多角度分析】

（1）明确要求

这则材料只提供了写作的对象和范围，这是一大难点。如果有的学生疏忽，就有可能只看到写“江南”二字，而不注意“水乡”，结果就可能写成各种各样的“江南”，甚至与主题无关。因而要注意这两方面的写作。

（2）确定重点

这是要求学生通过阅读材料内容，归纳、概括说明的重点。其实题目要求已点明，即“品类、造型、亮色”就是这则说明文片段所要准确说明的重点。

（3）准确平实

说明文的表达方式侧重于说明，要求语言必须准确平实。对于江南、水乡的环境应紧扣“品类、造型、亮色”这一特点加以联想和想象，切忌夸张描写。故要注意用平实的语言准确地说明事物的特征。

多角度分析，实际上是思维从多角度展开，但有的学生做得到，有的学生却难以做到，为什么？这体现了个体思维能力发展的差异性，体现为不同学生思维品质的差异。如果平时能够多进行写作思维训练，那么学生在深刻性、条理性、批判性等方面的思维品质一定会得到提升。

写作思维训练：怎样围绕中心论点展开论述

当我们确定了文章的中心论点后，就要展开论述。“论”就是讲道理，“述”就是摆事实。如何将二者结合起来论证中心论点？这就要求我们在论述的过程中紧紧围绕中心论点展开。如何围绕中心论点来展开？

一、从学过的课文中汲取养料

譬如，《崇高的理想》这篇文章，在论述“共产主义理想是完全能够实现的”时，先从理论上证明，举了英国的托马斯·莫尔，法国的圣西门、傅立叶，英国的欧文的空想社会主义理论及马克思、恩格斯的科学社会主义理论进行论证，然后以俄国革命的成功和中国革命的成功进行论证，这样一来，就紧紧地扣住“共产主义理想是完全能够实现的”进行论述。这种方法值得我们借鉴。

再譬如，《生于忧患，死于安乐》全文可分为三部分：

第一部分（第 1、2 自然段）：论述要想成就大业，就得在各方面经受磨炼。

第二部分（第 3 自然段）：论证经受磨炼的益处。

第三部分（第 4 自然段）：归纳出全文的中心论点——生于忧患，死于安乐。

《生于忧患，死于安乐》将中心论点置于最后，先论证“生于忧患”，后论证“死于安乐”。论证“生于忧患”，是全文的重点，方法是先举同类事例，从个别到一般，归纳出作者的观点，然后从理论上加以阐明。论证“死于安乐”，只有“入则无法家拂士，出则无敌国外患者，国恒亡”一句，这是对历史上大量亡国事实的高度概括。

二、在实战中提高围绕中心论点展开论述的能力

首先，要准确确定中心论点。

譬如，以“不能等待”为题，请学生试拟一下思路。

有的学生认为：等待会失去生命的光彩。

有的学生认为：等待会失去机遇。

有的学生认为：等待会失去成功。

有的学生认为：等待会失去幸福。

有的学生认为：等待意味着失败。

有的学生认为：等待意味着堕落。

这些学生的思路能紧扣中心论点，但也有学生说“等待是为了复仇”，这与“不能等待”这一中心论点不吻合；还有学生认为“等待是为了聚集

力量”，这也与“不能等待”这一中心论点不吻合，其意为“要等待”，走向了中心论点的反面。

其次，围绕中心论点展开论述，所列举的分论点要扣住中心论点中关键词的本质属性。

我们常常会看到这样一种现象：当需要完成一个话题的写作任务时，有的学生会堆砌分论点，从表面上看起来不错，但仔细一分析，就会发现分论点与中心论点没有必然的联系或联系不够紧密。

如以“努力”为题，让学生拟出分论点：

（1）努力是一个过程；

（2）努力是一种追求；

（3）努力是一种享受。

这三个分论点，看起来构思不错，但与“努力”这一中心论点没有必然联系，因为这三个分论点没有紧扣“努力”的本质属性。“努力”的本质属性指的是什么？实际上就是“努力”这个词的基本含义。

“努力”的基本含义是把力量尽量使出来。而以上三个分论点，可以套用到其他的题目上，例如，简单是一个过程；简单是一种追求；简单是一种享受。再如，读书是一个过程；读书是一种追求；读书是一种享受。由此可见，拟出的分论点并没有紧扣中心论点。如果要紧扣中心论点，我们仍旧以“努力”为题，可以拟出这样三个分论点：

（1）努力是一个把力量尽量使出来的过程；

（2）努力是追求把力量尽量使出来的效果；

（3）努力是享受把力量尽量使出来的喜悦。

这三个分论点抓住了“努力”的基本含义，从过程、效果、精神享受三个方面分析，紧扣中心论点。

三、分论点应体现出断定或陈述事物情况的思维单位

例如：

乔布斯说：“不要为别人而活。”

爱因斯坦说：“只有为别人而活的生命才是值得的。”

以上两句名言引发你怎样的思考？

分析一：

乔布斯说："不要为别人而活。"（提倡为自己而活）乔布斯做到了吗？

做到了——他按自己的意愿创造了苹果公司。

没做到——自己没享受生命，为他人做嫁衣。

我做到了吗？

我们能做到吗？

为什么做不到？

分析二：

爱因斯坦说："只有为别人而活的生命才是值得的。"（提倡为别人而活）

爱因斯坦做到了吗？

我做到了吗？

我们能做到吗？

为什么做不到？

我们在写作文时，一定要注意紧扣中心论点进行论述，要有理有据、生动详细、有的放矢，使论点站起来、站得住、站得牢。

写作思维训练：学习老师的写作经验

在写作教学中，教师的示范作用很重要。平时教师展示最多的是学生写的优秀作文，其优点是与学生的经验、感受接近，不足是长期如此，学生也会产生审美疲劳。如果教师适时向学生"秀"一下自己的下水作文或在报刊上发表的文章，效果会很不错，既能得到学生的认同，又能让学生直接学到有益的经验。

一、用自己的诗行激发学生的写作思维

教诗歌单元时，我以自己创作的诗《六月，风的情怀》引入，点燃学生写诗的热情，让学生认识到其实诗歌并没有那么难写。

六月，风的情怀

六月的天，蓝蓝的，亮亮的；
六月的风，绿绿的，柔柔的；
六月的风，吹在色彩浓艳的时刻，
让所有的秀色尽情绽放。

五月的雨，六月的风，
告诉我夏季已经来临。
看，千树浓荫，十里芰荷；
听，喧哗盈耳的夏蝉鸣唱。

五月的雨，六月的风，
告诉我夏季已经来临。
看，十里稻香，漫江碧透；
听，响亮急切的琅琅书声。

六月的窗前，有树，风掠过树梢，
带着好奇，带着重托，
裹着苦涩的汗水、无悔的努力、无畏的拼搏，
点燃了激情，点燃了追求，点燃了希望。

六月的窗前，有树，风吹过树梢，
带着梦想，带着荣光，
裹着家人的热望、老师的期冀、祖国的重托，
收获着智慧，收获着青春，收获着希望。

六月的天，依旧亮亮的，蓝蓝的；
六月的风，依旧柔柔的，绿绿的。
六月的风，吹在生命的激流中，
在黎明乍现那一刻，灿烂辉煌。

二、用自己的真情唤醒学生的写作思维

文章要有真情实感，这听起来容易，真正用笔表达就难了。于是我用《太阳下的等待》一文来指导学生去理解、感悟如何在文章中表达真情实感。

太阳下的等待

一直想，想一个人静静地坐在山巅，等待天边的第一缕阳光喷射而出，等待天边的第一片云彩徐徐而来。

一直想，想一个人静静地坐在海边，等待远方的星空最后一颗星星坠落，等待波浪阵阵地击打岩石。

其实，等待是一条流动的河。

夏天来了，我等待秋天；秋天来了，我等待冬天；冬天来了，我等待春天。

小时候，我等待母亲轻轻吟唱的摇篮曲和那一双柔软的手；长大了，我等待母亲唇边幸福的微笑和眼角难舍的泪花。

十八年的等待，终于考上了大学。长大了，还是在等待，等待着有一个机会，得到一份满意的工作，开始属于自己的生活。等待着拥有一个家，等待一个在等待着我的人……

在细雨纷纷飘着的日子，我等待一把小雨伞；在夜深人静不愿睡去时，我等待电话铃轻轻响起……

等待阴晴圆缺的变化，等待春夏秋冬的轮回，等待生老病死的生生不息。也许是经历了太多的等待，渐渐地，我有点喜欢等待的感觉了。

三十八年的人生等待，等来了工作环境的改变，从四面环山的山城奔向海边的城市，我的朋友告诉我说："这是不甘平凡的壮举!"我想：没这么伟大，但它真实。它使人生的风帆再次扬起，满怀信心，充满希望，喷发着激情。

在等待中前进，在前进中等待，在等待中思考人生，在前进中回味人生，又在等待中品读着人生。

等待中，容忍了寂寞，容忍了拒绝，容忍了冷淡；接受了祝福，接受了理解，接受了帮助……

等待中，接受了人生中的又一次洗礼，懂得了等待的真正意义。

等待就在身边，等待中充满着勃勃生机。

等待，像彩虹一样绚丽；

等待，像繁星一样深邃；

等待，像朝阳一样灿烂。

三、教学生学会即景抒情

当有所感时，如何抒情？如果进行太多的理论说教，学生接受起来会有难度。特别是一些有政治意义的节日，如果让学生写作，他们可能大都会叫苦连天。因此，我尝试写了一篇小文章《“七·一”抒怀》，以此激励学生敢于即景抒情。

“七·一”抒怀

在一个快乐的人眼中，夏天里的一切都是美好的。七月的神州大地，风光无限。七月的骄阳，带着一身压迫了太久的黑暗喷射出来。你看，艳阳下，每一片红屋瓦，排列整齐地折叠在屋顶，仿佛一片片鱼鳞，被晒到通红。你看，炎炎烈日下，人们忙忙碌碌地奔忙，面对自然，坚定而坚强。

流金吐火之时，正是风华正茂之际。七月，火一样红的七月，总是让人容易兴奋。

想想，1921 年，一个杨柳拂风的季节，碧波荡漾的嘉兴南湖上，那条游船，泊在历史的深处。就是从那条船上，传出了一个振奋人心的消息——中国共产党成立了！从此，中国人有了属于自己的人民大众组织，从它诞生的那一刻起，红色，便象征着中国人的希望。

再想想，2000 年的 7 月 1 日，万众欢腾，欢欣雀跃，那是一首壮丽的歌，被一代又一代人传唱！您，担负起中国革命历史的重任；您，拯救中华民族脱离于苦海之中；您，领导中国人民取得民族独立、人民解放和社会主义的胜利；您，开创建设有中国特色的社会主义道路，实现民族振兴、国家富强和人民幸福。

我们忘不了，南昌城密集的枪声；忘不了，井冈山青青的翠竹；忘不了，皑皑雪山，泥泞草地；忘不了，党的女儿刘胡兰“生的伟大，死的光荣”；忘不了，人民的儿子董存瑞毅然拉下导火线；忘不了，杰出的共产主义战士夏明翰面对敌人的屠刀，用满腔热血谱写了一曲英雄赞歌；忘不了，SARS无烟战场上的白衣战士英勇无畏的气概……

金灿灿的七月，浸透了多少人辛勤的汗水、无悔的努力，他们只为黎明乍现曙光灿烂那一刻；只为放飞生命，拥抱世纪的辉煌，托起明天的太阳。

我们忘不了，冲天而起的蘑菇云打破了苏美两霸的核垄断；忘不了，《东方红》乐曲响彻太空，第一颗人造卫星在宇宙中遨游；忘不了，香港、澳门回归祖国怀抱，百年耻辱一朝洗雪；忘不了，深圳趟出的一条新路；忘不了，浦东升起的如日中天的新星；忘不了，京九线成为强身的动脉；忘不了，三峡宏图令世界震惊……

这是七月的诗意，是无数英雄用生命谱写的辉煌的乐章，是青春与热血在火红的七月共同奏响的新世纪的凯歌。

这是七月的诗意，没有夏夜泻下的一地素洁如水的清辉，没有满天闪闪烁烁的星星，没有轻轻拂送着的花木幽香，但很浓，浓得让人心醉。

四、教学生随时随地记录自己的思绪

学习写作不是一朝一夕的事，没办法一蹴而就。学习写作是一项长期的工作，不但要手勤，即勤写，而且要眼勤，即勤观察，还要脑勤，即勤思考。我与学生交流写《青春的品牌》的具体感受，让学生从我个人的写作经验中汲取营养。

青春的品牌

青春是品牌，是奋战在一线的科研人员。

青春是品牌，是三尺讲台上辛勤耕耘的园丁。

青春是品牌，是浴血勇斗歹徒的武警、公安战士。

青春是品牌，是像李素丽一样情暖乘客的公交模范。

青春是品牌，是富有开拓进取精神的企业家。

青春是品牌，是品学兼优的青年学子。

青春是品牌，是默默奉献的工人、农民……

品牌就是思想，就是观念，需要我们去发扬而光大。

品牌就是形象，就是身价，需要我们去树立与提高。

品牌就是坚持，就是执着，需要我们去努力。

品牌就是变化，就是创新，需要我们去开拓。

当青春之花在生命中悄然开放，当岁月的河流为青春满怀激情地歌唱，当我们不再在春来春去、花落花开中彷徨，我们的青春之舟再一次起航，驶向我们的明天，驶向我们的希望。这就是青春，这就是品牌，在舞台上瞬间得到张扬。不信，你听！那悦耳的歌声似乎插上梦的翅膀，在舞台的上空飞翔，它飞向我们心底的往事，它飞向我们幸福的时光。

我们不会忘记：18 岁，是人生走向成熟的品牌。18 岁，代表着希望；18 岁，意味着责任。18 岁的我们，已经成为祖国土地上最年轻的成人公民；18 岁的青春，已开始扬帆起航。

有人说，我们才 18 岁，还天真幼稚，可人生能有几个青年时代，不经意之间，它就会无声无息地流失；也有一些青年自艾自怜地叹息生不逢时，命运多舛；有的感叹无法赶上“时代造英雄”的革命时代；有的哀叹生活平淡如水；有的甚至消沉低落……这是青春步入沼泽，这是品牌的失落！

真正的品牌，不管在什么年代里、在什么条件下都应放射出闪亮的光芒。在抗洪抢险斗争中，无数青年以血肉之躯筑成钢铁长城，保卫祖国和人民的生命财产安全，而他们却因此遭受伤痛，有的甚至献出了年轻的生命……这就是品牌，光彩照人，令我们感受到青春的可贵与赤诚。

人生的收获，要在青年时代播下理想的种子，洒下辛勤的汗水，浇灌希望的绿野。我们这些生活在闽西老区这块热土上的青年，如何让青春在奉献中闪光？世纪之交，惊涛拍岸，春光似海，盛世如花。新世纪的历史使命要我们承担，闽西的未来有待我们去开创！

看，远航的船帆徐徐升起！

听，嘹亮的号角正在吹响！

五、教师笔耕不辍激发学生的写作思维

读万卷书，如果不加思考、不加批判地读，那就是囫囵吞枣，不求甚解；行万里路，如果只是埋头苦走、走马观花，那么就会错过无数美丽的风景。读万卷书，不要忘记手中的笔；行万里路，也不要忘记手中的笔。让笔下生辉，让自己的妙笔说话，是一件畅快的事。于是，我把自己在东

北师范大学参加培训时写下的两篇文章《静湖·荷花》《荷花》作为例子，给学生讲当时我是怎样去想、去写的。

静湖·荷花

吾无力将静湖比西子，更无力为静湖淡妆与浓抹。静湖，因绿柳而摇曳多姿，因荷花而娇美怡人。

静湖非天然而成，纯系人为开掘。20世纪50年代，靠一镐一锹掘就，靠一担一担挑成，其劳动场景一定蔚为壮观。夹岸数百步，绿柳成荫，团成一圈，婀娜多姿。呜呼，前人有心栽柳，而柳成荫，今人乘凉，当思来之不易。

静湖为二桥一亭，一分为二。夏日与冬天，一动一静；夏日里的南与北，亦是一动一静，互相映衬，相得益彰，相映成趣。

夏日，北边一潭绿水，静若处子，与细柳相依相恋，与松风相呼相和，平静的水面，时而为一缕和风吹皱，时而为一丝牵挂漾起涟漪。南边一池绿影，动如脱兔，芙蓉出水，亭亭净植，出淤泥而不染。

冬日，银装素裹，两池合二为一。桥，已不是桥；亭，已枉为亭。绿柳，已为之动容，卸下绿装；风荷，已为之敛迹，藏起童心。可生命，恰在这冰封的底下，不屈不挠，潜滋暗涌。

有人说，诗是有声的画，而画是无声的诗。静湖，恰是一幅无声的画、一首无声的诗。能置身画中，置身诗境，当是这世上最幸福之人。

【注】静湖，东北师范大学的一个人工湖。

荷　花

走在荷花池边，没有人不停下匆匆的脚步。

荷花池并没有什么可爱的地方，偏偏是长在池里的荷花，格外养眼，让人赏心悦目。

这里不像清华园里的弯弯曲曲的荷塘，而是水面很宽阔的一口荷塘。荷塘上面是密密的、田田的荷叶，在荷叶的缝隙里，窜出几杆荷箭，为平静的荷塘平添了几许生机。荷箭迎着煦暖的阳光，熠熠生辉，格外醒目。

最好看的不是荷箭，而是那半吐半掩的荷花，欲放不放、欲闭不能的样子，格外娇羞，给人以妩媚、羞赧的感觉。特别是看到人们驻足欣赏，她更是红了半边脸，欲遮还羞，愈掩愈红，直是映红了半池的清水。

北边的池子却也清静，少了许多的烦恼。只有几株无聊的柳枝，弄皱了半池清水；只有几个顽童，拿着渔网，搅乱着一池心绪。

而南边的池子，因为一池荷花而光彩照人，引人驻足。几部相机，在三脚架的固定下，不停送着秋波，人家是暗送，她可是现代了，明着送，大有不达目的誓不罢休之势。

几个美丽的姑娘坐在池边，好久也没翻过一页书，她们的目光，掉进了池塘，落在荷叶上，落在荷花上，交织着，缠绕着，难以回收。

在荷花池边，步履特别匆忙的，虽收不住脚步，但也频频回首，恋恋不舍，其情其状，亦可动人。

写作思维训练：从"生活作文"入手

在平时的语文教学中，我们常常发现，学生的作文缺乏自己真实的生活体验，丢失了自己真实的思想感情，丧失了自我的想象创造。作文中套话多、举例陈旧、人云亦云，这样，学生的认知能力、情感与态度、人格的形成（尤其思想品德的形成）受到了不良的影响。究其原因，无外乎有两点。

其一，受中考、高考的影响。为了让学生在中考、高考中面对作文题时能镇定自若，将自己多年接受写作训练而形成的表达能力在考场作文中发挥得淋漓尽致，取得理想的成绩，教师不断地训练学生解题、谋篇，出版商则不失时机地推出各种"作文大全""满分作文"等，家长们也尽力为孩子寻觅各种"范文"，延请家教名师。

其二，脱离现实生活。自然界中的太阳东升西落、四季更迭，日常生活中的早起晚寝、一日三餐以及父母兄弟、亲戚朋友，等等，这些对学生来说并不陌生，但对于这个大课堂，学生真正了解多少？认识多少？能表达多少？

实际上，生活是认识的对象，生活是表达的源泉。真实的表达离不开生活。而写作是一种生活活动，是同日常生活相连的活动，是同人的成长相连的活动，是同劳动、认识、思维相连的活动，是人自身文化创造的活动。因此，要想写好作文，就要从观察生活开始。

尝试将生活写出来，并不是一件难事，只要将所见、所闻、所行之事真实地写下来，自然而然会产生某种思想。日本教育家芦田惠之助有句名言："阅读之法即是读自己，写作之法即是写自己，听话之法即是听自己，讲话之法即是讲自己。"这当中的四个"自己"，正是"生活作文"所需要的。若能把读到的、听到的、讲到的写下来，突出自己的思想，就能写出真实的感受与体验。

一、读自己

世界读书日全称为"世界图书与版权日"，又称为"世界图书日"。读书日最初的创意来自国际出版商协会。1995 年正式确定每年的 4 月 23 日为世界读书日，设立目的是推动更多的人去阅读和写作。

莫言在第 20 个世界读书日谈到"读自己"这个问题，他认为，读书，在某种意义上是在读自己。读者阅读时，可以从一本书里读出自己最喜欢的部分，因为他从这部分里读到了自己。作为读者的我们，跟作为社会中人的我们，有时候也不是一个人。我们读《红楼梦》，大多会同情林黛玉、鄙视薛宝钗，但如果我们为儿子选媳妇时，我们大概都会选薛宝钗吧。再如，当我们在评判目前教育现状的时候，我们都会义愤填膺地批评应试教育，我们都知道这种教育方式对孩子不利，但一旦开始给自己的孩子报名参加各种特长班时，大多数家长都很积极。这也是人的不彻底性的表现。

读书时的我们跟生活中的我们是有一定区别的，文学与现实是有距离的。莫言认为，《聊斋志异》的流传不衰就说明了文学存在的价值在于它能够虚构出跟现实生活不一样的东西，它开阔了我们的思路，诱发了我们的想象力，在读的时候，我们会跟它一同想象、一起虚构，也会使自己变得丰富多彩，也会潜移默化地使自己发生变化。

莫言认为，小说成功离不开细节描写，他向蒲松龄先生学习的另一方面就是塑造人物的功力。成功的作品中都有让人难以忘却的典型形象。就像讲到鲁迅，我们就会想到阿Q一样，好的小说中肯定会有个性鲜明的人物。

2006年，莫言出版了长篇小说《生死疲劳》。《生死疲劳》一开始就写一个被冤杀的人，在地狱里遭受了各种酷刑后不屈服，在阎罗殿上与阎王爷据理力争。此人生前修桥补路，乐善好施，却遭到了土炮轰顶的悲惨下场。阎王爷当然不理睬他的申辩，强行送他脱胎转生，他先是成了一头驴，在人间生活了十几年后，又轮回成了一头牛，后来变成一头猪、一条狗、一只猴子，50年后，重新转生为一个大脑袋的婴儿。这个故事的框架构思就是从蒲松龄的《席方平》中学来的，莫言用这种方式向文学前辈致敬。

读自己，根本目的是为了写自己，从莫言写作《生死疲劳》的经历，我们可以认识到"读自己"的重要性。

二、听自己

听自己，不是指听自己真实的声音，而是听他人说话或朗读时所产生的真实感受。这种真实感受是从听中来的，是听觉器官接收到的信息刺激大脑，进而产生的某种属于自己的特殊的感受或想法。

中央电视台推出的《朗读者》节目影响很大，听了之后，可以问问自己有什么特殊的想法或感受，甚至可以跟进阅读，听出属于自己的东西。学生经常会遇到这样的命题：给你一个主题词，请围绕这个主题词写作。不少学生写的作文往往语言贫乏，空洞无物。再看看《朗读者》这个节目，每一期的开场白可谓唯美，直达人心，每一期的主题词可谓经典，不落俗套，充满正能量，对于写作思维训练极有帮助。如果能够"听以致用"，效果一定会很好。

如《朗读者》第一期主题词——遇见。

节目开场白：

今天，是《朗读者》节目第一次和观众见面，所以我们第一期节目的主题词也特意选择了——遇见。

古往今来，有太多太多的文字在描写着各种各样的遇见。"蒹葭苍苍，白露为霜，所谓伊人，在水一方。"这是撩动心弦的遇见。"这位妹妹我曾经见过。”这是宝玉和黛玉之间初初见面时欢喜的遇见。“幸会，今晚你好吗?”这是《罗马假日》里安妮公主糊里糊涂的遇见。“遇到你之前，我没有想过结婚；遇到你之后，我结婚没有想过和别的人。”这是钱钟书和杨绛之间决定一生的遇见。

所以说，遇见仿佛是一种神奇的安排，它是一切的开始。也希望从今天开始，《朗读者》和大家的遇见，能够让我们彼此之间感受到更多的美好。

如果善于学习的人，通过听，写出自己的感受，也就是从他人的朗读中学习，学习他人如何围绕“遇见”这个主题词来组织讲话材料，进而写出有自己感悟的内容，就能达到提高写作思维能力的目的。

听，听他人讲的话题，听他人讲话的主张与见解，听他人讲话的内容，听他人讲话的语气与语调，听他人讲话的逻辑与条理，而且要听出自己的东西，“听以致写”，从而提高自己的写作思维能力。

三、讲自己

一说到讲自己，很多人觉得没有什么好讲的。由于传统文化教育强调含蓄，我们平常并不习惯当着别人的面去讲自己的故事，久而久之，就越来越不会讲自己的故事。我们并非没有故事，而是不会把“故事”当“事故”讲，当“事故”讲，就比较能打动人。

我读初二时，同桌有本日本推理小说《人证》，我花了一个晚上一口气读完，看完后难免要在同学面前进行一番夸夸其谈的讲述，这样能够锻炼自己，把自己的想法用较为准确和生动的语言传达给别人。

讲自己，要了解一个经典故事的结构一般包括“三幕场景”：开场—中间—结局。亚里士多德在2000多年前也对故事的五个关键元素做了概括：一是要有一个牵动人心的故事主人公，比如，你、我、他或你们、我们、他们；二是要有促使主人公行动的催化剂，比如，生活中发生了某种变化等；三是主人公要经历种种考验和磨难，比如，内心的矛盾纠缠、外部的冲击挑战等；四是要有一个峰回路转的转折点，比如，迈向新的人生征程或坠入深渊、获得脱胎换骨的改变等；五是要有一个举足轻重的结局或了断，可悲可喜，可想可议。

讲自己，要考虑故事能为听众带来哪些有价值的启发，要根据对象讲故事，要注意情节设置和逻辑顺序，情节设置要错落有致、跌宕起伏，要有高潮点、转折点，最好还能抖点儿“包袱”。要找准故事角度，有较强的语言组织和表达能力，以睿智、风趣、幽默为最佳境界。要学会情感表达，有道是“机械幽默的一万句抵不上真情流露的一句”。

学会讲自己，可从身边最熟悉的人“下手”，比如，亲人、好友、同学等，经常把自己的故事讲给他们听，然后看他们的反应和评价，并逐步修正自己讲故事时存在的缺点。这是写作思维训练的好办法，也是提高内部言语能力的有效途径之一。

四、写自己

巴金说：“我在写作中所走过的路与我在生活中所走的路是相同的。无论对于自己或者别人，我的态度都是忠实的。我愿意它们广泛地被人阅读，引起人们对光明的爱惜、对黑暗的憎恨。我的文章是写给多数人读的。我永远说着我自己想说的话，我永远尽我在黑暗中呼号的人的职责。”写自己，也是蘸着自己的心血写作。

比如，蒲松龄写一条龙从天上掉落在打谷场上，没死，但动弹不了，这时有很多苍蝇飞过来，落在龙的身上。龙就把鳞片张开，很多苍蝇钻到鳞片下边，龙突然阖上鳞片，把苍蝇都夹死在里面。这个故事发生的可能性很小，蒲先生也肯定没见过有龙从天上掉下，但他在细节方面描写得准确、传神，让我们仿佛看到龙在打谷场上用鳞甲消灭苍蝇，这个细节很有力量，让一件子虚乌有的事具有了真实感。蒲先生的想象力令人叹为观止，但他写的细节符合常识，是根据每个人的生活经验可以想象到的。把现实生活中不可能发生的事件呈现在我们面前，让我们深信不疑，能让我们从中得到非常形象的阅读效果。

下面这一篇《无题》，也能很清晰地展示“写自己”。

无　题

一年级　男生

我家的奶奶怕蚯蚓。一看到蚯蚓，就挥着手大叫“讨厌、讨厌”逃了出去。

我去割草，遇上一条大蚯蚓。我把这条蚯蚓挑在棒上，叫声："蚯蚓来了!"奶奶见了，吓得逃了出去，连声骂道："你这个小混蛋！不要进屋来!"

我把弟弟叫来，把蚯蚓切了，办家家。然后，给蚯蚓做了个墓。

小砂丘（当时的教师）评论道：这不是真实的儿童吗？拿着蚯蚓吓唬奶奶的孩子有其野性、真实性。①

从这篇范文中我们可以感受到什么呢？一个真实的孩子，一个真实的奶奶，富有"我"的"生活"味。

写作离不开生活，最重要的是突出"自己"的思想，可是，现实的作文状况并非如此。2017 年 1 月，高晓松在母校北京四中和作家张大春进行了一场关于写作文和写文章的区别的对谈，其中有几点说得很到位，比如，我们从小接受作文训练，练修辞、练句法，但从来没有练"拥有自己的思想"；我们写了十几年"命题"作文，逐渐失去了主动表达自己的愿望和能力；现在中小学生练的是作文，不是文章。虽然现有的环境一时没法改变，但聪明的孩子会懂得将理想带入现实，在作文中写出具有自己思想的文章。

由此，我们可以得出这样一个观点：要学会"写自己"，因为写作的困难不在于文字表达的"写"的过程，而在于"思"的过程。写作思维训练，亦即让学生"思"的训练。这种思维训练，也是让学生"将理想带入现实，在作文中写出具有自己思想的文章"的训练。

写作思维训练：会理解，有思维

长期以来，如何写好考场作文一直是一线语文教师和学生共同思考的问题。不管是中考还是高考，都离不开作文。作文成绩的高低直接影响学生总成绩的好坏，进而影响到学生能否被好学校录取。因此，每年中考、

① 方明生. 日本生活作文教育研究［M］. 上海：上海教育出版社，2002：89.

高考结束之后，我们都有必要对作文的“学”与“教”进行反思。

作文的“学”与“教”都无定法，但有常法。学生“学”写作，目的在于学会表情达意，学会运用所学的语言文字来抒发情感。教师的“教”，目的在于让学生掌握一定的写作技巧，训练学生的写作思维。学生写作思维的训练，是通过作文形式的载体来实施的，可以围绕审题、立意、构思、表达、卷面等几个方面进行。

写作思维训练要有目的，对于初中生、高中生来说，主要是应对中考、高考作文，因此，写作思维训练要紧紧围绕作文的命题变化。另外，因为考场作文具有考查的功能，因此，学生平时的“学”与教师平时的“教”也要围绕考场作文命题的变化，从材料作文到命题作文，从半命题作文到新材料作文，思考命题的意图，做出合情合理的判断。

2010年福建省高三语文质检作文题采用新材料，用了三个名句，让考生在“高峰”的范围内选择一个角度切入，进行写作。部分考生将“高峰”等同于“高峰期”，这就偏离了主题。在这次考试中，部分考生拟出了“坚持”“持之以恒”的题目，单从题目看，就不怎么切合题意。虽然新材料作文的写作空间比较大，切入的角度有很多，但是有的新材料作文有比较明确的立意指向。作文要求中有一句话非常重要，即“不要脱离材料内容及含意的范围”。这就好比一次书画展，要求选送的作品是书法作品及绘画作品，结果送来的是篆刻作品或雕塑作品，这就不符合要求。因此，在对题意的理解和判断上要多加注意，“开好局，起好头”。

学习语文是为了什么？会听、会说、会读、会写。考场作文就是考查其中的“写”。会写与不会写差别很大。有的考生洋洋洒洒，下笔千言，如有神助；有的考生信笔写来，随意松散；有的考生绞尽脑汁，无从下笔。为什么会出现这种情况？我想，会写的考生大多是比较善于独立思考的，而不会写的考生大多是比较不善于独立思考的。同样写“高峰”，有的考生写“勇攀高峰”“登高望远”，有的考生写“高处不胜寒”，但真正理解“会当凌绝顶”“高处不胜寒”“山登绝顶我为峰”这三句诗且深入去写的考生，为数不多。为什么？

其一，一些考生对题意的理解停留在浅层思维或表面思维，以为这三句诗强调的是“勇攀高峰”“登高望远”之意。

其二，正确的思维是建立在正确的理解之上的。不理解这三句诗的意义，就谈不上有正确的思维。“会当凌绝顶”出自杜甫的《望岳》，大约作于唐玄宗开元二十四年（736 年）。当时杜甫到兖州探望父亲之后，途经泰山，写下了这首诗。品读此诗可感受到泰山之雄伟，亦会被“会当凌绝顶，一览众山小”的胸怀所感染。这句诗想表达的是作者不怕困难、勇于攀登绝顶、俯视一切的雄心和气概。理解对了，才会有正确的思维导向。对“高处不胜寒”“山登绝顶我为峰”的理解也是这样。

其三，正确的思维不是孤立的，而应该是全面的、系统的。要将三句诗综合起来思考，求同求异，找准写作思维的落脚点，才能较好地完成写作任务。

“会当凌绝顶”表达了作者不怕困难、勇于攀登绝顶、俯视一切的雄心和气概。对“高处不胜寒”的理解，要联系作者的身世。宋神宗熙宁七年（1074 年），苏轼调任密州知州，虽说出于自愿，但实质上仍是处于外放冷遇的地位。尽管他当时“面貌加丰”，颇有一些旷达表现，但也难以遮掩深藏内心的郁愤，这首词正是对此种宦途险恶体验的升华与总结。由此，也就容易理解：与其飞往高寒的月宫，还不如留在人间，在月光下起舞，最起码还可以与自己的清影为伴。从幻想上天写起，写到这里又回到热爱人间的感情上来。从“我欲”到“又恐”至“何似”，可以想见苏轼心理转折开阖中情感的波澜起伏。如果从现在的语境去理解，则不完全是原来的意思了。“高处不胜寒”现在也用来比喻一些位高权重的人没有知心的朋友，经常担心被别人从高高的位置上推下来，简单地说，就是站在高高的地方承受不住那里的风寒；又比喻一个人在技艺或修为上所达到的极高境界，境界越高，能够做伴的人就越少，越会感到孤独与寒冷。而“山登绝顶我为峰”出自清代林则徐的《出老》，前一句是“海到无边天作岸”，两句的字面意思是“大海以天际作为其岸，当我登上高山的时候我就是最高峰”，表达了一种想要征服一切，永不服输，永不言弃，登上绝顶、我自为峰的豪情壮志。

因此，我认为，会理解，才会思维；有思维，才会作文。

怎样才能做到会理解、有思维呢？

一、学习组织安排材料的知识

如写记叙文，就要学习相关材料组织安排的知识。记叙文的材料组织安排有两种常见的方法：一种是按照事物发展的自然顺序（如时间的推移、地点的转换等）来安排，另一种是依据事物的内部联系（即事物的结构特点）来安排。只有安排得当，才能符合表达中心思想的需要。

按照时间的推移组织安排材料，有顺叙、倒叙和插叙三种方法，都是为了更好地叙述事情的发生、经过、结果，但又有所区别。无论是顺叙、倒叙还是插叙，我们在应用时都要注意，不是任何一篇记叙文都要用上这几种叙述方法，怎样叙述好，取决于文章内容，应根据不同的内容采取不同的方法。

所谓地点的转换，是指方位、位置的空间转换。这种顺序较多地出现在参观记、游记这种类型的记叙文中。

按照事物的内部联系来组织安排材料一般出现在写人的记叙文中。记述某个人物或几个人物，有时不能仅仅用一个材料，而要用两个或两个以上的材料。材料和材料之间既没有时间联系，又没有空间联系，而是在材料性质的区分中显示出一种联系。按这种联系来组织安排材料，我们通常称之为逻辑顺序。

当然，应按照哪种顺序来组织安排材料，取决于文章的内容和中心。

二、向范文学习组织安排材料的方法

（一）名篇名段及赏析

任弼时同志二三事

李　庄

任弼时同志生前有三怕：一怕工作少；二怕麻烦人；三怕用钱多。这三怕，就是他的崇高品质的具体表现。凡是和弼时同志一起工作或一起生活的人，对于他的伟大人格，都有深刻的印象。

在一些小的平凡的问题上，往往能够看出一个伟大人物优良的本质。

弼时同志在毕生紧张的革命工作中，得了高血压症，但他继续坚持着繁重的工作。到了1949年4月，弼时同志的病势已经很重，实在支持不住了，才不得不休息。青年同志们都还记得，那年4月在北京召开新民主主义青年团第一次全国代表大会时，弼时同志抱病出席，向大会作政治报告。政治报告的前半段是他自己讲的，后半段是由旁的同志代读的，他连作完一个长篇报告的气力都没有了。今年 6 月，弼时同志的病况刚刚好了一些，立刻写信给毛主席，要求参加工作，每天工作四小时。参加工作后不久，弼时同志向医生要求，把工作时间增加到五小时。最近由于美帝国主义在朝鲜扩大侵略战争，弼时同志非常关心时局的发展，他的工作时间实际已超过八小时以上。对于一个重病未愈的人，这是一种沉重的负担。过去，弼时同志散步的时候，有说有笑，借以恢复疲劳。他既会工作，又会休息。现在弼时同志散步的时候，一声不响，慢慢踱来踱去，低着头想事情。深夜，他一个人坐在房子里，聚精会神地批阅电报、研究文件、察看地图。有时候头痛得厉害了，被迫暂时停止一下，叫女儿轻轻地捶一捶，稍好一点了，立刻又恢复工作。弼时同志由于过度疲劳，神经经常呈现一种亢奋状态，需要吃些安眠药才能休息。有时刚刚吃了安眠药，电话响了，他马上爬起来，问是不是通知开会，如果是开会，他是非参加不可的。10 月 19 日，在他病势转危前的五六天，他还在和武安县委书记、区委及支部书记谈话。为了搜集党的组织工作的材料，弼时同志细心地向这几位同志调查研究，征求他们的意见，自己还作了详细的笔记。想不到五六天之后，弼时同志竟停止了呼吸，和我们永别了。

弼时同志事无巨细，凡是自己经手的，一定要负责到底。在胡宗南匪帮进攻延安的时候，弼时同志和毛主席一起，留在陕北坚持斗争。弼时同志兼任中央直属机关的司令员。当时昼夜行军、打仗，紧张而且艰苦。弼时同志的身体不好，但以惊人的精力，小心谨慎地照顾中央直属队。他抓住任何一点时间，召开检讨会，或者自己跑到兵舍里、马号里，检查行军备战情况。侦察员请来向导，弼时同志要亲自和他谈话，问他吃了饭没有，衣服穿得够不够，给向导解决一切困难，使他欢天喜地地自愿担任这个重要的工作。

弼时同志特别注意调查研究，注意群众的疾苦、意见和要求。在陕北，他利用打猎的机会，跑到农民的山庄里，问农民收的粮食够吃不够吃，帮助他们研究生产门路。弼时同志利用行军打仗的机会，和驻地农民谈话，问他们土地改革做得怎么样，帮助他们纠正偏向，想出贯彻的办法。在北京，弼时同志利用警卫人员到街上买东西的机会，调查商人的生意好不好，对政府有什么意见，研究如何才能把市面繁荣起来。弼时同志到颐和园游览，看到该园管理处的负责同志，耐心地询问园内有多少工作人员，有多大开支，有什么困难；告诉他们养鱼、栽花、种果树，争取自力更生，以减轻人民的负担。弼时同志了解的材料不是从一方面来的，而是从多方面来的；他不只注意正面的材料，同时也注意侧面、反面的材料，因此，他的材料常常是最全面的。他随时都在替群众想办法，群众都愿意把材料告诉他。他向群众请教，和干部商量，每解决一个问题，都要经过千思万虑，然后作出结论。

弼时同志的原则性，渗透在他的整个生活中。有一次，他住在陕北一个乡村里，让警卫同志给他装置一个打靶的靶子。弼时同志是很喜欢打靶的。警卫同志在老乡家里找到一张芦席，做成一个靶子。弼时同志问清楚芦席的来历，马上叫警卫同志送回去。他说："我们不能随便用老乡一点东西。"弼时同志曾经住在北岳区一个乡村里，村外是稻田，田中小径纵横，有近路也有远路。弼时同志有一次出门，警卫同志建议他走近路，弼时同志问道："走近路会不会踏坏庄稼？老乡允许不允许？同志，要注意，我们在任何问题上，都不能损害群众利益。"弼时同志在北京养病时，常到景山散步。他身体很坏，不能走远路，警卫同志建议从一个较近的小门进去。这个小门横着一条铁丝，挂着"游人止步"的牌子。弼时同志拒绝了这个善意的建议，并且耐心地说："这是园里的制度，我们绝对不能破坏制度。如果需要这样做，也得先和人家商量，得到人家允许。"1949 年，弼时同志的妹妹从湖南到北京来看他，临走时，请弼时同志写封信给湖南省委，替她丈夫介绍一个工作。弼时同志想了一想，觉得这样做不合组织原则，断然拒绝了他妹妹的要求。

弼时同志的生活十分朴素。他从来不考虑自己的问题，但是，对于同志们的事情，照顾得却是很周到的。他住的房子临着大街，车马喧闹，很不宜于休养。同志们替他选了一个比较适宜的房子，建议他搬进去。他说："那个房子驻着一个机关，而我是一个人，怎么能以一个人牵动一个机关呢？"同志们又建议帮他买个合适一些的房子。他说："买房子要花钱，又要费手续，麻烦得很，还是住这个房子吧。"一直到他逝世，房子始终没有调转来。公家发了东西，弼时同志总要问问照顾他的同志，是公家按制度发的，还是同志们特别要求的。如果是按制度发的，他就不说话了；如果是同志们特别要求的，他就要耐心地批评。他曾说：“凡事不能超过制度，我们一丝一毫不能特殊。”但是，在另一方面，对于一起工作的同志们，弼时同志照顾得是无微不至。他经常询问警卫同志吃得怎么样，伙食管理得好不好，给他们想些改善生活的办法。他经常询问同志们的学习情况，指导学习办法，送给他们书，并在上面题了勉励学习的字句。许多和他一起工作的同志说：“弼时同志相貌威武，好像是个非常严峻的人。但是，相处几天以后，这种印象就完全变了。他和蔼可亲，愿意帮助你解决一切问题，就和一个相识多年的老朋友一样。”

（注：文中所记材料，是伍全奎、郭仁两同志供给的。伍全奎同志是弼时同志的行政秘书，郭仁同志是弼时同志的卫士长。）

（原载于1950年10月《人民日报》）

【赏析】

本文写了任弼时同志生前的许多具体事情，如果随意落笔就写，不仅会层次不清，还会影响对中心思想的表达，因而需要对材料加以组织。全文第一、二自然段是总的评述和介绍；第三、四、五自然段是关于工作作风方面的；第六、七自然段是关于生活作风方面的。可见，这七个自然段不是随便排列的，其先后次序有一定的逻辑性。但是，我们要注意，在记述每个材料时，又基本上按时间顺序来写，而对全文来说，时间顺序已不复存在，只有逻辑关系贯穿其中。

（二）教师范文及自析

月是故乡明

久居闹市，乡村的恬静与幽静，只能在梦中萦绕；久别故里，抬头望中秋圆月，一缕思绪不禁飘回到多年前。

那是1984年的9月10日，也正是中秋节。这一天，家家户户可忙坏了，连到田间劳作的男人也早早收工。这是一个团圆的日子，远在县城工作的哥哥嫂嫂也拖儿带女地回来了，一个家突然间热闹了起来，沸腾了起来。一个个月饼——加了馅儿的酥皮月饼，是那样诱人。

可是，就是在这一天，这么喜庆团圆的一天，我却要沐浴着故乡的月光，踏上去省城读书的路。

离别前的依依惜别之情弥漫在中秋节的晚宴上。一杯杯浓酽的美酒，一声声真诚的祝福，融在一起，是那么令人难以忘怀。席间，父亲举着酒杯，轻声而又略带鼻音地说："喝了这杯，壮壮胆，以后的路靠你自己走了。"我无声地喝了这杯酒，有些甜，又有些苦涩。我强忍着眼眶里的泪水，默默地凝视着父亲粗糙的手。

饭后，母亲偷偷地塞给我两个月饼，并嘱咐我晚上饿了在火车上当点心。我推辞不过，只好接过来。我心里明白，母亲是把她自己的那份给了我。当看到我小心地把月饼放在包里时，母亲才欣慰地笑了。接着，她又拿了几个橘子、一条绣花的毛巾、一个杯子、一支牙膏、一把牙刷，加上一个水壶，一起放在一个网兜里，并让我不要把这个网兜放在包里。就在我临行前，她还在我包外侧的一个小袋子里装草纸，当时我心里直笑她，以为是多此一举，后来才体会到母亲的周到。

晚上十点，我在父亲与母亲的声声叮咛中，带着兄弟真诚的祝愿，带着故乡的月光，踏上了东去的列车。

这件事虽然已过去多年，但现在想起来，就像才发生似的。抬头望今晚的圆月，低头思念着故乡，思念日渐年迈的父母。我想：山川无情，明月有情，隔山隔水，但隔不断我对故乡明月的思念，隔不断我对父母深深的爱。

【自析】

这篇下水作文，由于文章内容的需要，确定了以时间顺序来组织材料，并选择了倒叙的叙述方法，即从眼前的情景回忆过去，这样能增强文章的表达效果，渲染气氛，突出主题。

（三）学生习作及点评

月的遐思

黄铃娜

又是一年一度的中秋佳节。我历来有赏月的雅兴，今年也不例外。当夜幕降临的时候，我登上了阳台，翘首望着苍穹。

明镜般的月亮高高地悬挂在天空中，如水的清辉静静地倾泻在大地上，大地升起了一层薄薄的烟雾。溶溶的月色使我顿觉心旷神怡，望着深邃的天宇，我陷入了沉思……

古往今来，有多少人望月遐思、对月咏唱啊！

“床前明月光，疑是地上霜。举头望明月，低头思故乡。”在万籁俱寂的深夜里，蓦然醒来，望着一轮明月，缠绵而渺远的思乡之情油然而生。李白的寥寥二十字，拨动了多少客居异乡的游子的思乡之情。

“人有悲欢离合，月有阴晴圆缺，此事古难全。但愿人长久，千里共婵娟。”苏东坡把自己悲欢离合的凄凉感伤情绪和月的阴晴圆缺作比，盼望与远在他乡的亲人共赏明月的感情，又激起了多少人的共鸣。

古人咏月的诗词，那么美，那么情真意切，令人一唱三叹，然而，那字里行间所表达出来的封建士大夫对天地永恒、人生无常的感情，读了让人产生压抑之感。于是，我想起了另一些——

“十五的月亮，照在家乡，照在边关……”这首歌早已家喻户晓，广为传唱。守卫在祖国边陲的战士，爱家乡，爱亲人，更爱自己的祖国。月色溶溶，他们坚守岗位，为祖国保卫边疆。这是多么高尚的情操、多么宽广的胸怀啊！

望着明月，我悠悠遐想，幻想的翅膀飞啊，飞啊……蓦地，一颗流星划破夜空，把我从梦幻中拉回到现实。

我突然产生了一种奇特的想法。千百年来，人们总是坐地赏月，发思念故乡、想念亲人之幽情。要是我们到月亮上去领略“琼楼玉宇”的胜景，到月球上远眺茫茫宇宙中的地球——故乡，那该多好啊！

【点评】

在这篇文章中，作者展开了丰富的想象，以“遐思”为线索，选择了三则材料：一则是李白的诗句，一则是苏东坡的词句，一则是《十五的月亮》的歌词。三则材料按照从古到今的时间顺序排列，给人以层次分明之感。同时用前两则与后一则进行对比，突出了中心，深化了主题。

组织安排材料的思维训练，不能停留在谈知识、扯概念上，而是要引导学生理解知识，并运用到写作实践中，用具体的典型范例作为参照，在模仿中创新，在模仿中提高自身的写作思维能力。

三、尝试发散思维，让思维的空间更广阔

阅读下列文字，以“该让哪 4 个人逃生”为议论角度，写一篇不少于 600 字的议论文。

在南太平洋的一个小岛上，有 10 个临时来探险旅游的人：一个 32 岁的未婚女歌星；一个 42 岁的单身汉——细菌学家；一个法官；一个同性恋医生；一个美国副总统；还有一个非洲部落的酋长和他怀孕的妻子；一个有 4 个孩子的父亲，他是个长期失业者，家庭生活一直靠做工的妻子维持；一个 38 岁的寡妇，她独自抚养 3 个不到 7 岁的孩子；一个离了婚的男子，家中尚有一对 10 岁的孪生儿子。

忽然传来预报：当日晚上将发生强烈地震，该岛极有可能沉入海底。当时岛上只有一架可以搭载 4 人的直升机，并且只能飞出一次，别无其他的交通工具和出路。

从事件初始来说，这次到小岛上来探险旅游的人都是无辜的（至于此前的表现无法确定），但这个材料为写作者创设出一种特殊的环境，让学生就这个特殊环境写作，而且有明确的任务指向：要学生做出让其中 4 个人逃生的抉择，由于各人考虑问题的出发点不同，选择也就大有差异。这就要看学生能否多角度、全方位地思考问题，从中也可以反映出学生思维的广阔性。最后，学生做出了如下几种抉择，也说明了理由。

(1)“仁义说”（寡妇、酋长之妻、失业者、离婚男）：如果他们能逃生，那么他们的 10 个孩子和几个亲属可免遭厄运，这是大仁大义。

(2)“性别说”（寡妇、酋长之妻、歌星、离婚男）：世上只有妈妈好，女士应该优先。离婚男虽然是男的，但他又当爹来又当妈。

(3)“价值说”（细菌学家、法官、歌星、寡妇）：前三者都是人才，可以发挥更大的社会价值，寡妇独自抚养 3 个不到 7 岁的孩子，活得有价值。

(4)“权力说”（副总统、法官、酋长、细菌学家）：他们如能逃生，将可以运用权力救助遇难者的家属，并保证社会安定、科学发展。

(5)“效益说”（寡妇、酋长之妻、失业者、离婚男）：虽然与“仁义说”抉择的逃生者一样，但理由不同。他们四人如能逃生，则可最大限度

地使他们及其亲属（一共15人）获益，这是十人中的最佳选择。

此外，还有些按几种标准做出的混合选择，不过，绝大部分学生选择让寡妇活下来。

由上述学生的写作思维来看，给定材料的写作角度绝对不止一个，写作者一定要多角度地理解材料，这样有利于在比较中找准写作角度，找准有利于自己完成写作任务的角度、能出彩的角度，这样写起来也就不会觉得那么辛苦、那么困难。

写作思维训练：让学生学会交流

本书第二章谈到当前高中生写作技能低下的原因时曾指出：“高中生写作技能低下的另一个原因在于转换技能低下。转换是在写作计划的指导下从记忆系统中获取素材，把观念或构思转化成可接受的书面文字的过程，即将内在心理表征转变成外在的言语符号的过程。转换过程是在写作计划的指导下，产生与写作者已形成的观念相吻合的语言，并把它变成书面的文字。”这种转化，难就难在将“内在心理表征转变成外在的言语符号”，不会“从记忆系统中获取素材”，不会将“观念或构思转化成可接受的书面文字”。为什么会出现这种情况？我想，有可能是学生不会进行内在言语活动，说白一点，就是不会交流。

也许，你一看到“交流”，马上想到的就是口头表达，即人与人面对面地说话，交流思想，或打手势，或用唇语、手语等。事实上，这里所强调的“交流”包括两个方面。

一方面是指书面表达的交流，这种交流是外显的，是通过文字的形式来表现的。语文新课标第三学段（5～6年级）课程目标与内容对“习作”的规定，非常明确地列有5条，其中之一就是“懂得写作是为了自我表达和与人交流”（郑桂华语）。当今社会，一个普通公民必备的生存技能就是要具有用于交流的书面表达能力。

另一方面是指自己与自己的交流、自己与物体的交流、自己与假想之物的交流，这种交流是内在的，存在于写作者在写文章之前的打草稿阶段或积累素材阶段，有人将这个阶段归入构思阶段。“构思”是写作前有意为之，这种思维活动是意识层面上的。除此之外，还应该从无意识层面上去了解。写作时，怎样才能为那些在现实生活中几乎找不到根据的东西找到根据呢？怎样做自我交流，找到那个自我呢？一个人的身体那么大，应该和哪一部分交流呢？是大脑，还是心脏，抑或手脚？

这就是在这里要重点了解的内容。当我们对内在的交流有了比较深入的认识之后，对写作思维的认识也将会更为深入一些。在构思之前，在不知道要写什么内容时，我们要进行交流，就必须选定一个主体和一个对象。但在我们身上，这主体和对象到底在哪里呢？俄国戏剧教育家斯坦尼斯拉夫斯基在其著作《演员自我修养》一书中提到他曾读过印度教教徒有关于这个话题的言论：“他们相信存在着一种叫作普拉纳的生命能量，而正是这个所谓的普拉纳给了我们身体以生命。据他们计算，这个普拉纳的辐射中心是太阳神经丛，也就是能量之源。”斯坦尼斯拉夫斯基在此不仅引出了太阳神经丛的概念，还根据自己表演的经验谈了这个问题：“我尝试着在这两个中心之间建立起联系，结果我真的感觉到它们之间不仅是存在联系，并且觉得它们之间真的开始发生联系了。大脑中心是意识之所在，而太阳神经丛神经中枢则是情绪之所在。这样一来，我就感觉我的大脑和我的情感在交流了。……从那个时候开始，我就可以在舞台上完全泰然自若地进行自我交流了，不仅是在沉默不语时如此，在独自高声说话时也是如此。”

这里，我不厌其烦地介绍斯坦尼斯拉夫斯基的言论，目的就是想跟大家说清楚一件事，我们不仅在构思的时候有写作思维活动，在没有构思的时候同样可以进行写作思维训练，因为自我交流是构思的基本技能，缺乏自我交流能力，很难说有非常强的构思文章的能力。基于这种认识，写作之前，加强写作思维训练是十分必要的。如何加强自我交流的写作思维训练呢？

一、通过阅读他人的文章向其他写作者学习如何进行自我交流

政和白茶那些事

陈丽华

动心，真是没办法的事。

不知道哪一时，不知道哪一处，遇见了，就心生欢喜，就倾心相付。宋徽宗，一个天子，天下的奇珍异宝、珍馐美味，要什么会没有？偏就动心了，一动心，把自己心爱的年号“政和”赐给了一个县。

让宋徽宗动心的，是白茶，政和县的白毫银针。

白毫银针，是白茶中的极品，千年前，就已经是贡茶的级别了，如同女子，美到可以伴在君王侧，非同一般的动人，至少，在那一时，在那一世。

来政和之前，白茶于我只是一个模糊的概念。喝过一两次，似乎很淡的味道，没有太在意，就像擦肩而过的人，来不及看清，就已经走远。毕竟，常年以茶为饮的人，心中早已有了偏好与熟知。本就清淡的白茶，像一片飘过的云，风一牵，就离了眼前。那时偶遇的一抿，只是在记忆的深处埋下了浅浅的一芽，留待重逢的机缘，再次相认。

注定是要与白茶有缘的，冥冥中自有安排。突然就到了政和，白茶的根源地。千年的古城千年的茶，置身其中，想忽视都难，一尝再尝，一饮再饮，可就日久生情了。不是一见倾心的惊艳，倒是日常柴米的骨血相融了。

听说城郊有个美丽的白茶小镇，也因为动心了，一心想去。一时没有车，小三轮也好。摇摇晃晃，咣当咣当，一路颠着去。动心，总会有点疯的味道。幸好不远，约莫二十分钟也就到了。理所当然地以为，应该是“白茶小镇”。在村口的桥头，看到一个“白茶小圳”的石碑，那个“圳”字，初见惊异，再见释然。一弯阔水，一弯绿地，可不就是“圳”。白茶的清雅风情，哪里离得了明秀相依的水与土？

村子不大，几条小巷连缀着稀疏的黄土墙的屋子。大多数屋子的外面，都有宽敞的院子或碧绿的菜园。不是很悠远的古旧味道，却是触手可及的童年时光里的乡村感觉，尤其亲切，仿佛外婆的家。

村子外围的田庄里，种着大片的白茶。冬天的暖阳，拂照在茶田上，点亮了那些小朵小朵的黄蕊白茶花。此时的她们，必定在窃窃私语，议论着来年春天里白毫银针、白牡丹、贡眉和寿眉的选美大赛，议论着从现在开始，吸收天地精华，接受晴雨洗礼，努力长成最美的一芽。

还看了小圳的规划。第一座朱子书院，即将兴建在此处。期待，理学大家的文化光辉，与千年白茶的悠悠神韵，必将有完美的相互映照。

心爱的去处，一般不会一次完结。有经验的行走，总是要留一点念想，作为下次再来的理由。就如去海南，导游都会说，天涯和海角，只能选一个去。白茶小圳，也有几处精致的小院，应该可以悠然喝茶。但我知道，一定还会再来。因此，将那一杯白茶，留待，与同好，择一个风轻云淡的日子，再前去，慢慢地品啜。

毕竟，我与白茶，刚刚开始，来日方长。

读完这篇文章，我们可以体会到作者的思绪，也就是作者与读者之间的交流：一方面，作者向读者介绍政和白茶那些事；另一方面，读者接收到了作者的信息，理解了作者对白茶的情感。

歌德曾说过："读一本好书，就是和许多高尚的人交谈。"交谈，通俗地说，就是对话、交流。读一篇文章也是如此，一篇文章虽然不像一本书那样有许多高尚的人可供交流，但作者娓娓道来，作为读者应该是可以感受得到的。让我们一起重温一下朱自清的《荷塘月色》。

荷塘月色

朱自清

这几天心里颇不宁静。今晚在院子里坐着乘凉，忽然想起日日走过的荷塘，在这满月的光里，总该另有一番样子吧。月亮渐渐地升高了，墙外马路上孩子们的欢笑，已经听不见了；妻在屋里拍着闰儿，迷迷糊糊地哼着眠歌。我悄悄地披了大衫，带上门出去。

沿着荷塘，是一条曲折的小煤屑路。这是一条幽僻的路；白天也少人走，夜晚更加寂寞。荷塘四面，长着许多树，蓊蓊郁郁的。路的一旁，是些杨柳，和一些不知道名字的树。没有月光的晚上，这路上阴森森的，有些怕人。今晚却很好，虽然月光也还是淡淡的。

路上只我一个人，背着手踱着。这一片天地好像是我的；我也像超出了平常的自己，到了另一世界里。我爱热闹，也爱冷静；爱群居，也爱独处。像今晚上，一个人在这苍茫的月下，什么都可以想，什么都可以不想，便觉是个自由的人。白天里一定要做的事，一定要说的话，现在都可不理。这是独处的妙处，我且受用这无边的荷香月色好了。

曲曲折折的荷塘上面，弥望的是田田的叶子。叶子出水很高，像亭亭的舞女的裙。层层的叶子中间，零星地点缀着些白花，有袅娜地开着的，有羞涩地打着朵儿的；正如一粒粒的明珠，又如碧天里的星星，又如刚出浴的美人。微风过处，送来缕缕清香，仿佛远处高楼上渺茫的歌声似的。这时候叶子与花也有一丝的颤动，像闪电般，霎时传过荷塘的那边去了。叶子本是肩并肩密密地挨着，这便宛然有了一道凝碧的波痕。叶子底下是脉脉的流水，遮住了，不能见一些颜色；而叶子却更见风致了。

月光如流水一般，静静地泻在这一片叶子和花上。薄薄的青雾浮起在荷塘里。叶子和花仿佛在牛乳中洗过一样；又像笼着轻纱的梦。虽然是满月，天上却有一层淡淡的云，所以不能朗照；但我以为这恰是到了好处——酣眠固不可少，小睡也别有风味的。月光是隔了树照过来的，高处丛生的灌木，落下参差的斑驳的黑影，峭楞楞如鬼一般；弯弯的杨柳的稀疏的倩影，却又像是画在荷叶上。塘中的月色并不均匀；但光与影有着和谐的旋律，如梵婀玲上奏着的名曲。

荷塘的四面，远远近近，高高低低都是树，而杨柳最多。这些树将一片荷塘重重围住；只在小路一旁，漏着几段空隙，像是特为月光留下的。树色一例是阴阴的，乍看像一团烟雾；但杨柳的丰姿，便在烟雾里也辨得出。树梢上隐隐约约的是一带远山，只有些大意罢了。树缝里也漏着一两点路灯光，没精打采的，是渴睡人的眼。这时候最热闹的，要数树上的蝉声与水里的蛙声；但热闹是它们的，我什么也没有。

忽然想起采莲的事情来了。采莲是江南的旧俗，似乎很早就有，而六朝时为盛；从诗歌里可以约略知道。采莲的是少年的女子，她们是荡着小船，唱着艳歌去的。采莲人不用说很多，还有看采莲的人。那是一个热闹的季节，也是一个风流的季节。梁元帝《采莲赋》里说得好：

于是妖童媛女，荡舟心许；鹢首徐回，兼传羽杯；櫂将移而藻挂，船欲动而萍开。尔其纤腰束素，迁延顾步；夏始春余，叶嫩花初，恐沾裳而浅笑，畏倾船而敛裾。

可见当时嬉游的光景了。这真是有趣的事，可惜我们现在早已无福消受了。

于是又记起《西洲曲》里的句子：

采莲南塘秋，莲花过人头；低头弄莲子，莲子清如水。

今晚若有采莲人，这儿的莲花也算得"过人头"了；只不见一些流水的影子，是不行的。这令我到底惦着江南了。——这样想着，猛一抬头，不觉已是自己的门前；轻轻地推门进去，什么声息也没有，妻已睡熟好久了。

1927 年 7 月，北京清华园。

如果从交流的角度，我们一定能跟着作者一同心里"颇不宁静"，一起去荷塘走走，一起感受淡淡的月色，一起感受月光与流水，回忆过去，感慨"无福消受"。

上面之所以不厌其烦地领着大家感受文章，目的就是想让大家明白"交流"是怎么一回事。如果弄明白了，那么也就能读懂作品。写作思维训练中强调的"交流"是自我交流，这种自我交流除了通过阅读他人的文章向其他写作者学习之外，还要加强自我训练。

二、通过自己的感觉器官与周围的环境、自己的内心进行交流

写作思维训练中的"交流"，不仅仅指在日常生活中与人的交谈，还有更重要的一个方面——通过自己的感觉器官与我们周围的环境交流、与自己的内心进行交流。

如何交流？如果读者正处在有情感、有智慧的交流当中，而且正在阅读某一篇文章，那么他就是作者在文章中交流的目击者。这时候的读者可以静静地参与到文章的交流之中，并且随着情节的发展变化与人物的命运起伏而起伏，这就是读者与作者、与文章的交流。这种交流的重要性，主要是积累交流的经验，为自己写作积累表达的经验。

开大门

邱　实

"开大门"是什么？您知道吗？可不要直接就理解成——打开家里最

大的门。这“开大门”可是我们老家龙岩农村里特有的习俗，这不正巧，今年轮到我家了！

“开大门”要干三件大事——洒扫客厅、“开大门”、放鞭炮和烟花。不过这“客厅”也不是一般的客厅。我们在老家的祖屋是典型的四合院，外厅、屏门、天井，还有左右住人的厢房，一应俱全。

打扫和放烟花爆竹这样的事儿，谁都干过，所以真正的重头戏还是在大年初一的一大早——凌晨三点半。

“儿子，起床啦!”爸爸推开我房间的门，把我给叫醒了。

但我只觉得我像一团摊在床上的烂泥，全身上下都不听使唤。但这也是没有办法的事情——我可是耐着性子把春晚看完了才去睡觉的。显然，三个半小时完全无法满足我身体的需要。

“如果你再不起来，下一次‘开大门’就只有等到你三十五岁的时候了。”我一听不妙，当下心一横，踢开被子，像条活鱼一样蹦了起来，三下五除二地换上新衣服，对爸爸说：“这二十年才能遇上一次，我哪敢不去呢?”

爸爸一看我精力充足，高兴地说：“好，爷爷看到你也去，他会很高兴的。”

洗漱完毕后，我们从侧门直奔客厅，爷爷正恭敬地在神龛前摆上茶杯。不过，我们家里的神龛又有些不同，是三张画像贴在墙上，神龛下分别摆着一张桌子，桌子上还各放了一个香炉。还有一张桌子，爸爸告诉我，那上面供的是祖先的灵位。

我问爷爷：“那些神仙都是谁啊?”爷爷说：“一个是天神，保佑我们国泰民安、风调雨顺；一个是土地公公，保佑我们来年庄稼丰收；还有祖先和菩萨保佑我们健康长寿。不过其实也没什么讲究，反正什么好就请他们保佑什么就对了。”

我恍然大悟，原来还有这层意思。

爷爷让爸爸把茶杯倒满，爸爸爱喝茶，所以这根本难不倒他，只见他恭恭敬敬地把每个茶杯倒得满满的，没洒出一点儿。

我则在爷爷的指导下小心翼翼地把四碗上面撒满白糖的糯米饭放在了桌子上。我好奇地看着热气腾腾的茶和糯米饭，问爷爷：“这是要干什么?”

爷爷耐心地回答：“我们大清早来拜他们，好歹要给神仙们准备点早饭啊。”

爷爷又拿出了香发给我和爸爸，先点着了蜡烛，我们又用蜡烛点着了香。爷爷领着我们，走到正中间，一边拜一边用我们老家的方言祈祷着，我和爸爸也是有样学样地上下弯腰，有如一个醉汉。由于我听不懂老家的龙岩话，所以也不清楚爷爷说的是什么，只是依稀听出了我和爸爸的名字和当天的日期。

拜完正中央的天神，爷爷从我们手中拿过香，把香插在了堆满香灰的香炉里。接下来，依次是祖先、菩萨和土地公公。

忙完了，我们依次推开里面的屏门，最后我们拔出插销，推开了大门，那一刻，我激动的心情溢于言表，真想对所有人都说声：“新年快乐!”

爷爷把一长串鞭炮挂在了大门前面准备好的竹竿上，在鞭炮炒豆子般的喧闹声中，爷爷又为我当起了解说员：“我们黄庄村四面环山，有龙气，龙喜欢放鞭炮的声音，我们就是要放鞭炮，吸引龙来庇护我们，让接下来的一年里没有妖邪作恶。”我这可长了见识，这是老家才有的典故啊!

有的人可能会想：这种封建迷信的东西有什么意思?但我更愿意把它看作一种千百年流传下来的文化特色。这次“开大门”不仅让我长了见识，更让我得以在将来的某一天，将这种文化传承下去……

写作思维训练离不开作者与读者之间的交流。正像舞台上的演员，他们需要与观众进行交流。如果你要写好文章，那么首先要学会自我交流。

从《开大门》一文中，我们可以感受到作者在“开大门”的现场，通过眼睛、耳朵、嘴巴等感觉器官与周围环境进行的交流，也可以感受到作者与自己的内心进行的交流。“‘开大门’是什么？您知道吗?”“有的人可能会想……”“但我只觉得我像一团摊在床上的烂泥，全身上下都不听使唤。”……这些交流信息，从字里行间读者都能感受到。

三、通过内在言语活动进行自我交流

相对于外显的语言表达，人的内在言语活动在写作思维训练中很重要。通常我们说的“想心事”，就是在运用语言进行思维，这种思维活动，实际上就是一种自言自语，在内心进行的自问自答。随着年龄的增长，这种内在言语活动会变得越来越复杂，越来越有条理。为什么？因为随着年龄的增长，知识不断丰富，能力也随之得到了提升，诸如判断能力、分析能力、假设论证能力等，均得到提高。

内在言语活动，就判断能力而言，在于对所积累的原始材料做出真、善、美的判断。学生对积累的原始材料的真实性会不断地加以求证，到底是不是真的，是学生认知发生的基点，年龄越小，做这样的判断越多。随着年龄的增长，学生的思维能力不断提高，还会继续追问为什么，能力强的学生，甚至可以对是不是善的、是不是美的进行追问。判断能力的提高，有助于学生思维品质的提高。

内在言语活动，就分析能力而言，在于对所积累的原始材料进行综合分析。学生分析能力的提高也很重要，因为对现象、事物做出价值判断，离不开对现象、事物的分析，或者说价值判断是建立在对现象、事物的分析的基础上的。学生借助分类的方法进行内在言语活动，有助于他们把握现象、事物的类型和性质特点，将纷繁的现象、事物间复杂的关系条理化、系统化。在分析方面，思维导图、信息复合法都为我们揭示了这一思维的过程。

内在言语活动，就假设论证能力而言，在于内心的不断追问。假设论证需要经常追问“如果……”“因为……”。当学生对事实的真伪做出判断之后，如果内在言语活动只是停留在这个层面，那么可以说这个思维的层级是很低的，思维品质也高不了。学生做出了事实判断后，还要深入地进行原因分析，因为原因分析是价值判断的前提。

圆滑的坚硬

邱　实

《伊索寓言》中的《狮子与野狗》讲的是九只野狗被迫和狮子打猎，打到了十只羚羊，分猎物时一只野狗提议一人一只，结果被狮子拍晕，另一只见势不妙，提议九只野狗共享一只，由狮子独占九只，狮子十分满意。

也许有人会觉得野狗没有骨气，应该和狮子拼个你死我活，但实际上这是不明智的。我相信以狮子的强壮，消灭九只野狗不在话下。它们不但什么都得不到，还会赔上自己的性命。士不可辱，更不可杀，保住性命和实力是争取其他利益的基础。我们应该像鹅卵石一样圆滑而坚硬，才能免于随波逐流，不够圆或不够硬的很难不被大水冲走。

愚公便是一个硬而不圆的人，虽然其坚忍顽强、百折不挠的精神值得敬佩，但是缺乏灵活性。一个只需搬家便可解决的问题，非得把两座山移走，不仅兴师动众，还使子子孙孙都必须为他的"愚"付出沉重的代价，糟蹋了他们的一生。

毛泽东与愚公不同，他不仅硬，还硬得有头脑，明白虽然国难当头，但在实力不足的情况下，不应该片面追求大规模会战，而是通过大范围的游击战，打完就跑，"敌进我退，敌退我进，敌强我弱，敌疲我打"，把敌人整得鸡犬不宁、狼狈不堪。等时机成熟、势力扩大之后，再开展百团大战这样的会战。

除了毛泽东，武有曾国藩、德川家康、拿破仑，文有伽利略、玻尔，他们皆是圆滑而坚硬的人。只有像他们一样的人，才会像文中的野狗一样在危难中明白通过退让保全自己的实力，为东山再起积蓄力量。

《圆滑的坚硬》是对《伊索寓言》中的《狮子与野狗》的判断、分析综合、追问，当作者阅读《狮子与野狗》时及阅读后，其内在言语活动就很活跃，判断是基于对材料的分析、追问。对于一个阅读经验较为丰富的学生，这种思维活动在写作之前、阅读之时、阅读之后就发生了，这种内在言语活动，或者可以称之为"写作思维"，对外显式的书面表达起到了非常大的作用。

第六章

让丑小鸭变为天鹅

把“话”写成“文章”，是写作的路径之一，但不要忘记说话与写文章不完全相同，因为“写”比“说”简洁，我们在电话中说 5 分钟（大概能说 1000 字），可写信也许只要三五百字。由此可见，写作需要推敲琢磨、反复修改，最终是为了让丑小鸭变成天鹅。

升格思维训练：突出“导”的有效性

在传统的写作教学中，每一次教师先是卖力地讲写作重点，在学生写作前才告知作文题目，学生事先无准备，抓耳挠腮，搜肠刮肚，写一篇作文要花2节课，甚至相当一部分学生2节课还完成不了；而后教师评改全班学生（50人左右）的作文至少要8节课的时间；最后针对学生的作文情况进行评讲又要2节课。从学生开始写作，到教师讲评结束，至少得花12节课，教师喊累，学生恐惧，费时费力，收效甚微。究其原因，就是教师和学生的角色不当，教师成了课堂的主角，而学习的主人——学生成了观众，至多不过是配角。教师占据了学生的空间和时间，剥夺了学生学习的自主权，学生的写作能力又怎能提高呢？而写作思维训练指导课的模式，一次写作训练只需4节课，且收效良好。写作思维训练指导的课堂教学模式，应体现在教师的“导”上，要突出“导”的有效性。

一、研究：探索写作思维训练指导的课堂教学模式

文章写作与教师的指导密切相关。如何指导？写作思维训练指导的课堂教学模式到底有哪些？我们从不同角度进行了审视。

1. 从微观写作思维训练指导的角度看

（1）从对象角度看，有个别指导与集体指导。

（2）从批改角度看，有当面指导与文字指导。

（3）从观察角度看，有室内指导与室外指导。

（4）从文体角度看，有记叙文指导、说明文指导、议论文指导、实用文指导。

（5）从文学角度看，有诗歌指导、散文指导、小说指导等。

（6）从文法角度看，有审题立意指导、谋篇布局指导、遣词造句指导。

（7）从写作过程看，有写前指导、写时指导、写后指导。

2. 从宏观写作思维训练指导的角度看

（1）阅读教学可以指导学生写作，读写结合导写模式，读中写，写中读。

（2）课外活动可以指导学生写作，玩写结合导写模式，玩中察，察后写。

（3）社会生活可以指导学生写作，悟写结合导写模式，行中悟，悟后写。

（4）家庭生活可以指导学生写作，家校结合导写模式，营造氛围，促进写作。

（5）网络生活可以指导学生写作，网校结合导写模式，多读多写，积累经验。

二、四导：提高写作思维训练指导的有效性尝试

写作指导的模式有很多，在突出有效性方面，我们主要从“四导”入手。

1. 导方向，写作思维训练让学生在教师的指导下求创新

传统的写作训练，教师从命题、审题、选材、列提纲到具体写作，为学生想的太多，这种程序性很强的操作指导，要求学生不得越雷池半步，使学生的独立思考被简单的灌输所代替。这不是我们所追求的，我们追求的是学生要写出个性来。

因此，我们曾经做了这样的研究，以“手”为话题，进行写作指导。在实际写作过程中，教师不要牵着学生走，而是指导学生在观察中体现个性思考，从身边具体的、熟悉的人和事着手，让学生心怎么想、口怎么说，手就怎么写。以“手”为话题的作文，学生大都写母亲的手，第一次写出来的作文千篇一律，语言平淡，缺乏真情实感。我们让学生回家仔细观察母亲的手，除了用视觉之外，还可以用触觉，去摸摸母亲的手。果然，指导方法一变，角度一变，学生写出来的作文有了细致独到的细节描写和大量的心理描写，富有个性化。最后再用 1 节课时间进行典型问题作文的升格训练。一次作文训练，一共只需 4 节课。4 节课里，学生不断地

阅读、思考、写作、评改、探究、归纳，充分调动了写作的积极性和自主性，听、说、读、写的能力得到了全面的训练和提升，效果可想而知。从12节课到4节课，从事倍功半到事半功倍，新型的写作指导模式功不可没。

2. 导问题，写作思维训练让学生在质疑中培养灵感

在写作指导中，教师不要永远充当正确的角色，应结合学生出现的错误，有意识地“误导”一下学生，再让学生检验，挑毛病、找漏洞，从而加深对错误的认识。

对“迷路”的学生，教师不要马上指出正确的方向，而是给“指南针”，要让学生自己发现错误。在指导中，要尽可能地肯定学生思维中的合理成分，争取给更多的学生参与的机会，让所有的学生都有意外的收获。

例如，学生进行“夸夸我的班主任”的写作训练，我们故意创设一个“我的班主任”的问题情境让学生讨论，大部分学生在教师的“误导”中充分质疑、互相探讨、“夸夸我的班主任”和“我的班主任”在写作中应有什么不同，大家在辨析中用学过的审题知识讨论两个问题情境的异同点。对个别感到迷惑的学生，教师“导”得更具体一点，让学生找出两个问题情境的不同要求，学会解决问题，培养写作灵感。学生怕写作文，写不出或写不好文章，往往与缺乏写作灵感大有关系。因此，教师应在问题情境中做向导，激活学生的思维，拨动学生写作灵感的那根弦。

3. 导范文，写作思维训练让学生在积累中厚积薄发

在写作指导中，可以通过找一些同题或同内容的文章来做范文，引导学生体会作者遣词造句的准确与生动，从而使学生掌握运用字、词、句、篇的技能，提高写作能力。

首先，我们要求学生在课外多读经典名著。经典名著是人类文明的宝贵财富，是课外阅读的首选材料。阅读名著，可以促使学生感受人类追求幸福、追求进步的执着与艰难，形成对人类命运的自觉关怀，培养社会责任感和人道主义精神。其次，我们要求学生阅读与课文相关的延伸性阅读材料。课外学习应作为课堂学习的有效延伸。在课堂教学中，我们在教授课文的同时，有意识地延伸介绍该作家的其他作品，并要求学生阅读、写读书笔记。最后，我们还要求学生阅读反映时代生活的刊物。学生社会生活贫乏，因此应要求他们尽可能多地阅读一些反映现实社会、表现当今世界的刊物，这样可以促进学生对人与自然、人与社会、人与人产生更深刻的认识。

4. 导评改，写作思维训练让学生在互改中体验成功

大部分教师都亲自批改作文，不遗余力地写评语，工作量之大可想而知。然而，据调查，大部分学生对教师批改的作文是不屑一顾的，仅仅只是看一下分数而已。针对学生的消极态度，我们尝试让学生自己修改作文。我们从每个学习小组中挑出一到两篇较有代表性的作文，印发给小组，让小组成员从立意是否新颖、构思是否独特、材料是否真实、语言是否优美、风格是否个性化等角度进行批改，然后学生发言，教师做适当点评。有时候，小组之间互换批改，批改之后再互相传阅，交流批改心得。

这种互改的做法有以下几点好处：第一，在批改的过程中，学生个体在关注和审视自己与他人的文章之后，通过小组成员的评判，寻找彼此的差距，求同存异，取长补短，大大促进了作文批改的实效。第二，作文写得好的学生可在小组成员的欣赏中获得被认可的成就感，这种成就感比教师给予的表扬更具尊荣，更能激发学生写作的兴趣，使学生更充分地体验成功的喜悦。第三，人人参与，无法做局外人。在互改的过程中，任何一个学生都不可能置身事外。而如果只是教师批改，一部分学生常常处于被动消极状态，对这些学生而言，这样的写作练习就没有起到应有的效果。

“四导”对于教师而言，写作教学有了抓手，易于操作；对于学生而言，有了比较清晰的学习方向，能够有效地进行写作训练。

升格思维训练：从自己的内心出发

季羡林先生说：“不管是抒情，还是叙事，散文的真精神在于真实。”既然文章的精神在于真实，就让我们的写作从自己的内心出发。叶圣陶先生对作文提出了“求诚”的要求：“从原材料讲，要是真实的、深厚的，不说那些不可证验、浮游无着的话；从写作讲，要是诚恳的、严肃的，不取那些油滑、轻薄、卑鄙的态度。”

作家赵丽宏认为，有血有肉的作文是建立在真情实感的基础上的，只有具有真情实感的作文才能得到他人的理解，引起他人的共鸣。

一、写自己亲身经历的事

写作应从自己的内心出发，写自己的所见、所闻、所感，写自己的所思、所想。

写自己亲身经历的事，往往可以写得更为真实，写作时仿佛历历在目，写起来更能出彩。

读书的乐趣

邱　实

我的兴趣比较广泛，因此能给我带来乐趣的东西有很多。但是最能给我带来快乐的那就只有书了。

我的爸爸是个老师，他的藏书真的是多得数不清，占满了5个大书柜！我从小就对书柜里无数的“砖头”充满了好奇。爸爸似乎看穿了我的心思，让我4岁时就开始认字，我就是从那个时候开始迷上了书。

我享受着书为我带来的欢乐，每次读书，我都觉得好像欣赏了一场美妙的音乐会，那一个个铅字变成了跳动的音符，让我沉浸在幸福的海洋里。有时是欢快的小提琴独奏，有时是低沉的大提琴合奏，有时是浪漫的古典乐曲，有时是充满活力的流行乐曲……

书给我带来的乐趣远不止这些，每次读书，我都会学到许许多多之前我不知道的东西。在我的书柜里，百科书占了大部分“领地”，它们是我知识的源泉。每天睡觉前我都要读半个小时的书，就是这半个小时，让我获得了“小博士”的美誉。

每次读书时，我都会百分之百地投入进去。有一次我去书店，拿了一本书就坐在地上津津有味地读着，之后爸爸妈妈也过来了，可我一点儿也不知道。回到家，爸爸才告诉我。

读书的乐趣是无穷的，对于我来说，书就是我最好的朋友。

读书是作者喜欢做的事之一，让他写自己喜欢做的事，一定不是什么难的事。初学写作的人，一定要写自己有话说的人、事。因为有话说，所以不觉得写作是难事；因为有话说，所以尝到了表达的喜悦。

写作时，不仅要直接描绘所叙述描写的对象，同时还要会联想与想象，通过联想和想象，把所叙述描写的对象表现得生动形象，让人有身临其境、如闻其声之感。“我享受着书为我带来的欢乐，每次读书，我都觉得好像欣赏了一场美妙的音乐会，那一个个铅字变成了跳动的音符，让我沉浸在幸福的海洋里。有时是欢快的小提琴独奏，有时是低沉的大提琴合奏；有时是浪漫的古典乐曲，有时是充满活力的流行乐曲……”作者用听觉的享受写视觉的享受，这种写作技能不能不让人叹服，究其原因，一定是作者对写作对象非常熟悉，是发自内心的、自然而然的表达。

二、写出真情

真情，就是作者在文章中流露的、抒发的真挚、真实的情感，是发自内心、属于自己心灵的东西。写作训练很重要的一点，就是要把这种真实的情感表达出来。如一位学生抓住“爸爸很讲信用”这一真切的感受，写出了下面这篇短文。

我的爸爸

邱　实

我的爸爸是一名教师，人们都说：“教师是最讲信用的职业之一。”此话不假，我的爸爸就是一个很好的例子。

爸爸经常去图书馆借书，他看完后总是尽快去图书馆把书还掉。我跟朋友借书、借玩具一定要讲“有借有还，再借不难”的原则，我遵守了这个原则，所以每次我再去借任何东西，朋友们都会很爽快地答应。

爸爸对时间也很讲究。小时候，我从不敢一个人待在家里，因为我总是想要是这个时候有妖怪来我们家怎么办。不过没过多长时间我就不怕了，因为爸爸在临走前都会告诉我他几点之前会到家，于是我就可以在家安心地看书、玩玩具、写作业。如果别人请我们去吃饭，我们也从不迟到，爸爸说：“既然别人请了你，那你就千万不能迟到，让大家等。”

爸爸还很讲信用，晚上要出去玩，说几点走就几点走，从不推迟，也不提前。有次去我的朋友家，爸爸说7点走，就7点走。像这样的例子数不胜数，来个“十日谈”都说不完。

光我爸爸讲信用也就算了，可他还想让我把他的“信用大业”继承发展下去。要问为什么，看看我的名字就知道了，邱实！邱实！不就是要让我做一个诚实守信、实实在在的人吗？

不信？你可以自个儿问他，电话是……

《我的爸爸》一文并没有华丽的辞藻，但读起来真实、亲切，而且采用侧面烘托的方法，用自己讲信用的实例来写爸爸，这种不加修饰的描写真实自然。

三、写出实感

实感，就是作者的感受，是作者对大自然、社会和人生真切体验所获得的独特感受。写作素材来源于生活，写作的灵感源于生活。一个人对大自然、社会和人生的独特感受来源于对大自然、社会和人生的观察体验，最后写成的文章一定是源于生活且高于生活的。

可爱的小猪

邱 实

自从我家养了几只小猪之后，家里就再也没有一分钟的安宁了。

它们的名字都十分有趣，而且都是大有来头的。最胖的一只小猪叫“马拉多纳”，是酷爱足球的哥哥给它取的名字。不过，“马拉多纳”还真爱足球呢！一碰到圆的东西，管它是不是球，不玩个够绝不松开。好几次，它都因为抢小猫的毛线球而被“骂”得“狗”血淋头。

它因为太胖了，差点儿被老妈“驱逐出境”。连我也在担心，说不定哪天爷爷看它太胖会把它杀了吃呢！

还有一只小猪叫“刘翔”，这个名字是我取的。因为它喜欢成天在院子里跑来跑去，像个“飞人”，所以我便给它取了这个名字。

一次吃饭的时候，窗外突然十分吵闹。我朝外一看，原来是“刘翔”在外面兴奋地跑着。老爸顿时诗兴大发，说：“为何窗外鸡飞狗跳，只因‘刘翔’在后叫得欢！”

每次看到“刘翔”，它都是从我的身边匆匆跑过，四条腿飞快地迈着，身上的肉剧烈地抖动着，看上去有趣极了！不过，可怜我那5岁的妹妹，常常被飞跑的“刘翔”撞得四脚朝天。为此，妹妹对它“恨之入骨”。

到了吃饭的时候，它们从来都是不慌不忙地走过来，就像一位位小绅士。大猪吃饭都是“呼噜呼噜”的，狼吞虎咽；而小猪呢，它们用前脚把食物扒到嘴边，再小口小口地吃，真是可爱极了！

你看，多可爱的小猪啊！

《可爱的小猪》这篇作文对小猪的命名及特征的描述贴切、准确，描写也是出自本心。如动作描写：“四条腿飞快地迈着，身上的肉剧烈地抖动着……”再如比较描写：“大猪吃饭都是‘呼噜呼噜’的，狼吞虎咽；而小猪呢，它们用前脚把食物扒到嘴边，再小口小口地吃，真是可爱极了！”

“感人心者，莫先乎情。”写作思维训练，在于训练表情达意，所表之情，所达之意，必须真实。有了真情实感，才能打动人心、引人深思。

四、激发“情感记忆”

斯坦尼斯拉夫斯基在《演员自我修养》一书中曾提到“情感记忆”，对于这个术语，他是通过下面这个故事来解释的：“有两个旅行者因涨潮被困于岩礁上孤立无援。脱险之后，他们述说当时的印象。其中一位记得他做过的每件哪怕是微不足道的事：他是怎么去的，为什么去那里以及去了哪些地方；他在什么地方往上走，然后又在什么地方往下走；往什么地方跳；等等。而另一位却对这些没有一点印象。他只记得当时的各种情感：起初是高兴，然后是恐惧、害怕、希望、疑虑，最后是惊慌。”解释了这个术语后，他评价了学生的表演，并说：“如果，今天，你们能像里博的故事中第二位旅行者那样——还原你们第一次体验到的感情，不用费力地自然地表演——那么，我敢说，你们有着一流的、非同寻常的情感记忆。”

在写作教学中，教师往往喜欢在文体知识里兜圈子，如记叙文的六要素、议论文的三要素等；喜欢在文章结构上进行指导，如顺叙、倒叙、插叙等，而忽略了对学生情感记忆的激发。

有一次，一个学生问我怎么写春节。

我就启发他："春节里你有什么事呀？"

他说："没有。"

我问："春节里你拿了红包没有？"

他说："有。"

我接着问："还有什么事？"

他说："没了。"

我说："真的没有了？你不是玩平衡车了吗？"（我在微信朋友圈里看到他母亲发过他玩过平衡车的照片）

他说："对，有玩过！"

我又问："还有什么事吗？"

他又回答说："没有了。"

我又启发他说："你不是参加了你父亲工厂的开工仪式吗？"

他说："是。"

从上面的对话中我们可以发现，这个学生不是没有事情可写，而是没有去回忆。

这时候，我问他："现在知道怎么写了吗？"他说："不懂"。

我接着启发他："如果围绕一个中心点来写，可以写什么？"他又说："不懂。"

我继续启发他说："如果突出'让我成长的春节'，可以吗？"他说："可以。"然而，他又提出疑问："这几件事跟成长没关系啊？"

我耐心地启发他："拿到红包，你快乐吗？高兴吗？长辈给你压岁钱，你又长大了一岁，这是不是成长？玩平衡车时，弟弟要抢着玩，你生气吗？愤怒吗？如果父母干预，你伤心吗？烦恼吗？你礼让弟弟，让弟弟玩，大家高兴，是不是说明你又长大了？到父亲的工厂里参加开工仪式，你愿意去吗？你高兴吗？看到这么隆重的开工仪式，你觉得怎么样？工厂通过开工仪式，祈求这一年生意兴隆、财源广进，你有什么想法？对你的成长又有什么影响？通过这件事，你是不是又长大了？"

在层层启发下，他终于明白了怎么写。可见，激发学生的情感记忆十分重要，也十分必要。

五、学会“起落”

记叙文写作，平铺、平均、平泛都不可，要有起落、详略、表里，详略、表里好理解，暂且不说，这里只说起落。

“‘起落’是从读者反应的强弱产生的。‘平铺’的缺点就是读者的反应一直很弱，弱到‘不起涟漪’，弄成死水无波。”① “平均”的缺点就是记流水账，枯燥无味；“平泛”的缺点也在于无味，“平”在于没有起伏，“泛”在于缺乏重点，由此可见，“平泛”的缺点是只有“表”，没有“里”，只停留在表面，或只看到事物的表面。要想克服这些不足，写作时就要注意“起落”。

如一位五年级学生写了下面这篇日记：

今天上体育课时，我忘记要穿布鞋，而是穿了双凉鞋来学校。这下可倒霉了，体育老师要求我必须把凉鞋脱掉。得，这回成了“赤脚大仙”。今天丢铅球后还得把球捡回来，最后还得做50个俯卧撑。一节课下来，脚底板痛得不得了，看来“赤脚大仙”还真不好当啊！如果不能腾云驾雾，恐怕没多少人想当呢！呵呵。

这篇日记因为犯了平铺、平均、平泛的错误，缺少起落，所以读起来觉得不够生动。比较精彩的两处在于“得，这回成了‘赤脚大仙’”“看来‘赤脚大仙’还真不好当啊！如果不能腾云驾雾，恐怕没多少人想当呢”，如果没有这两句感受的话，那就更显平铺、平均、平泛。

再看这位学生写的另一篇日记：

害人的“小海豚”

注意了，我说的这个“小海豚”可不是水族馆里的小海豚，那可不会害人。我说的是厦门四套电视台的《小海豚》电视节目。那它是怎么害人的呢？你听完我说的事就知道了。

要说这只“小海豚”，它可是在小学生中引领时代潮流的主儿，它播放什么节目，我们学校就流行什么。最早是《四驱兄弟》，结果大家一溜儿跑去玩赛车，你猜一辆多少钱，一辆几十元，加上电池、马达，要一百多

① 王鼎钧．作文三书：作文七巧［M］．北京：国际文化出版公司，2007：7.

元！更可怕的是，动画片一播完，一夜之间便没人玩了，只剩下昂贵却无人问津的赛车。之后便是《火力少年王》，这回大家又去玩溜溜球了。这个溜溜球就更吓人了。说真的，一个拳头大小的玩意儿值几十元吗？我实在觉得很奇怪。现在又开始流行《战斗陀螺》，这就更令人痴迷了，有些人玩到很晚才回家，有些人甚至偷拿父母的钱去买陀螺！要不是我家电视机坏了，说不定我也看得有滋有味呢！

虽然动画片的诱惑力很大，但是千万不能被它所迷惑住。你的钱最终只会肥了玩具生产商的腰包。这害人的“小海豚”！

这次的日记有了变化，有标题，写起来主题比较集中，能界定“害人”的不是真实的海豚，而是电视节目，一起一落；“引领时代”起，“花钱多”落；从《四驱兄弟》到《火力少年王》，再到《战斗陀螺》，按时间顺序，叙述“害人”的程度，从“可怕”到“吓人”，再到“痴迷”，由表及里，轻重有别，起落有致，比较好地表达了自己的真情实感，较为生动，可读性较强。

因此，学会有起伏地叙述很重要，这样更能吸引读者阅读你的文章。

六、学会问“为什么”

学会问“为什么”，从某个侧面来说，折射出来的是一个人永不知足的好奇心，是一个人永不消减的学习研究的热情。

斯坦福大学心理学教授卡罗尔·德韦克在《看见成长的自己》一书中讲到了一个从未停止提问、从未停止探索的人——马歇尔·福柯。马歇尔·福柯是一名著名的美式足球（橄榄球）后卫。他有一种神奇的能力，能够判断出场上每位球员的位置。他不仅知道他们的位置，还知道他们在做什么，正准备做什么。据他的队友透露，福柯从没出过错。

不可思议！他是怎么做到的？福柯说，他花了许多年观看橄榄球比赛。高中时期，为了能观看职业橄榄球赛，他甚至找了份自己痛恨的球场小贩的工作。看比赛时，他总会问许多为什么：

“他们为什么这样跑动？”

“他们为什么这样进攻？”

“他们为什么那样做？”

“他们为什么这么做？”……

福柯说，经常问“为什么”，能让他从更专业的角度观察橄榄球比赛。作为一名职业球员，他从来没有停止提问，也从未停止探索比赛的规律。很明显，福柯将自己的才能看成永不知足的好奇心和学习研究的产物。

写作思维训练也是如此，常常问“为什么”，不仅可以保持永不知足的好奇心，也可以保持写作的内在驱动力。只要持之以恒，一定会有惊人的进步。

七、学会问“如果”

在行文过程中，当思维受阻时，学会问“如果”，可以取得意想不到的效果。学会问“如果”，可以让文章换一个角度继续前行，也可以让文章更有深度。

“孟浩然为了专心作诗，常常把妻子儿女赶出门去”，接下去怎么写？换个角度看，用前面讲到的学会问“为什么”，就可以问：“为什么常常把妻子儿女赶出门去？”是房子太小，房间太少，怕影响写诗？这样，思路是不是更宽一些？接着怎么写？要学会问“如果”：“如果子女有专用的游戏室，岂不可以相安无事？”这就把文章推进一层了，接下去就可以顺着这个思路往下写：“直到现在，多数人居住的空间仍然不够，专家心目中的标准住宅是，整个建筑为卧室面积的四倍，也就是说只用房子的四分之一来睡眠，事实上许多家庭住得很拥挤，好像房子是为了卧室，而卧室只是为了放一张床。”①

由此可以看出，学会问“如果”，可以让自己文思不断，从而也锻炼了思考问题的能力，对写作有很大的帮助。

升格思维训练：让学生领悟丑小鸭如何变成天鹅

在考试中，学生总想在作文方面拿一个好分数，可是，在高考复习过

① 王鼎钧．作文三书：作文七巧［M］．北京：国际文化出版公司，2007：59.

程中，时间那么紧，作业那么多，作文水平的提高又是那么难，于是，矛盾重重，既想把作文提高一个档次，又不能落下其他学科，真是为难。作为教师的我也在为解决这一问题而寻求方法，我始终相信，成功一定有方法，失败一定有原因。经过一个阶段的实践，我觉得要提高写作能力，就离不开写作思维的训练，如果能对自己的作文进行升格训练，就有可能让作文上一个档次。在实践中，我觉得从以下几个方面来对作文进行升格，可能效果会比较好。

一、让作文题目升格

题目是一篇文章的“眼睛”。一个好的题目往往是对文章内容的高度概括，既可以总领全文，点明中心，突出论点，同时也可以引起读者的兴趣和注意。“看书看皮，看报看题”，也从一个侧面说明了题目的重要性。

1. 题目可直言事理

这种题目明白易懂，直截了当，能够使读者准确抓住文章的中心。如以“诚信”为话题拟题为例。

优：《诚信高于一切》《诚信丢不得》《人要有诚信》《诚信——为人之本》《诚信——不可抛弃的背囊》《诚信——永不放弃的诺言》《诚信——做人的基本准则》等，直接点明了诚信的重要性。

中：《小议“诚信”》《谈诚信》《论诚信》《诚信的启示》《诚信的重要性》之类的题目，内容空泛，不明主旨，游离于话题“诚信”之外。

劣：《选择》《取舍、得失》《弃、取、得、失之间》《学会放弃》等，文题与要求不符。

2. 题目可恰当运用修辞手法

在升格自己的作文时，我们不妨想想这个作文题目能不能运用修辞手法。常用的修辞手法有比喻、反问、拟人等。修辞手法的运用，既能使作文题目准确、鲜明、生动，又有助于表达出褒贬之情，从而增强文章的感染力。

如《诚信——成功的法宝》《诚信——胜利的阶梯》《诚信——我的终身伴侣》《诚信——人生之路的警示牌》《诚信——沟通友谊的桥梁》《诚

信——人生宝贵的财富》（比喻）；《诚信岂可抛?》《安能随意弃诚信?》《为何让诚信随风而去?》《人怎能无信?》（反问）；《我愿与诚信一生相伴》《我被“诚信”撞了一下腰》《诚信与我同行》《与诚信干杯》《把诚信留住》《与诚信签约》《给诚信安家》（拟人）。

3. 题目可化用诗词名句

古今中外的优秀文化为后人留下了内容丰富的诗词歌赋，也留下了众多寓意深刻的名言警句。用诗词名句做题目，能突出文章的鞭策作用，使文章增色。

优：《诚信诚可贵》《生命诚可贵》《诚信价更高》《才学虽可贵，诚信价更高》《唯有诚信高》《诚信二字值千金》《万事诚为先》《诚以生财》《诚者为王》《人无信不立》《万众一心，众志成城》《诚信是金》。

劣：《还给我吧，那颗心》《有所得必有所失》《花会更红，草会更绿》，望文生义，甚至与“诚信”话题风马牛不相及。由于审题没有切合题意，作文从题目开始就成为败笔。

二、让作文立意升格

作文立意有高低之分，立意的高低也意味着写作思维品质的高低。写作思维能力强的学生，善于在多维度的写作思维中析出高品质的写作思维结果；而写作思维能力较弱的学生则不然。但通过升格作文训练写作思维，可以提高他们的立意能力。

如2005年高考零分作文《出人意料和情理之中》中有这样一段话：“官员还会当官，的确出人意料，但是想想官员要不停地接受采访，要考虑怎么收礼，要面对上级的冷屁股和下级的热脸，要寻找哪里有漂亮女人，官员不会当官，也就在情理之中了……我不会写作文，的确出人意料，但是想想我要交大学学费，要读毫无用处的大学教材，要租房子搞男女关系，大学毕业后还要找工作，所以我不会写作文，也在情理之中了……”思想偏激，格调低下，没有价值意义。

改文：官员要会当官，当好官，“当官不为民做主，不如回家卖红薯”。周总理的“为人民服务”，焦裕禄的“鞠躬尽瘁”，任长霞的“浩然正气”……无不在抒写着一曲曲赞歌。他们也有家，他们也有孩子，可是，他们为人民付出太多，为自己、为家人留下太少，虽出人意料，却又在情理之中，因为他们有一个共同的理想——为中华民族的强盛而奋斗。

三、让作文语言升格

当一篇文章在立意上没有什么问题后，我们看重的是文章的语言，就像一幅绘画作品，吸引人的也是画家的绘画语言——色彩、线条。语言是思维的工具，也是思维的结果。语言是否准确、简明、优美，表意是否深刻，受写作者的思维的影响。通过让作文语言升格，学生的写作思维同样也可以得到训练。

厦门市教育科学研究院的俞发亮老师在《关于“训练步骤”的思考》中指出：“写作中，语言表达是外壳，思维是内核，二者相互依存密不可分。语言能促进思维的发展，思维会影响语言的表达，想得清楚，写得清晰；想得深入，写得深刻；想得全面，写得辩证。”

1. 巧借名言名句升格

①“问世间情为何物，直教人生死相许?”元好问的确好问，也很会问。他这一问可谓一问问千古。多少年来，有多少人在这个问题上徘徊，又有多少人在付出巨大代价后得出了人生最终的答案。但各家之言如每个人的脸一样，各不相同。

（《问世间情为何物》）

② 美学大师罗丹曾经说过：“美是到处都有的，对于我们的眼睛，不是缺少美，而是缺少发现。”今天，受这位富有创新精神的学者启发，我想说：“答案是普遍存在的，对于我们的脑袋，不是缺少思考，而是缺少角度。”许多时候，我们都迷惑于问题的不解或徘徊于多解的选择路口，怎样走便成了心中的疑团，往往举棋不定，左右乱倾，这时，就有换个角度考虑的必要，这样会给你带来更多成功的机会。

（《旋转这只万花筒》）

2. 巧借章回小说笔法升格

①“话说天下大势，分久必合，合久必分。”当初魏、蜀、吴三国鼎立的时代已不复存在，大江东去，浪花淘尽了往昔的英雄们。而曾经的蜀

国的继承人阿斗也变得“乐不思蜀”了，天下已成为“司马氏”的天下。

（《三国英雄开会》）

② 梁山泊的聚义厅里，现在是灯火通明，人声鼎沸。一百单八位好汉都齐聚在这里，大伙儿都在争吵不休。他们在争吵什么呢？原来梁山泊最近要评选打虎英雄。这个荣誉称号评上就了不得，谁评上了就可以坐上梁山泊的第二把交椅。所以惹得众好汉齐聚在此，争论不休。

（《谁是打虎英雄》）

3. 巧借修辞手法升格

“砰！”随着一声锤子的敲打声，问号先生清了清嗓子说：“时空讨论会现在正式开始，今天我们的主题是‘什么才是美’，请各位来自不同时代、不同国度的学者们积极发言。”

（《什么才是美》）

4. 巧用寓言故事升格

① 愚公一家世世代代居住在这儿，门口王屋、太行两座大山挡住了去路，日子难过啊！这里好像与世隔绝，城里有什么新鲜事儿传到这儿早已变成旧闻了，这种生活真的需要改变了。愚公寻思着：得想法子把太行、王屋两座山给搬了。

（《新愚公和智叟的故事》）

② 喜鹊贴出了大型广告：“为适应时代需要，本校将推行全能素质教育，无一不学，无一不教，包你的孩子成为无所不能的通才，在竞争中立于不败之地。学费，每学期3000元；培养费，2000元；赞助费，15000元。”

（《全能学校》）

5. 巧借题记形式升格

① 没有树的伟岸，但你可以有草的翠绿；没有牡丹的娇艳，但你可以有小野菊的洒脱……生命，可以不灿烂，但必须伟大！

——题记

蝶曾是个美丽善舞的女孩。她一头披肩的长发，她窈窕的舞姿，曾给她带来了如雷的掌声与无数的鲜花，她曾被别人赞为中国将来的邓肯……然而，一切结束了，命运之神永远将她按在了轮椅里。生命暗淡了，寂静了，“白天鹅”变为无人关心的丑小鸭。多少次，她梦见自己穿上了水晶鞋，继续她的追求，可醒来时只听见“凄凄惨惨戚戚”的冷漠秋风。

（《星星夜话》）

② 如果你失去了金钱，你只失去了一小部分；如果你失去了健康，你只失去了一小半；如果你失去了诚信，那你就几乎一贫如洗了。

——题记

何为“诚信”，诚实、守信是也。综观历史，这“诚信”二字浸透了多少人的血泪啊！

（《是谁在赞美皇帝的新装》）

6. 巧借设问升格

有人问：幸福是什么？答案是丰富多彩的。

尼采认为：“能把蜈蚣、碎玻璃、肉虫、石头一齐吞下肚，却毫不恶心，这种人是最幸福的。”而思多葛派却认为：“拥有无穷的财富和威力，而且能够处事不惊，那才是真正的幸福。”

（《答案是丰富多彩的》）

7. 巧借诗文显诗意升格

① 翻开灿若银河的唐诗宋词，数不胜数的当算离别诗了。王勃壮怀高歌：“无为在歧路，儿女共沾巾。”柳永则声情哀怨：“今宵酒醒何处？杨柳岸、晓风残月。”江淹却千帆过尽一言蔽之：“黯然销魂者，惟别而已矣。”还有人捶胸顿足：“扬鞭哪忍匆匆！”当今又有汪国真低吟：“人生一瞬百年，哪堪去去还还。无论身在何处，只祈如水如船。”又来了席慕蓉温柔的警语：“如果离别能够勾起我们因聚在一起而引起的疏忽的细节，离别真的不好吗？”如此种种情思，真是美不胜收。涵咏不同时代不同人生的感悟，会让你有意外的收获。

（《万象人生坚守自我》）

② 当广袤的天宇被染成漆黑的底色，新月初升，无垠的天幕上缀满星星时，依栏凭吊的我总禁不住思绪满怀，我遥问天际的月亮：寂寞是什么？

曾几何时，有李白“举杯邀明月，对影成三人”，也许，寂寞便是皓月当空，好风如水，万籁俱寂时形影相吊的那种感觉吧！曾几何时，有李后主感慨“无言独上西楼，月如钩，寂寞梧桐深院锁清秋”，也许，寂寞正是深宫大院，国愁家愁人也愁的情丝纠缠吧！曾几何时，有陈子昂感叹“前不见古人，后不见来者，念天地之悠悠，独怆然而涕下”，也许，寂寞就是芳草依旧，天涯依旧，物是人非的空虚心境吧！于是，我问月亮，广寒宫的嫦娥告诉我，寂寞是“云母屏风烛影深，长河渐落晓星辰”的“碧海青天夜夜心”。寂寞到底是什么？我无法回答。

（《寂寞的意韵》）

8. 巧用话题阐述升格

美是什么？我知道，美是地平线上升起的第一道曙光，美是秋天里比火更炽热的枫叶，美是黄昏的沙滩上疾行的丹顶鹤，美是大草原上驰骋的梅花鹿……鲍姆嘉通同意我的说法，并补充道：“美是感性认识，研究美学即研究感性认识的科学。”康德却愤怒地瞪着我说：“片面，美是人类纯形式的主观感受，与事物本身毫无关系。我劝你还是看一看我的《判断力批评》。”我很虚心，认真仔细地研究了他的关于情感的美学著作。我正在为我的玄虚而洋洋自得时，黑格尔却泼给我一盆冷水：“不对，美应该是人类本质的外化。”接着，他就洋洋自得地谈起了他的美学理论。正当我丈二和尚摸不着头脑的时候，马克思在我旁边耳语道：“别听他的，他乾坤颠倒，是非不分，你千万别掉进唯心主义的泥坑里。美其实应该是人类本质与自由形式的统一。”美究竟是什么？我决定离开莫衷一是的欧洲，去一趟东方文明古国，寻找美的答案。

（《美是什么》）

四、让作文结构升格

【原文】

秋　歌

李斯婷

忆春。桃之夭夭，灼灼其华。

忆夏。接天莲叶无穷碧，映日荷花别样红。

忆秋。落霞与孤鹜齐飞，秋水共长天一色。

忆冬。墙角数枝梅，凌寒独自开。

春的生机勃勃，夏的热情奔放，冬的粉妆玉砌，无一不让人流连忘返。但，吾独爱秋。

古人常曰："自古逢秋悲寂寥。"秋的萧瑟，秋的惆怅，秋的惘然，却恰恰谱写成了一曲悠扬动人的秋歌。

秋歌寂寥，李清照满心的愁苦化作"凄凄惨惨戚戚"的词句，若无那萧瑟的秋风，谁来为她的秋歌作序？纵使有怅然的情怀，也将黯然失色……倚窗，咏唱出哀愁的词，带着内心的思念，停留在了落叶纷飞的深秋。

穿梭在"昨夜西风凋碧树"的季节，徘徊在"为伊消得人憔悴"的渡口，心中一阵怅惘，忆起昨日"独上高楼，望尽天涯路"的日子，不免感伤。透过古铜镜，哀愁的容颜，两行浊泪。期待黎明过后，有谁能一生为她画眉？"守着窗儿，独自怎生得黑"啊！

秋雨愁苦，梧桐叶落。李后主作"寂寞梧桐深院锁清秋"。那"月如钩"，何人能不感到秋的清冷彻骨呢？寂寞愁，离别苦。混杂着梧桐细雨，内心深处的愁滋味永久无法驱散。极深的哀痛，无可奈何，离愁的煎熬，痛极无泪，又有谁能为他解锁？"剪不断，理还乱"啊！

枯藤缠绕的秃树在风中瑟瑟颤抖，昏鸦声声哀鸣，萧瑟悲凉，悲戚衰颓。古迹斑斑的小桥，潺潺的流水，炊烟袅袅的人家，幽静甜蜜，安逸闲致。心中的彷徨无助油然而生……沉沦的夕阳，寂寞的古道，饱尝乡愁的游子与倦怠的瘦马，在暮色中渐行渐远。羁旅的游子在此团圆时刻却在外漂泊，怎能不悲从中来？"断肠人在天涯"啊！

秋虽没有春天里绚丽多姿的繁花，也没有夏日里茂盛葱茏的草木，更没有冬天里漫天飞舞的雪花，却有许许多多装满黄金大道的落叶景观。

吾唯独爱秋，在秋的沐浴下，聆听秋歌，欣赏秋色，感受秋味……

【升格后作文】

秋　歌

聆听秋歌，因为我独爱秋。

春的生机勃勃，夏的热情奔放，冬的粉妆玉砌，无一不让人流连忘返。但我更喜欢聆听秋歌。“桃之夭夭，灼灼其华”是春之歌；“接天莲叶无穷碧，映日荷花别样红”是夏之歌；“墙角数枝梅，凌寒独自开”是冬之歌；可我独爱聆听“落霞与孤鹜齐飞，秋水共长天一色”的秋之歌。

古人常曰：“自古逢秋悲寂寥。”秋的萧瑟，秋的惆怅，秋的惘然，却恰恰谱写成了一曲悠扬动人的秋歌。

秋歌寂寥。李清照满心的愁苦化作“凄凄惨惨戚戚”的词句，若无那萧瑟的秋风，谁来为她的秋歌作序？纵使有怅然的情怀，也将黯然失色……倚窗，咏唱出哀愁的词，带着内心的思念，停留在了落叶纷飞的深秋。

秋歌怅惘。穿梭在“昨夜西风凋碧树”的季节，徘徊在“为伊消得人憔悴”的渡口，心中一阵怅惘，忆起昨日“独上高楼，望尽天涯路”的日子，不免感伤。透过古铜镜，哀愁的容颜，两行浊泪。期待黎明过后，有谁能一生为她画眉？“守着窗儿，独自怎生得黑”啊！

秋歌愁苦。李后主作“寂寞梧桐深院锁清秋”。那“月如钩”，何人能不感到秋的清冷彻骨呢？寂寞愁，离别苦。混杂着梧桐细雨，内心深处的愁滋味永久无法驱散。极深的哀痛，无可奈何，离愁的煎熬，痛极无泪，又有谁能为他解锁？“剪不断，理还乱”啊！

秋歌悲戚。枯藤缠绕的秃树在风中瑟瑟颤抖，昏鸦声声哀鸣，萧瑟悲凉，悲戚衰颓。古迹斑斑的小桥，潺潺的流水，炊烟袅袅的人家，幽静甜蜜，安逸闲致。心中的彷徨无助油然而生……沉沦的夕阳，寂寞的古道，饱尝乡愁的游子与倦怠的瘦马，在暮色中渐行渐远。羁旅的游子在此团圆时刻却在外漂泊，怎能不悲从中来？“断肠人在天涯”啊！

秋虽没有春天里绚丽多姿的繁花，也没有夏日里茂盛葱茏的草木，更没有冬天里漫天飞舞的雪花，但是我唯独爱秋。

在秋风中，在秋夜里，我欣赏秋色，感受秋味，聆听秋歌。

【教师点评】

这篇文章语言生动形象，内容丰富，有着作者对秋的独特感悟。作者善于用修辞手法来增强文章的表达效果。如“秋的萧瑟，秋的惆怅，秋的惘然，却恰恰谱写成了一曲悠扬动人的秋歌”，用了排比、比喻的修辞手法。再如，“桃之夭夭，灼灼其华”“接天莲叶无穷碧，映日荷花别样红”

“墙角数枝梅，凌寒独自开”，引用贴切。

不足之处在于组织文章结构的能力还有待于加强，注意对照一下原文与升格后作文，体会一下为什么这么改。

五、综合升格

如何让作文上一个档次，这种写作思维训练实际上是一次全面的审视与检查，不仅要关注文章的立意，还要关注文章的结构、语言等。

【原文】

一颗纽扣，一份情

卢红玲

在我的小缝包里，有许许多多的纽扣。但是，却有一颗显得那么不显眼，那么的渺小。可是，它在我心中又是那样珍贵。

那是在小学时，我们班有一位很丑的女生，她个子很小，脸上长着几颗像黄豆那样大的青春痘。她的鼻子，就像我们钓鱼时鱼竿上的鱼钩。而她的手总是放在兜里，因为她的手上长满了茧，又粗又大。只要她在我们班，没有人敢靠近。有时，男生还会拿她来消遣。对于这种行为，女生个个坐视不理，有时，也会捉弄她。

有一天下午，不幸的是我竟然被调到她旁边，与她同桌，想起来我就汗毛倒竖，但师命难违。

刚和她坐时，我总是嫌她臭，嫌她寒酸、笨手笨脚。有时，还联合别班女生来打她。

但是，有时在课堂上，我被老师提问到不会的，她总会在下面小声告诉我答案；有时，我不会写的，她总会教我；有时，我想要买什么东西，没人要帮我买，她总会帮我买。尽管她对我很好，我还是对她感到不满。

有一次，在美术课上，我们都买了国画材料，就只有我同桌没有。后来，我才知道她为什么不买，原来她家里很穷，买不起材料，家人把家里多年的储蓄都供她读书。

我就只能和她一起用，她很快打开墨水盖，说什么也不让我动，很臭，就自己倒，当她要倒时，后面一位同学碰了她一下，就把墨汁全洒在她衣服上，她那时非常生气。她立刻跑去拿布，可是刚一站起来，原来是她衣服的质量很烂，跑线了，就勾到我纽扣，就把纽扣给勾掉了。我很生气，大声地叫着："这裤子很贵耶。"

就在这以后，我就很久没看到她了，后来得知，她退学，去打工了，还攒了一些钱，帮我买了一个一模一样的纽扣。这时我的心灵受到了强烈的震撼。我很后悔，我要好好珍惜这个纽扣，代表着我和她的情谊。

让我想起了一首歌，我想送给她："朋友一生一世一起走，那些日子不再有……"

【升格后作文】

一颗纽扣，一份情

在我的小针线包里，有许许多多的纽扣。其中有一颗不那么显眼，显得那么渺小。可是，它在我心中又是那样珍贵。

那是在小学时，我们班有一位很丑的女生，她个子很小，脸上长着几颗像黄豆那样大的青春痘。她的鼻子，就像我们钓鱼时鱼竿上的鱼钩。而她的手总是放在兜里，因为她的手上长满了茧，又粗又大。只要有她在我们班，就没有人敢靠近。有时，男生还会拿她来开玩笑，而女生个个坐视不理，甚至一起捉弄她。

有一天下午，不幸的是我竟然被调到她旁边，与她同桌，想起来我就汗毛倒竖，但师命难违。

刚和她坐时，我总是嫌她臭，嫌她寒酸、笨手笨脚。有时，还联合别班女生来欺负她。

但是，当课堂上老师提问我而我一时回答不上来时，她总会在下面小声告诉我答案；当我的作业不会做时，她总会教我；当我想买东西，又没有人肯帮我时，她总会帮我买。尽管她对我很好，可我还是对她感到不满。

有一次，在美术课上，我们都买了国画材料，就只有她没有买。后来，我才知道她为什么不买，原来她家里很穷，买不起材料，家人把家里多年的积蓄都拿出来供她读书了。

没办法，我只好和她一起用。她很快打开墨水瓶的盖子，说味道有点儿大，不让我动。当她要倒时，突然，后面一位同学碰了她一下，墨汁全洒在了她的衣服上。她想跑去拿抹布，可是，她刚一站起来，就把我裤子上的一颗纽扣刮掉了。我仔细一看，原来是她衣服的质量差，跑线，勾到了我的纽扣。当时我很生气，朝她发了火。

之后，我很久没有看到她了。后来得知，她退了学，去打工了，听说还攒了一些钱。说来也巧，一个晴朗的午后，我走在上学的路上，突然身后传来一个熟悉的声音，我转过头一看，眼前一亮："这不是……"

由于我要赶着去上课，临别时，我们互换了电话号码。当我急着要走的时候，她拉住我的手，笨手笨脚地在她背的小包里掏着（跟当年没什么两样），好不容易才掏了出来。

开始时，我以为是什么好东西，仔细一看，原来是一颗纽扣，一颗跟我掉的一模一样的纽扣。那一刻，我突然领悟到：她是特意在路上等我，特意把一颗一模一样的纽扣送给我的。

现在，每当轻轻地抚摸着这颗纽扣时，我就会含着泪花，并轻轻地说声"保重，朋友"。

【原文】

观察父母

陈坤超

父母是辛苦的。

早晨天才刚亮时父母就已经起床，母亲为我做营养早餐，为我准备今天的校服与鞋子，还在半迷糊的我也已知道新的一天来临了，忙碌的一天来临了。

父母常常是早出晚归的，但总是一下班就回家为我准备晚餐，当我踏入家门，早已闻到香喷喷的饭菜，让我劳累一天的身体似乎充满了能量。

晚上睡前肚子饿想吃东西，父母早已睡下，明知道他们的一天已足够劳累的我，却好像无知一样，大手大脚地打开冰箱，丝毫不顾及父母的感受，也许他们被我吵醒了，但终也是没说什么。当我找不到食物的时候，我却大声地喊父母，当得知我的肚子饿时，母亲口中唠叨了一声"晚上不吃饱，肯定睡不着，谁叫你不多吃点"，然后眯着眼睛给我煮夜宵……

第二天早晨的母亲眼圈是黑的，脸上显出劳累的神色，却让我用来当作哈哈笑的源泉，引来父亲的叹气。

母亲拖着劳累的身体，还是为我准备充足的早餐，并不是没想过，实在是自己太不懂事，肚子饿应自己动手，而不是吵醒母亲。

也许现在开始懂事点儿了，却平时观察到父母还是很辛劳。当我生日时，他们总是带着我出去吃一顿大餐，并问我要什么样的礼物，而礼物往往我说完以后就能有的……我要一部手机，父亲就会说："儿子，晚上上网看看，看到喜欢的，跟爸爸讲，爸爸帮你买……"

好像是如此，我的要求从来都没被父母拒绝过，而父母只希望我能够读好书，但我好像也没有达到他们的希望。

直到现在，有时候看到父母的头上几根明显的白发，虽然只是屈屈几根白头发，不过却含着辛苦与努力，努力让这个家更好。

我经常观察父母，总是有感想，看见他们辛苦，自己应努力，心里默下决心，因为这样会让他们觉得骄傲，觉得一切辛苦有了结果，孩子长大了……

【升格后作文】

父母是辛苦的

父母是辛苦的。

早晨，天才刚亮，父母就已经起床。母亲为我做营养早餐，为我准备今天要穿的校服与鞋子，还在半迷糊的我，也已知道新的一天来临了，忙碌的一天来临了。

父母常常早出晚归，但总是一下班就回家为我准备晚餐，我一踏入家门，就能闻到饭菜香，让我劳累一天的身体似乎充满了能量。

有时，晚上睡前肚子饿想吃东西，可是，父母早已睡下。明知道他们白天已足够劳累的我，却好像一无所知一样，还是大声地打开冰箱，丝毫不顾及父母的感受。也许他们被我吵醒了，但终究没说什么。当找不到食物的时候，我就大声地喊父母，当得知我肚子饿时，母亲口中唠叨了一声"晚上不吃饱，肯定睡不着，谁叫你不多吃点"，然后打着哈欠给我煮夜宵……

第二天早晨，母亲的眼圈是黑的，脸上显出劳累的神色，却被我当作取笑的对象，引来父亲的叹气。母亲拖着劳累的身体，那么早起来为我准备丰富的早餐，可是，当时我不觉得自己做错了什么，现在，每当想起这件事，我就觉得非常愧疚，真的很对不起母亲，自己实在是太不懂事了，肚子饿了应自己动手，而不是吵醒母亲。

也许现在开始懂事点儿了，平时观察到父母还是很辛劳，可是他们从来没有在我面前抱怨过。当我生日时，他们总是带着我出去吃一顿大餐，并问我要什么样的礼物，而礼物往往我说完以后都会有——“我要一部手机”，父亲就会说：“儿子，晚上上网看看，看到喜欢的，跟爸爸讲，爸爸帮你买……”

好像是如此，我的要求从来都没被父母拒绝过，而父母只希望我能够读好书，但我到现在好像也没有达到他们的期望，想想这些，真的很不应该。最近学了《陈情表》，我深深地被作者李密感动，他虽然命运多舛，但非常孝顺祖母，深切地发出“臣无祖母，无以至今日，祖母无臣，无以终余年”的感叹。看到父母头上已长出了白发，我想，父母有一天也会老的，等到他们干不动活了，我拿什么孝敬他们？

想到这里，再看看他们辛苦的样子、劳累的身影，我就感到自己肩上的责任重了，心里也默默地下定决心：努力吧，从今天开始，从现在开始，因为这样会让他们感到骄傲，觉得一切辛苦有了结果，觉得孩子长大了，老了有依靠了……

【原文】

分　享

邱　实

分享是什么？

不是施舍，不是单方面的付出，而是以平等的姿态，交流欢乐，交流幸福，交流经验……分享快乐便会收获加倍的快乐；分享幸福也会收获加倍的幸福。

我的家庭因分享而美好。

餐桌上有一个鸡腿，换作是别的家庭，一定是不由分说地塞进“小皇帝”或“小公主”的嘴里。而在我们家，却是另一番景象。

鸡腿躺在盘子里，往往会享受到一顿饭即将结束。最后总会有人问一句：“鸡腿谁吃？”老爸一脸惶恐：“不要不要，我晚上要监晚自习，留给儿子。”老妈一听，摆出家庭主妇的架势：“这么新鲜，留到晚上干吗？大家分掉。”我立马赞成：“分了！分了！”老爸还想说什么，一只鸡腿已被两双筷子四分五裂……

鲜嫩的鸡腿配上亲情这独门佐料，自然香鲜了无数倍。分享一个鸡腿，让我们的感情更加亲密无间，让我们时刻享受一个美好家庭的温馨。

生活因分享而充满热情，那么学习呢？其实我的班级也因分享而美好。

一次，班里创建图书角，同学们积极参与，我带来了20多本《我们爱科学》杂志。近百本书把教室后的图书角堆得满满当当，从此，课间平添了几分书香。

课间，有人对着我的书高谈阔论，我也在细细品读另一位同学带来的小说。我们通过分享书籍，发现了身边志同道合的新朋友，增加了与老朋友的友谊，让一个班更加有凝聚力，让我们感受到了团结的力量，让同学们能一同努力，一同进步！

我们都可以分享，也都应该分享，分享带来的收获远远大于付出。去分享欢乐、分享幸福吧，那是触手可得的宝藏。

【升格后作文】

分　享

分享是什么？

分享不是施舍，不是单方面的付出，分享是以平等的姿态，交流欢乐，交流幸福，交流经验……分享快乐便会收获加倍的快乐，分享幸福也会收获加倍的幸福，分享经验也就收获加倍的经验。我们的生活因分享而变得更加美好。

一个家庭因分享而美好。

餐桌上的一个鸡腿，换作别的家庭，一定是不由分说地塞进“小皇帝”或“小公主”的嘴里。而在我们家，却是另一番景象。

鸡腿躺在盘子里，往往会待到一顿饭即将结束。最后总会有人问一句：“鸡腿谁吃？”老爸一脸惶恐：“不要不要，我晚上要监管学生上晚自习，留给儿子。”老妈一听，摆出家庭主妇的架势：“这么新鲜，留到晚上干吗？大家分掉。”我立马赞成：“分了！分了！”老爸还想说什么，一只鸡腿已被两双筷子四分五裂……

鲜嫩的鸡腿配上亲情这独门佐料，自然鲜美了无数倍。分享一个鸡腿，让我们的感情更加亲密无间，让我们时刻享受一个美好家庭的温馨。

生活因分享而更加美好，那么学习呢？其实我的班级也因分享而美好。

一次，班里创建图书角，同学们积极参与，我带来了20多本《我们爱科学》杂志。近百本书把教室后的图书角堆得满满当当，从此，课间平添了几分书香。

课间，有人对着我带来的书高谈阔论，我也在细细品读另一位同学带来的小说。我们通过分享书籍，发现了身边志同道合的新朋友，也更增进了与老朋友的友谊，让我们的班级更加富有凝聚力，让我们感受到了团结班组的力量，让同学们能一同努力、一同进步！

事实上，分享就是这么简单。我们都可以分享，也都应该分享，分享带来的收获远远大于付出。去分享欢乐、分享幸福吧，因为那是触手可得的宝藏。

升格思维训练：从“有形”走向“无形”

北京陈经伦中学特级教师王大绩说，仿写是提高学生写作水平的必由之路。只是学生在运用时大多处于自发、散漫、随意的状态。我们提倡有意识地进行仿写，把仿写与写作结合起来，走一条从仿写的“有形”到自由写作的“无形”的思维训练之路。

一、从编写短信看仿写

1. 仿写练习

（1）仿写示例

用手机发短信送祝福已成为一种时尚，在春节即将来临之际，请仿照下面的示例，给你的老师或朋友发一条短信，表达你对他们的祝福。

示例：清风带去我的祝福，明月捎走我的问候，送你一丝风儿，赠你一缕月儿——人间有情，中秋快乐！

要求：①简明得体，有文采，有创意；②40字以内。

（2）仿前分析

① 仿写句子比较重要的一点是形式上的约束性。这就要求我们要弄清例句的句式、句型，甚至语气。仿写时要注意句子结构形式的高度一致，或常式或变式，或陈述或祈使或感叹；还要弄清句子内部的语意关系，或转折或递进，或因果或假设，或总分或并列等。

例如，清风（主语）带去（谓语）我的（定语）祝福（宾语），明月（主语）捎走（谓语）我的（定语）问候（宾语），送（谓语）你（宾语）一丝（定语）风儿（宾语），赠（谓语）你（宾语）一缕（定语）月儿（宾语）——人间（主语）有情（谓语），中秋（主语）快乐（谓语）！形式上还要注意语言的前后联系，如"风儿"对"清风"，"月儿"对"明月"。

② 仿写前应注意分析例句所运用的修辞手法，或比喻或比拟，或借代或夸张，或对偶或排比等，必须严格遵守。同时还应把握其隐含要求。运用比喻时，须把握本体与喻体有本质区别且必须有相似点的原则。运用拟人时，应注意事物本身的特征。运用对偶时，应注意句子形式相同，句意相同或相近。运用排比时，应注意以下三点：排比成串，至少三个；构成排比的语句内容要相关，语气要一致；字数不一定相等。

例如，清风带去我的祝福，明月捎走我的问候，送你一丝风儿，赠你一缕月儿——人间有情，中秋快乐！（主要是用了拟人的修辞手法）

③ 仿写前应分析句子的意思。由于仿照的语句大多富有哲理或意蕴含蓄，这就要求仿写时必须领会句子蕴含的微言大义、句子的话题及感情色彩等。

例如，清风带去我的祝福，明月捎走我的问候，送你一丝风儿，赠你一缕月儿——人间有情，中秋快乐！（以"清风""明月"传递思念之情）

2. 拓展训练

例一：在五一劳动节即将来临之际，请仿照下面的示例，给你的老师或朋友发一条短信，表达你对他们的祝福。

示例：蓝天为纸，春风为笔，祝福为墨，点出星星，描上白云，奉上月亮，送给正在看信息的您，祝生活如诗如画，祝五一劳动节快乐！

仿写：____

____

例二：在圣诞节即将来临之际，请仿照下面的示例，给你的老师或朋友发一条短信，表达你对他们的祝福。

示例：我的祝福是一张世界地图，你走到哪里，幸福就跟随你到哪里，让我的祝福飞向你身边，以无限的关心祝福你——圣诞快乐！

仿写：____

____

例三：在母亲节即将来临之际，请仿照下面的示例，给你的母亲发一条短信，表达你对她的祝福。

示例：千里试问平安否？且把思念遥相寄。绵绵爱意与关怀，浓浓情意与祝福——母亲节快乐！

仿写：____

____

例四：在教师节即将来临之际，请仿照下面的示例，给你的老师发一条短信，表达你对他们的祝福。

示例：您是火种，点燃了学生的心灵之火；您是石阶，承受着学生一步步踏实的向上攀登；您是蜡烛，燃烧了自己，照亮了别人。

仿写：____

____

例五：在元宵节即将来临之际，请仿照下面的示例，给你的老师或朋友发一条短信，表达你对他们的祝福。

示例：春夜灯花，几处笙歌腾朗月；良宵美景，万家箫管乐丰年。三五良宵，花灯吐艳映新春；一年初望，明月生辉度佳节——祝元宵节快乐！

仿写：____

____

二、从文章修改前后看仿写

修改前：

我的爸爸本来是个卖包子的，他在公园路有个铺子，是那种叫作违章建筑的木板屋。生意真好，他整天剁馅儿。

制馅儿的人是包子铺里的灵魂，我家的包子能够驰名四方，全靠馅儿好。爸爸用两只手拿两把菜刀剁馅儿，动作极快，供应不断，从不让买包子的人久等。剁馅儿用的砧板是用很厚、很结实的木材做成的，两三年就变薄了，而且像砚台一样留下了凹痕。它不能再用，爸爸得去买一块新的砧板来。

人家都说爸爸做的包子天下第一，理由如下：包子是中国食物，最好的包子应该出在中国，而中国的包子又以我们家做得最好。不骗你，我每天上学放学从包子铺外走过，常见有人坐着汽车从老远的地方来买包子。

现在爸爸不卖包子了，公园路那排木板屋也早已被拆掉。当年那几块不堪再用的砧板还在，爸爸把它带回家挂在书房里——他现在有书房了——当作纪念。他常常指着砧板告诉我们：为人不要好逸恶劳。

修改后：

每逢看见有人弹钢琴，我就想起父亲。

每逢看见有人使用英文打字机，我就想起父亲。

每逢从收音机里听到评剧的鼓声，我就想起父亲。

父亲不打鼓，不打字，也从来不弹钢琴，但他的双手比打鼓、打字、弹钢琴的人忙碌十倍，也巧妙十倍。当我上小学的时候，每天背着书包从父亲开设的包子铺门前经过，总看见他在剁馅儿。他两手并用，双刀轮番而下，打鼓似的、弹琴似的敲响了砧板。当我去上学的时候，包子铺里的成品堆得像小山那么高，他仍然不停地剁馅儿，好像他的工作才开始。放学回来，成堆的包子不见了，卖完了，他仍然在那儿剁馅儿，好像永远没个完。

那条路上有许多小吃店、许多行人，还有来往的汽车，声音十分嘈杂。可是而今在我的回忆之中，只有一种声音，一种擂鼓的声音，轻一阵重一阵，密一阵疏一阵，从路的这一头响到那一头，整条街上的木板屋都发出共鸣。

这是父亲的战鼓，我踏着他的鼓声去上学，踏着他的鼓声回家，我是在他的战斗里长大的。

那是多么严肃沉实的声音啊！听那节奏，就知道他的手法多么纯熟，知道这个枯燥的工作消耗了他多少岁月和热情！包子铺的生意极好，很多人从远处开着汽车来买，称赞父亲做的包子“天下第一”。父亲什么表示也没有，只是擂他的战鼓。

然而父亲对他的战斗是颇为自豪的，他每隔两三年要换一块新的砧板，旧砧板在无尽无休的切剁和刮洗之下变薄了，中间凹下去了。父亲把这些不堪再用的砧板当作纪念品好好地收藏起来。

现在，父亲不卖包子了，他把那几块纪念品挂在他的书房里。客人来了，不明就里，还摩挲欣赏，问是哪派艺术家的构制呢！只有我知道，那是一位生活的巨匠在完成了四个孩子的教育之后偶然遣兴的几件小作品，留作我们的传家之宝。啊，父亲！父亲！

跟上一篇比，这一篇在叙事之中处处写出作者自身的感受。虽然修改后的这一篇字数上比上一篇多，但叙事比上一篇简化，许多地方以作者内心的感受为主。如果我们能从修改前与改写后的对比中找到写作的窍门，再加以模仿、创新，那么一定能提高自身的写作思维能力。正如著名语言学家张志公先生所说：“模仿是学习的必经之路。”

模仿写作不仅可以提高写作兴趣，也可以提高自己的文学素养，还可以不断丰富自己的语言积累，更重要的是能在模仿的过程中把握他人表情达意、谋篇布局、遣词造句的精髓，锻炼自己的语言思维能力，通过这种“有形”的训练，最终内化为自身的写作思维能力，以达到“无形”的自由写作的目的。

升格思维训练：如何避免审题失误

马克思说：“语言是思想的直接现实。”叶圣陶说：“语言文字上的毛病就是思想上的毛病。”写作难，难在哪里？究其根本，难在思维。

综观当下写作思维训练的文章，一般从概念、判断讲到推理，或从分析、比较讲到综合，其思路是沿着逻辑思维的过程讲述的，比较抽象，可读性不强，虽然有一定的指导作用，但对于初级写作者（如中学生）来说，恐怕还是比较艰深。

对于中学生来说，写作中字词句的基本功应该没有什么问题，那么问题是什么？是简单的字词组合叠加，还是仅就生活的表象做一番描述？如果仅仅做到文从句顺、简单地表情达意，那只是达到了最基本的写作要求，只能得一个一般的成绩，如果想在考场写作中有超常发挥，思维训练就显得尤其迫切且重要。

思维训练是一项系统的大工程，涉及方方面面，需要经过一个长期的过程，不能指望毕其功于一役。就写作思维训练来看，如果从大的方面来说，最重要的是培养四项思维品质：广阔性、独创性、深刻性和敏捷性。在如何避免审题失误方面，应该在理解、分析和概括上做文章。

“文不对题”是考场写作的大忌，在学生的考场作文中主要表现为偏题、离题。这种问题在命题作文和话题作文中出现过，在新材料作文中也出现过，原因在于学生审题失误。审题失误，写出来的作文就会南辕北辙，“差之毫厘，谬以千里”。

如 2015 年 3 月厦门市高三语文质量检测中的作文题：

阅读下面的材料，根据要求作文。

一对西班牙父子因一些事情关系变得紧张，男孩离家而去，父亲心急如焚，遍寻不着之后，在马德里的报纸上刊登寻人启事。儿子名叫帕科，在西班牙这是个常见的名字。寻人启事上写着：“亲爱的帕科，爸爸明天在马德里日报社门前等你。一切既往不咎。我爱你。”

隔天中午，报社门前来了 800 多个“帕科”，等待宽恕。

上面的材料引发了你怎样的联想或感悟？请就此写一篇不少于 800 字的议论文或记叙文。

要求：（1）必须符合文体要求；（2）角度自选，立意自定，标题自拟；（3）不要脱离材料内容及含意的范围；（4）不得抄袭，不得套作。

材料的关键词是“宽恕”或“等待宽恕”。宽恕的目的是为了和解，为了解决矛盾，化解冲突，让人远离怨恨、痛苦等。材料表面上讲的是父子之间的矛盾，结果有“800 多个‘帕科’”来等待宽恕，足见矛盾的普遍性。在审题时，有考生把这则材料理解为要“关注细节”，因为登报的内容写得不够详细，才导致那么多人“等待宽恕”；还有的考生从材料中筛选出来的关键信息是“离家出走”“登报寻人”“等待”，从而导致审题失误。如何解决这个问题，我想可以通过以下三个方面来训练。

一、提高理解能力，避免审题失误

就话题论话题，就材料论材料，提高对话题、材料的理解能力，要关注理解知识的三级水平：首先是能辨认和识别对象，并且能为对象命名，知道“是什么”；其次是在知觉理解的基础上，揭露事物的本质与内在联系，知道“怎么样”；再次是在概念理解的基础上，进一步达到系统化和具体化，重新建立或调整认知结构，达到知识的融会贯通，并使知识得到广泛的迁移，知道“为什么”。审题时不仅要知道材料写的“是什么”“怎么样”，还要理解“为什么”。

考生在阅读作文材料时，如果能准确地抓住“是什么”“怎么样”“为什么”，就能快速地读懂材料，准确地抓住主要信息——“宽恕”或“等待宽恕”。

宽恕，方可和谐圆满

考　生

父亲的既往不咎使得“帕科”们返回并等待宽恕，源于父爱的宽恕，消释了父子矛盾，成就了父子关系的和谐圆满。

正如图图大主教所言：“没有宽恕就没有未来。”然而在现实生活中，为何大多数人缺乏宽恕之心呢？我想，始终囿于仇恨这个狭小的笼里，也许是缺乏宽恕的真实原因。怨恨他人所为于己不利，我们无法释怀；怨恨别人对自己的不理解，我们内心不平。陷入舍勒所言怨恨之中，我们永远纠缠矛盾，难忘过去的仇恨，怀有报复之心，致使宽恕与我们愈行愈远。

而宽恕之心的生根发芽应当源于更深层次的理解和对未来发展态势的展望。于个人而言，宽恕消解私人仇恨和误解；于社会文明而言，宽恕过去、展望未来方为文明之大气象。

宽恕，是人际关系得以保持和谐的基础。甘地的一生就是关于爱与宽恕的教科书，他倡导非暴力不合作，以自身的行善和宽恕赢得了国人的赞誉；康有为与梁启超晚期由于政见不合而师生关系破裂，但最终梁启超向老师表示诚意而获得康有为的宽恕，被后世传为佳话；伽利略的学生宽恕老师看似向教会的妥协，使得伽利略消除了良心上的不安，潜心研究力学定律……凡此种种，皆是由于双方的互相理解和宽容。宽恕错误，促进一番和谐与圆满的人性美好之图景。

宽恕，是社会发展的助推器，是国家民族成就的必需品。世界人民对德国总理的虔诚忏悔表示宽恕，促进德国社会的发展，使得人民对其在“二战”中的恶劣行为表示理解。相反，日本妄图否认历史，甚至修改史实，引起邻国愤怒，甚至被世界人民所唾弃。这也是日本发展中的巨大污点，人民难以宽恕。由此观之，宽恕对社会发展极其重要，同时也是文明大气象的展现，是促进社会和谐圆满的必要条件。

宽恕其实很简单，多一些包容，少一些愤慨；多一些宽容与理解，少一些怨恨与不解；多一分释然的态度，少一些汲汲于仇恨的心理，宽恕过去，成就的便是未来。

胡适曾认为容忍比自由更重要，是的，宽恕不仅仅使得小我解放，更能够成就和谐圆满之境。

【点评】

《宽恕，方可和谐圆满》一文的作者很聪明，从辨认和识别对象，并且能为对象命名，准确理解了“是什么”——“父亲的既往不咎使得‘帕科’们返回并等待宽恕，源于父爱的宽恕，消释了父子矛盾，成就了父子关系的和谐圆满”；在知觉理解的基础上，揭露了事物的本质与内在联系，知道“怎么样”——“没有宽恕就没有未来”“宽恕不仅仅使得小我解放，更能够成就和谐圆满之境”；在概念理解的基础上，进一步达到系统化和具体化，重新建立或调整认知结构，达到知识的融会贯通，并使知识得到广泛的迁移，知道“为什么”——“宽恕之心的生根发芽应当源于更深层次的理解和对未来发展态势的展望”“宽恕，是人际关系得以保持和谐的基础”“宽恕，是社会发展的助推器，是国家民族成就的必需品”。从三个层面上理解材料，正确审题并不难。

二、提高分析能力，避免审题失误

分析能力包括将问题系统地组织起来，对事物的各个方面和不同特征进行系统的比较，认识到事物或问题在出现或发生时间上的先后次序，在面临多项选择的情况下，通过理性分析来判断每项选择的重要性和成功的可能性，以决定取舍和执行的次序，以及对前因后果进行线性分析的能力等。

有的考生虽然能够准确地抓住材料的主要信息——“宽容”或“等待宽容”，但是在对材料进行分析时，未能始终如一地紧扣主要信息，而是牵强附会地将其思考引至自己熟悉的话题，从而导致偏题甚至离题。

有个考生从父亲宽恕儿子想到要好好珍惜亲情，如果能够进而分析只有“宽恕”才能让亲情回归，也许会好些，但这个考生重点阐述了“珍惜”的重要；另一个考生分析材料时，不是从整体出发，而是断章取义，对材料进行肢解，对“登报”内容不够详尽进行分析，最后导致离题；还有一个考生从父亲宽恕儿子想到父亲给儿子自由的成长环境，结果论述的重点不是“宽恕”，而是以“自由与约束”为题展开论证。此类现象不胜枚举，应引起特别的重视。

让宽恕为人性摆渡

考　生

奥地利作家茨威格在《异端的权利》一书中写道：“这个世界之大，容得下许多真理。人们若是心怀友善，便能和谐共住。”的确，世界之大，真理之多，我们实在不应该拘泥于偏执之见，而应该学会宽恕，用爱拥抱他人。

是什么让父亲的一则寻人启事唤起800多个儿子的共鸣？究其本源，宽恕彰显着人性的光辉。诚然，并不是所有人都能够拥有君子之腹、宰相之心的宽宏大量，但是，我们或许可以多一些宽恕理解，少一些斤斤计较。因为一旦如此，不仅我们生命的宽度得以拓展，温度得以提升，社会精神河流的水位也将不断地上升。因此，让宽恕为人性摆渡，让大爱充满人间，我们的社会定然能搭上更好更快发展的快班车。

在社会的道德高地上，敢于提升“爱与宽恕”这个高线，无论是对国家还是对个人都是大有裨益的。对国家而言，当德国积极反省“二战”历史错误后，欧洲各国大度宽恕，大大促进了各国的共同发展；从个人来看，南非前总统曼德拉在27年牢狱生活结束后，不但宽恕了昔日的政敌，而且积极保护曾经虐待他的狱卒。正是因为适时的宽恕，西欧迎来了发展的黄金时期，曼德拉赢得了世界广泛的赞誉。托尔斯泰曾说：“人类被赋予一种工作，便是精神的成长。”让爱与宽恕的善行蔚然成风，让真挚友爱成为道德标尺，人类才能收获不断充盈的精神世界。

然而，在宽恕之时我们也应当奉道德法律为圭臬，切忌失去原则。就如孔明拒绝宽恕以身犯法的马谡，维护了法律的尊严一样，当我们面对厚颜无耻的贪官污吏和穷凶极恶的恐怖分子之时，无须忍让宽恕，用法律的武器将其绳之以法，正本清源，还我们一个和谐安定的社会环境。

不容乐观的是，随着物质世界的不断丰富，人们的精神世界却日趋贫瘠，有些人为鸡毛蒜皮的小事吵架斗殴，有些人计较于自身利益，在名利场上钩心斗角。前不久的香港反水货游行，更是把两地人民拉入对立的极端。在此背景下，我们更应当寻找问题的最优解，用宽恕融合人性裂缝，用友爱消弭人性坚冰。

捷克作家米兰·昆德拉曾说：“我心中已经听到远方的呼唤，再不需要回过头去关心种种是非议论。”当我们选择远方，不正应当宽恕对待身边的琐碎小事吗？当我们多一些宽恕友爱，相信我们一定能够驱散冷漠的阴霾，让这个蔚蓝色的星球更加美好。

【点评】

从行文看考生如何将问题系统地组织起来，如何对事物的各个方面和不同特征进行系统的比较，认识到事物或问题按出现或发生时间上的先后次序，在面临多项选择的情况下，通过理性分析来判断每项选择的重要性和成功的可能性，安排了下列论述次序，并进行线性分析。

（1）材料导入——“是什么让父亲的一则寻人启事唤起800多个儿子的共鸣？究其本源，宽恕彰显着人性的光辉。诚然，并不是所有人都能够拥有君子之腹、宰相之心的宽宏大量，但是，我们或许可以多一些宽恕理解，少一些斤斤计较。因为一旦如此，不仅我们生命的宽度得以拓展，温度得以提升，社会精神河流的水位也将不断地上升。”

（2）观点提炼——“让宽恕为人性摆渡，让大爱充满人间，我们的社会定然能搭上更好更快发展的快班车。”

（3）深入分析——

①“在社会的道德高地上，敢于提升‘爱与宽恕’这个高线。”

②“在宽恕之时我们也应当奉道德法律为圭臬，切忌失去原则。”

③“用宽恕融合人性裂缝，用友爱消弭人性坚冰。”

（4）得出结论——“当我们选择远方，不正应当宽恕对待身边的琐碎小事吗？当我们多一些宽恕友爱，相信我们一定能够驱散冷漠的阴霾，让这个蔚蓝色的星球更加美好。”

三、提高概括能力，避免审题失误

学生如果不具备概括能力或概括能力较低，就难以读懂材料。对材料的理解和吸收在很大程度上取决于概括能力。因此，提高学生的概括能力，有助于学生读懂材料，抓住重点。在作文审题训练中，一定要重视概括能力的提高，这样，才能更好地完成审题立意的任务。

阅读下面的材料，根据要求作文。

天下的河流很少有笔直的，大多经历曲折迂回。为什么呢？水要跟大地妥协。当然，水最终还是往东流去了，那是挡不住的。

上面的材料引发了你怎样的联想和思考？请据此写一篇不少于800字的文章。

要求：(1) 文体自选（诗歌除外），立意自定，标题自拟；(2) 不要脱离材料内容及含意的范围；(3) 不得抄袭，不得套作。

从上面这则材料中，我们可以总结出水的生存智慧——既要有所“妥协”，也要有所“坚守”。“妥协”“坚守”是抽象概念，是从具体的材料中概括出来的。在阅读材料时，首先要抓住重要信息“水要跟大地妥协”与“最终还是往东流去了，那是挡不住的”，从中提取一组矛盾概念——“妥协”与“坚守”。

对作文材料的概括，简单地说，是从中概括出写作的话题。从2015年3月厦门市高三语文质量检测中的作文题中，概括出来的话题可以是“宽恕”或“等待宽恕”，但审题到此还没有结束，因为还要从中提炼出论题、论点，如“宽恕，方可和谐圆满”“让宽恕为人性摆渡”“莫让宽恕成为常态”。

莫让宽恕成为常态

考　生

有几百个“帕科”，就有几百颗满含忐忑等待被宽恕的心。“帕科”们心里所思，便是大多数人心里所想。然而，当人们被宽恕时，是对自己所作所为的反思，还是逃过一劫的庆幸？

面对错误教训的循环往复，我们不禁要问：宽恕是不是解决问题的最佳途径？

在光怪陆离的社会中，人们要在各种复杂的人际与利益锁链中艰难攀爬，错误在所难免，令人懊悔之举也难以回避。诚然，犯错误时他人善意的宽恕是重振自我心态、调整人生轨迹的重要推力，但许多人就在这一次次的“被宽恕”中失去了对自我心性的塑造，忽视了这无限宽容竟是对个体发展空间的束囿。人们深陷于自我蒙蔽的泥潭，在他人所构筑的幻象下苦苦挣扎，却埋怨社会的纷乱与不公。如此境况，究其根源，是对“宽恕”这一概念及其影响的误解，是在错误这一警钟下仍继续装睡的愚昧行径。

因此，“被宽恕”不能是自我的要求，“宽恕”也不是化解人们心中茫然与失望最有效的方法。仓央嘉措问佛，佛所谓“娑婆世界”即是对当下最完美的解读。“娑婆”即遗憾，即人为之懊悔或人之失去之物。当人们请求宽恕时，或得到他人善意的谅解，或得到冰冷的拒绝而埋怨、后悔，既然“宽恕”求而不得，或得之却成桎梏，何不一步一留心，不让错误成为常态？

与其等待宽恕，不如主动探求自身的瑕疵与弱点。柴静于穹顶之下、众生之中孑然站起，向雾霾宣战，向不合理之体制发出抗议，不是等待不久的将来人类对自然请求无用的宽恕，而是追根溯源勇敢面对人类存在的形态与终极意义。就如法国作家杜·伽尔所说：“我们所存在的一切缺点中，最为粗鲁的是忽视自己的存在。”当被所谓“宽恕”所蒙蔽时，汲取闻一多于象牙塔中努力看清时代文化倒退病症的精神之光，攫取柏杨在狱中揭露中国人劣根性的精神文化，攀上梭罗于湖畔思考自我存在之意义的精神高度，错误便不是人生虚伪的外化，而是人生之路的精心点缀。

“涓流虽寡，浸成江河。”正确审视自我，逃离“宽恕”的巨大屏障，终将细节汇成滚滚大江，冲刷人生的污迹。

【点评】

（1）引出话题——“有几百个‘帕科’，就有几百颗满含忐忑等待被宽恕的心。‘帕科’们心里所思，便是大多数人心里所想。然而，当人们被宽恕时，是对自己所作所为的反思，还是逃过一劫的庆幸？”“面对错误教训的循环往复，我们不禁要问：宽恕是不是解决问题的最佳途径？”

（2）反向提出解决方法——

①“既然‘宽恕’求而不得，或得之却成桎梏，何不一步一留心，不让错误成为常态？”

②“与其等待宽恕，不如主动探求自身的瑕疵与弱点。”

（3）得出结论——“正确审视自我，逃离‘宽恕’的巨大屏障，终将细节汇成滚滚大江，冲刷人生的污迹。”

当然，理解能力、分析能力、概括能力提高了，审题能力也一定会有所提高，同时会降低审题的失误率，但并不是说审题就完全不会失误，因为造成审题失误的原因有很多。以上仅仅是提供避免审题失误的一点见解、一种途径，仅供参考而已。

升格思维训练：如何分级推进学生的写作能力

当前新课程改革正如火如荼地开展，以前6册课本需高中三年学完，现在压缩到一年过半个学期学完。另外还有选修课、社会实践，不一而足。其他学科在量上都有大幅度的提高，学生课外阅读的时间被挤占。教学时间紧，教学内容丰富，教师在赶进度，难以有更多的时间投入课题的研讨之中。这是目前新课程改革与教师课题研究的一大矛盾。

虽然困难重重，但是写作思维训练不能放松，如果能有效地进行分级训练，那么对学生写作能力的提高或许有一定帮助。具体可以从以下几个方面进行。

一、观察能力训练

人类观察、感受和认识的细密，导致了精神世界的细密，进而导致了语言的细密。没有细密、丰富的精神世界，不可能有细密、丰富的语言。人类的观察、感受和认识经历了由粗糙到逐渐细密的过程，这个过程再现了人的智慧由低级向高级发展的轨迹。

观察能力是指借助感觉器官感知生活、体验生活、认识生活并觉察事物特征的能力。观察能力训练是写作思维能力提高的基础，是作文成功的起跑线。鲁迅先生重视观察，也劝人重视观察。他说："如要创作，第一须观察……"从佛罗基奥指导达·芬奇画鸡蛋、福楼拜教导莫泊桑观察街市来往车马有什么细微差别的故事中，我们不难体会观察能力对他们艺术造诣的深刻影响。试想，白居易如果没有经过对荔枝外壳的颜色随时间变化而变化的仔细观察，就写不出《荔枝图序》；朱自清如果没有月下观看荷塘美景，就写不出《荷塘月色》这样脍炙人口的佳作。

能力训练一：引导学生观察事物的特点写片段。可以带领学生到大自然中观察日出日落的场景、四季景色的不同等。可以要求学生细致地观察本班一个同学的面貌，描述这个同学的肖像，要抓住这个同学最突出的特点写，写得逼真，不说姓名大家就知道写的是谁。

能力训练二：引导学生观察事物场景写短文。观察事物场景写短文是在观察事物的特点写片段的基础上进行的。例如，组织学生参观学校的多功能教室、动物标本展览室等，引导他们进行观察。观察前，要把观察的目的对学生讲清楚，并要求学生在观察的过程中做记录，以作为写作材料。观察后，要启发指导学生按观察顺序与重点整理记录的材料，完成短文写作，选择其中写得较好的在班级朗读。

能力训练三：引导学生观察日常生活写周记。要求学生每周写2～3篇日记，以写观察日记为主，写在日常生活中观察到的感兴趣的事。

仔细观察上至天文——四季的更替、气候的变化，下至地理——沧海桑田的变迁、涓涓细流的汇聚，再到花鸟虫鱼的习性、飞禽走兽的姿态，从宏观世界的天体运行到微观世界的核子裂变，从五彩缤纷的大自然到万花筒般的大千世界，从丰富多彩的生活中不断汲取活水，为写作提供取之不尽、用之不竭的生活素材。

二、联想能力训练

能力训练一：将思维引向细密：雨—傍晚的雨—傍晚森林中的雨—傍晚森林中淅沥的雨—（怅然若失或怡然自得地）欣赏傍晚森林中淅沥的雨……

能力训练二：通过联想获得了材料，也找到了意义，如果不能将二者组合好，依然难以达到优秀作文的要求。要掌握一定的连接技巧。

三、想象能力训练

高尔基说："想象在本质上是一种形象的思维、艺术的思维。"

爱因斯坦认为，"想象力是科学研究的实在因素"，它"比知识更重要，因为知识总是有限的，想象也可以概括世界上的一切，推动前进，是知识进化的源泉"。

想象能力是指在长期观察、广泛阅读的基础上，受灵感的驱动，运用形象思维，利用大脑对曾经知道的各种有关事物的形象，根据时空的联系以及事物间的类似性或差异性联想到另外的事物，并加以改造，从而创造出新的形象的能力。缺乏想象能力，就如同失去了作文的动力装置，即使勉强写出文章，也是"为赋新词强说愁"，无病呻吟，苍白无力。

有了想象，就会像刘勰所说，"思接千载，视通万里"。想象可以将日常观察、广泛阅读的内容融入学生的生活经验中，使学生的情感得以升华，改变思维方向，达到"听唱新翻杨柳枝"的境界。

四、表达能力训练

表达能力是指将自己对生活的观察体验，利用知识储备，采用各种手法，准确、形象而富有创造性地付诸语言和笔端的能力。一个学生有材料不会编排，有事情不会叙述，有道理不会议论，有感受不会抒发，运用表达手法和驾驭语言的能力较弱，文章就难以写好。要想提高表达能力，就必须在写作实践上下功夫。

要想提高表达能力，首先要从口头表达上入手。口头表达，看似很简单，实际上有很多的学问。我们知道，听是口头表达的前提，口头表达是写作的中心环节。口头表达能力其实是“听说能力”中“说”的能力。

能力训练一：帮助学生积累一定的知识文化，让学生有一定的知识储备。让学生用好教材这个范本，指导他们反复品味教材中的重点篇章，背诵精彩的语段；依据各类文体的写作特点，提出阅读重点，点化阅读难点，教给学生阅读方法；还可以给学生推荐一些必读书目，介绍一些报刊，范读一些美文；要求学生手头常备一些可读的东西，闲暇时间进行阅读，并做到持之以恒。有了积累，进行口头作文训练也就相对容易一些。

能力训练二：创建一个“说”的平台。利用课堂，给学生时间，让学生围绕一个中心展开叙述、说明、议论、描写、抒情。课前5分钟演讲，让学生练练胆子的同时练练嘴皮子。会说了，说好了，就用笔写，把在日常生活中所获得的体验如实地写出来，要做到条理清晰，逻辑性强，描述生动形象，写出的文章具有一定的可读性。加强这种训练，最终目的是让学生由口语表达过渡到书面表达。提高学生的表达能力就是要提高学生遣词造句的能力，要让学生掌握相当数量的文字，熟悉各类体裁文章的特点，明确写作要求，能够独立构思，正确立意，恰当选材，合理布局，熟练掌握和运用叙述、描写、议论、抒情等表达方式，这是作文的基本功。可以常写些一事一议、就事论理的短论杂文等；要提高记叙、描写和抒情能力，可以多写一些记人记事的速写、随笔等。

能力训练三：创建一个展示成果的平台。如在博客上发表学生习作，激发学生写作的积极性；组织学生参加一些征文竞赛、演讲比赛等；组织学生开展口头作文、即兴演讲等活动。

要采取多种手段，灵活运用各种方法，激发学生的写作兴趣。经过长期培养和训练，学生的表达能力将会有一定的进步。

上述几种训练，都是为写作思维训练奠定基础。一个不会观察的人，一个不会联想和想象的人，一个不会表达的人，其写作思维能力的提高也会受到影响。

有人认为，思维训练是大脑的柔软体操。学生进行的写作思维训练，也应该是大脑的柔软体操。《思维导图》中指出，当你每次产生一个想法时，带有这个思想的神经通道中的生化电磁阻力就会减少。这就像在丛林之中清出一条小路来一样。第一次得费一点劲，因为你必须清除掉一路上的杂草缠藤。第二次就容易多了，因为第一次走过这里时已经做了很多清障工作。你从这里经过的次数越多，存在的阻力越小，直到重复很多次以后，这条小路变得又宽又平，基本上没有什么或只有很少的东西要清除了。大脑里面的情形差不多：你重复思维模式或图谱的次数越多，对它们造成的阻力就越小。因此，重复本身就增大了自我重复的可能性，这一点至关重要。换句话说，“思维事件”发生的次数越多，它再次发生的可能性就越大。

刚学习写作时，大脑中意义模糊的表现就是想起许多材料，一会儿想写这个，一会儿想写那个，拿不定主意。考试时写了改，改了写，前言不搭后语，时间到了，只好凑够字数，遗憾地交卷。但学生还以为是时间紧迫的原因。如果有计划地进行训练，就能追寻清晰的意义，找不到清晰的意义就不具备动笔的资格。看似是出于考场时间紧迫的特殊原因，实际上是因为思维能力欠缺。

思维训练一：你的心中有许多故事，如何把它和作文题目联系起来，在词语和事情之间建立联系。

思维训练二：如何把每个段落联系起来，使文章连贯流畅，把重复的去掉，把欠缺的补上。

思维训练三：如何把几个意象组合在一起，或类比，或对比，能更完整地阐释意义，还能产生新的意义，这种组合叫构思，体现在文章中叫结构。这里涉及思维方式。

五、文章修改能力训练

能力训练一：明理。借助课文中的字、词、句、段，让学生明白写作文要做到主题好、选材新、段落明、感情真。茅盾先生曾说：“一个作家阅读古今中外的名著而能深刻领会其构思、剪裁、塑造形象的好处，并且每读一遍会有新的心得，这就意味着他的欣赏力在一步步提高，而欣赏力的步步提高反过来会提高表现能力。”

能力训练二：修改。这个阶段运用学习迁移规律，重在培养学生的修改能力。修改的材料来自学生的作文。教师可以摘取学生作文中的句子进行集体修改，也可以指定一篇作文让学生独立修改。

能力训练三：交流。这是一个反馈的过程，让学生把自己修改的结果、原因告诉同学及老师。

能力训练四：总结。这是一个巩固的过程，对所学内容进行概括、总结，以加深理解，巩固记忆。可由教师总结，也可让学生总结。

能力训练五：讲评。讲评的过程是培养学生良好动机的心理过程，是锤炼学生写作思维品质的过程，是发展学生内部言语和书面表达的过程，是不断提高写作效率的过程。讲评课上，教师宣读范文，示范批改，可以提高学生修改作文的能力。

附录一

高考满分作文来自禾山中学

近五年来，福建省高考满分作文似乎都铁定与厦门第一中学、厦门双十中学等名校学生结缘，今年却爆出冷门，作者从一所很不起眼的普通学校冒出来，而且这名学生平时的作文成绩并不算好。昨天，厦门市禾山中学高三学生刘志鹏在网上看到《这也是一种问题》这篇作文，才知道他写的高考作文得了满分。“我的高考语文作文……居居居居然满、满分了……”这是刘志鹏为自己更新的QQ签名。他没有告诉老师，但老师上QQ时发现了。

8篇高考满分作文公布之后，厦门各中学连续几天保持沉默。昨天下午，这个沉默被禾山中学打破，该校高三学生刘志鹏“认领”满分作文《这也是一种问题》。本报记者在第一时间与刘志鹏连线，了解“这个‘问题’的来历”。

15分钟构思考场作文

语文是高考首场考试，开考之前15分钟宣读考场规则。刘志鹏的作文，就在这15分钟内定下“乾坤”。

宣读规则时，语文卷的答题卡提前发了下来。刘志鹏看到了最后一行字，那就是今年的高考作文题。“写这篇作文，完全是运气。”刘志鹏说。看到题目的时候，他马上想到了十几天前的一篇练笔，那是语文老师邱国华出的作文题——《没有问题的问题》。

思路就在那一瞬间打开，坐在考场上的刘志鹏构思好了整篇作文的结构，甚至想好了几句自己喜欢的句子。“虚伪的完美令我们胆寒，有瑕疵的东西我们反而能接受”这句话，刘志鹏说是当时在自己大脑中最清晰的。

而“没有问题所造成的问题，比曾经存在过的任何一个问题都来得严重”这句点睛之笔，则是在作文写了一半的时候突然想到的，他很喜欢这句话。

文章的开头是一句话的题记：有瑕疵的才是真实的。刘志鹏说，这句话是在完成整篇文章的构思之后才想到的。在这15分钟内，他基本已完成了作文的初稿，而且决定了把“虚伪的完美”那句话放在结尾，为了与之呼应，就有了“瑕疵”这句题记。

刘爸爸误以为点评者就是作者

刘志鹏的父亲知道儿子写的作文题目是《这也是一种问题》。前几天，刘爸爸在报纸上看到了高考满文作文，也看到了《这也是一种问题》。不过，他犯了一个小小的错误。

刘志鹏说，那天吃饭时，父亲告诉他，有一篇满分作文的题目跟他写的一样，不过不是他写的，因为文章后面的“作者”不是他的名字。后来才知道，刘爸爸说的“作者”，其实是高考满分作文的点评老师。

“我爸从一开始就误导了我。我的作文开头写的是一个广告，他觉得我从不看电视广告的，所以认定不会是我写的。”刘志鹏说，虽然父亲建议他找那篇作文来读一读，但他觉得不是自己写的，没有阅读动力，而且高考已经结束，“学习”别人的作文似乎也没什么用。

昨天下午，刘志鹏上网查到了自己的分数，总分600分，比模拟考试的成绩高了40分。语文133分，更是“无论如何也不可能有的高分”。

这个结果让刘志鹏想起了那篇作文：“再超常发挥，我的语文也不可能多这么多分，太夸张了，除非真的是满分作文。”昨天下午，刘志鹏上网找到了这篇作文，一看题记，他就认出了自己的文字。

平时作文字写得不好
老师故意压低分数

发现自己的高考作文成了“满分作文”，刘志鹏没有告诉老师，只是把自己的QQ签名改成了“我的高考语文作文……居居居居然满、满分了……”

邱国华老师下午上网的时候，发现了刘志鹏的“问题”。他很谨慎地询问刘志鹏，为了避免错认，他甚至和教科院联系要核对试卷作文的笔迹。“只要看到考卷上的字，我就能认得出来是不是他的。”

邱老师对刘志鹏的字特别“敏感”，这是记者在与他沟通中发现的。

刘志鹏告诉记者，自己平时作文成绩不算好，“至少语文老师不觉得好”，一般都是45分左右。邱老师承认平时没有给刘志鹏的作文打过高分，那是故意压的。“其实刘志鹏的作文有一定的深度，但是字写得不好，我是想刺激他把字写好。”

邱老师说，班上有文章写得很“漂亮”的，但这次高考作文偏偏不“漂亮”了，刘志鹏的作文紧扣题，揭示核心问题很充分，这是他取胜的主要原因。邱老师说，他曾给学生布置了一道作业：收集有关社会热点问题的材料10000字，整合成1000字。刘志鹏所写的《这也是一种问题》中涉及的内容，正是社会热点问题。

（原载于2009年6月24日《厦门晚报》）

附录二

做个乐于学习的勤奋者

语文教育的任务，不是简单地教学生识文断字，而是要激发学生学习母语的积极性，提高学生驾驭语言的能力，为学生的终身发展服务，为民族、为国家培养出乐观向上，不辱使命，“富贵不能淫，贫贱不能移，威武不能屈”的大丈夫，培养出“为天地立心，为生民立命，为往圣继绝学，为万世开太平”的优秀人才。

一、成长之路

回顾近30年的教师生涯，有挑战，更有机遇，挑战与机遇并存，总结起来，大致可以分为三个阶段。

第一阶段：成长期（1988—2000年）

这个阶段是从1988年大学毕业至2000年参加福建省教育厅主办的跨世纪园丁工程骨干教师培训，以参加福建省教育厅主办的跨世纪园丁工程骨干教师培训为重点。这个培训对我个人成长有很大的提升。

大学毕业11年之后，我又回到福建师范大学文学院，重新回到学习的课堂，从2000年6月到10月三个月的脱产学习，对个人专业成长起到了重要的作用。记得当时的省教育厅朱之文厅长在第一期中学、幼儿园骨干教师省级培训班开学典礼上这样勉励全体参训学员：“参加首期骨干教师省级培训的学员，肩负各级教育部门和学校的重托，应当树立高度的使命感、光荣感和责任感，满怀热情地投入学习培训中。要十分珍惜这次难得的学习机会……”要求全体参训学员要“不断提高思想政治素质和师德水平；要联系实际，认真学习现代教育理论，更新教育观念，注意了解国内教育研究动态，把握学科前沿信息及相关知识，熟练掌握和运用现代教育技术；要在导师的指导下积极开展教育科学研究，对学科教育教学的实践问题进行认真的探索”，“通过培训和自我研修，使自己的思想政治与职业道德、专业水平与学术水平、教育教学能力和教育科研能力、组织教学实施能力与掌握现代教育技术等方面的综合素质有一个较大的提高，并进而在教育教学改革的实践中发挥出应有的带头作用和辐射作用”。在导师的指导下，通过课题实验，我们自觉地将实践纳入科研的轨道，尝试在研究状态下进行教育教学工作，向成为一名扎根于中学土壤的教育科研教师前进。这个阶段的主要成果是在《中学语文教学参考》（2001 年第 1～2 期）发表了题为《做有“思想”的语文教师》的论文。

第二阶段：发展期（2001—2010 年）

这个阶段是从福建省教育厅主办的跨世纪园丁工程骨干教师培训结业后至厦门市首批专家型教师培训，重要的收获是参加了厦门市首批专家型教师培训，为期 2 年，包括考核期，共 3 年。

厦门市首批专家型教师培训始于 2006 年 12 月，我们在东北师范大学待了整整 3 个月，每天都排得满满当当的，忙于聆听大师的报告、专题讲座，忙于与导师见面，忙于上网查阅资料，充实和修改开题报告。

我的导师是东北师范大学文学院书记刘雨教授，他在百忙当中抽出时间认真地审阅我的开题报告，写了整整三页的修改意见，非常详细。我们有三位老师是刘雨教授的弟子，他召集我们到他办公室里交流讨论。他和蔼的神态一下子拉近了我们与他的距离，年龄上他是长者，学问上他是智者，但他没有架子，让我们在轻松愉快的气氛中接受教育，受益匪浅。之后，根据导师指引的方向，我们认真琢磨和消化导师所提出的宝贵意见，以极大的热情来修改开题报告。在东北师范大学培训期间，我基本完成了开题报告的初稿，并再次把提纲寄给导师，请导师提宝贵的修改意见。

经过这样一个孕育的过程，我更加深刻地认识到了计划的重要性。过去在学校上课时，并没有特别在意制订计划。开题报告所涉及的内容广，需要丰富的知识储备，得根据自己所提出的课题深入地去查找资料、分析整理资料，要形成 3000 字的文献综述和 5000 字的开题报告内容，字数倒在其次，查阅资料才是重点，大脑没有输入，就没有输出。真没想到一个开题报告就这么有学问。

在这次修改开题报告的过程中，我也深刻地认识到了知识的重要性。

"书到用时方恨少"，写起开题报告，才明显感觉到自己的稚嫩、知识的浅薄。一个话题，导师可以从许多角度发散开来讲，进行开放式的打比方，引经据典，让我心服口服。只有多读书，才能多积累知识，才能更好地提升自己的业务水平和科研能力。

第三阶段：跨越发展期（2011—2014 年）

这个阶段是从被确认为厦门市首批专家型教师后至参加福建省第四批学科带头人培训，最重要的收获是参加了由福建教育学院承办的福建省中小学语文学科带头人培训。这次重导师指导，也重专家引领，更重实践考察的培训，为个人的发展搭建了理论与实际相结合的更高层次的平台。借助这个平台，我还参加了福建省教育厅组织的"送教下乡"活动，感触良多，收获满满。

这次培训，印象最深的是杨启亮教授的讲座。台上，他侃侃而谈，字字珠玑，深入浅出，谈笑风生，妙趣横生；台下，我们神情专注，时而掌声雷动，时而鸦雀无声，生怕错过杨教授的某一句话。杨教授对素质教育与考试竞争之间关系的解读，散而不乱，其对"素质""基础""评价中的'价'"的分析，非常精辟，让人茅塞顿开，大有"听君一席话，胜读十年书"之感。在培训过程中听了几位教授的讲座，深深地为教授们的治学精神所感染，深深地为教授们渊博的知识所折服。本来对德育理解不够深入，但听了北京师范大学檀传宝教授的"'德育'是什么"的讲座之后，我不禁为自己对德育的不了解而感到惭愧不已。檀教授的忧患意识让我深深地感到，"德育无小事，小事即德育"，在以后的教育教学中，我一定会更好地落实"既教书，又育人"，把德育寓于语文教学实践之中，在教育中研究德育，在教学中研究德育。

集中培训的时间有限，但培训对一个人的影响很大，培训可以让人走出去，见识大千世界，让人生在不同的时空里得到锤炼与升华。

二、成长感悟

1. 学习，学习，再学习，打破知识储备的单一性

参加培训很重要，我在培训中不仅要学习，还要关注教育学和心理学

等方面的最新成果，更要研究，并把研究的成果转化出来。通过学习，我真切地感受到自己在这方面有所欠缺。在东北师范大学培训时，呼伦贝尔的张老师告诉我，她看过2001年我在《中学语文教学参考》上发表的一篇文章，突然引发我的思考：这几年成绩平平，是不是因为自己不用功了？后来仔细想想，又觉得不是这样，应该是自己缺少了思考的时间与空间，而培训恰恰给了我思考的时间与空间。

2. 听课，听课，再听课，接受教育艺术的熏陶

钱梦龙在一次上公开课时，由于一时难以找到同一层次的学生，所以只能把小学五、六年级的学生和初中、高中的学生混搭在一起上课。面对不同层次的学生，钱老师灵活调整教学方法，圆满完成了公开课任务。孙立权在“汉字构造法”的公开课中，面对学生不时的提问，应付自如，得心应手，取得了非常好的教学效果。魏书生在教《岳阳楼记》一课时，有学生提问，他让学生自己回去查资料解决，第二天把正确的答案告诉全班同学，这是采取了灵活的教学策略。这些著名教师的课，让人耳目一新，听他们的课，可以受到最为直接的教育艺术的熏陶。

3. 思考，思考，再思考，让自己成为一名有思想的教师

有思想的教师，能站得高、看得远，能胸怀祖国、放眼世界，能面向现代化、面向世界、面向未来；有忧国忧民的忧患意识，有保护发展母语的责任意识，有让每个学生健康成长的科学意识，有让学生终身受益的前瞻意识。钱梦龙认为，一名优秀教师要胸怀育人的大目标，把注意力都集中于教学的内在价值上。“教学的本质就是教会学习、开发潜能、促进发展。”“教学教学，学是根本，教要立足于学。”“教师的主导作用在于使学生成为学习的主体。”“学生应是自身的主人，是班集体、国家、社会的主人。”……这些都是优秀教师科学教学观的反映和表述。在正确的观念指导下，我们的教学不再停留在“教师一桶水，学生一杯水”的认识上，而是深入地去探索如何用自己有限的水滋润和激发学生，让他们去获取一池水、一江水，把知识传授、能力培养、性情陶冶、特长发展等自然而然地交融起来，汇聚成推动学生不断进步的巨大力量。

4. 总结，总结，再总结，让自己的思想更深邃

从教育哲学中我们知道，影响人成长的有遗传、家庭教育、学校教育、个人努力、反馈总结五个因素。这里的反馈总结类似于我们现在常常在做的反思总结。专家型教师、学科带头人的成长，都离不开个人的努力与反思总结。除了教书育人之外，教师还要学会研究总结，提高自己的眼界和品位。只有站得高，才能不落俗套，才能推陈出新，才能与时俱进，才能让自己的思想更深邃。

三、教育思想

1. 以生为本，构建抓“五头”的管理模式

我担任班主任工作10年，注重提高学生的整体素质，形成了“建设班集体，注意抓‘五头’”的管理模式，注意建设一支素质精良的班干部队伍，着力创建“团结、勤奋、求真、创新”的良好班风。龙岩第一中学高99届（5）班学生在高考中取得了优异的成绩，该班51名学生中考上本科院校的有49人，其中考上重点院校的有33人，这完全得益于班级管理模式。

2. 培养学生的自学精神

以练为主，把课堂时间还给学生，培养学生的自学精神。段力佩先生上语文课时，先用10分钟时间言简意赅、条理分明地讲述新课内容，然后让学生自由讨论，下课前20分钟让学生做事先拟好的10道题。段力佩先生上一节课只讲10分钟，给学生讨论15分钟，练习20分钟，实际上，学生大约有35分钟的时间可以自由支配。这就启发我们，在常态课堂中，教师可以采用以教师引导、学生出题、学生做题、学生改题为特点的“少教多学”的教学模式。

以讲为主，把课堂时间还给学生，培养学生的自学精神。这种形式比较适合在新课第一课时教学环节中进行（如果只安排1个课时，也可以用这一形式）。以讲为主，是以学生的“讲”为主，教师的“讲”应该如段力佩先生所倡导的“明达通畅，通俗易懂”。让学生“讲”，不是无准备地“讲”，而应该是有准备地“讲”，教师必须事先把任务布置给学生，指导他们“备课”，然后让他们“上课”，做小老师。

以议为主，把课堂时间还给学生，培养学生的自学精神。这种形式比

较适合在新课第二课时教学环节中进行。当学生已经扫除课文中的语言文字障碍、弄明白文章的结构形式、理解透彻文章内容后，教师确定讨论的话题，引导学生收集材料，提前做好准备，然后在课堂上让学生有目的、有针对性地进行讨论，这样易取得较好的效果，才能真正有助于学生的合作精神、自主学习能力、创新能力、终身学习能力的培养。

3. 探讨“模仿创新，以写促读”的教学模式

首先是模仿创新。为了让学生不怕写作，喜欢写作，我曾做过一些尝试。2001—2002学年，我参加了由福建师范大学文学院主办的福建省首届骨干教师培训，并完成了“研究性学习”课题，论文获一等奖。2005—2006学年，我主持了厦门市禾山中学“高三升格作文模式”课题，撰写了《构建升格模式　指导写作实践——“高三升格作文模式”课题总结》；指导学生在《读写天地》（2005年第11期）发表升格作文《纽扣的情思》。2006—2007学年，我主持了厦门市禾山中学“高考作文分步提高”课题，撰写并发表了论文《广读书胸中有本　勤作文笔下生花》。通过课题研究，试图从学生所掌握的写作知识、写作方法、写作过程的角度来分析学生写作低效问题，以期找到一条有利于学生终身学习和发展的途径，而这一途径就是走模仿创新之路，让学生先模仿，再创新。

其次是以写促读。以写促读的最终目的是提高学生的写作能力。写是目的，读是手段。以写促读，就是让学生明确目的，促使自己改进学习手段。以写促读属于教育策略范畴，而不属于教学方法范畴。这一策略的应用是贯穿于语文教学过程之中的。不同年龄阶段有不同的要求，就有不同的方法。当然，对具体方法的驾驭，不是简单地相加，也可以综合运用。比较有效的有以下几种方法。

（1）抄写促读

抄写可以加深记忆。曾国藩在家书中曾要求其子要练好抄功。通过抄写，可以练字，把字写对、写好、写漂亮，可以提高书写速度，还有助于资料的整理，增强对内容的理解，记得更牢，学得更深，比较深入地读书，读懂书，最终有助于拓展知识面，促进写作能力的提高。

（2）仿写促读

在语言综合运用的训练中，加强学生仿句的训练是一种有效的方法，对于初学写作者或表达水平一般的学生来说，显得尤其重要。仿句训练不是简单地把别人的句子一字不落地照抄下来，不是简单的文字堆砌，而是要理解原句的形式与内容，仿写出来的句子与原句要神形一致。在此基础上，再进行段与篇的仿写，以促进学生完成读写结合的任务。

（3）写作促读

学生要完成一篇习作，必须有丰富的材料，可是，由于学生的阅历、经历单一，社会生活经验缺乏，如果想调动学生的生活经验、体验来完成写作任务，则有一定的难度。如果让学生借助互联网，就能很好地解决这个问题。具体来讲，教师可以先向学生交代写作任务，并把作文题目解释清楚，然后让学生通过网络收集与写作任务有关的材料，要求学生通读、熟读所收集到的材料，最后完成写作任务。这种方法的好处，就是让学生可以借鉴别人的写作方法，让学生写作时有东西写，既完成了写的任务，也完成了读的任务，一箭双雕。

4. 研究状态下的语文教学

教学是教师的基本任务，也是衡量教师工作成绩的主要指标。研究可以提高教师的教学能力和教学效率，能为教学注入科学的成分，能赋予教学更强的生命力。魏书生谈到科研时认为，这是每位教师分内的事，是每位教师心灵深处的需要。一位教师会教书，只是完成了基本的教学任务；一位教师如果不但会教书，而且会研究，那么就可以带着研究的目光进行教学。在教学研究方面，我很早就知道“教研相长”的道理。1999 年我到福州第一中学听课，陈日亮老师在交流中谈到了这个问题，他举了古人“吃卯酒”的例子，进而谈到研究状态下的语文教学，令我受益良多。后来在参加省级骨干教师培训时，在郭丹教授的指导下，我初步接触并学习了科学研究的方法。在东北师范大学参加厦门市首批专家型教师培训时，我在刘雨教授的指导下，进一步学习了科学研究的方法。在以后相当长的一段时间里，我也这样要求自己：平时多积累、多追问，坚持“教学”与“教研”两条腿走路。在近 30 年的教学生涯中，我坚持“边教边学、边学边研、边研边写”，共发表了 100 余篇文章。2002 年，出版专著《语文学习杂谈》，对毕业后十多年的语文教育教学工作进行梳理。近年来，我积极参加新课程改革实验，在作文教学方面做了一定的研究。2009 年 3 月，在《中小学教师培训》上发表了《语文教学改革应从作文教学改革入手》。近年来，还在《厦门晚报》上发表了考场作文专栏文章16篇，取得了良好的社会反响。

总而言之，语文课堂，需要语文教师时而吹起号角，时而奏起乐章，时而款款如歌，时而淡淡如画，时而慷慨激昂、高歌猛进，时而清风徐徐、娓娓道来；语文课堂，需要教师才高八斗、学富五车，需要教师大智若愚、大巧若拙，需要教师用心去经营、精心去维护、开心去滋润，即便红尘滚滚、大浪滔滔，沧海桑田、蜡炬成灰，依然坚守，不离不弃，只问耕耘，不问收获，做个乐于学习的勤奋者。

后　记

大凡学习，总得有所收获，总得结出一点果实。学而不思不行，思而不学也不行，只有学与思统一，才能有所收获。除了学与思之外，还要谦虚谨慎、戒骄戒躁，要虚心向老师学习，向周围的同事与朋友学习。

开始构思《写作思维与训练》这本书，是2008年在东北师范大学参加厦门市首批专家型教师培训时，在针对当今中学生写作技能低下的现象进行研究的基础上进行的。当时，东北师范大学文学院的刘雨教授在我完成这个课题研究之后，勉励我将其扩展成一本书，到今日，终于完成了这本书的写作任务。撰写这本书，目的在于抛出问题、引起关注、共同研究、解决问题。

关于写作，特别是基础写作，就是要注重实际的表达和交流的思维能力，而不仅仅关注写作知识的要求。人不是一生下来就会写作的，写作思维也不是天生就有的，必须通过反复地学习、实践，方能学会和掌握。任何文章，都有自己的体裁样式、文体特征、组织构造、文字风貌、行文格式以及各自所需要的具体技法，这方面的知识完全可以由他人传授和指点，但传授和指点只能给人以方圆、给人以规矩，并不能使人获得良好的写作思维。

《写作思维与训练》这本书主要从两个方面来展开论述，一方面“写作思维”，是对内在言语活动进行理论探讨；另一方面“写作思维训练”，是对中考、高考作文形式剖析，进而对写作材料的积累、写作时的心态、写作修改、模仿创新等进行实践的验证。

要想既恪守规矩又游刃有余，甚至达到出神入化的境界，就必须经过反复多次的实践。“写作思维”，只是从理论上思考，只是想澄清一些认识，提供一定的路径。如果提高了这方面的认识，知道了一定的路径，那么写作水平就一定能提高吗？其实不然，写作水平的提高，更多的是靠训练，靠写作思维的训练。

写作思维，不论是形象思维，还是抽象思维，其载体都是写作者的内心言语活动，写作思维训练，说到底就是写作者的内心言语活动的训练。

写作者的内心言语活动，源于对作文的认识。鲁稚在《随心写出好文章——妈妈导师鲁稚谈作文与表达》中对作文与写作进行了界定，她认为作文是按要求来写的，写作是按自己的想法来写的。写作思维训练既不能脱离实践，也不可能一蹴而就，它必须经历一个由生到熟、由熟到巧的“历练”过程。

《写作思维与训练》更侧重于对中学生写作思维与训练的探讨。这种写作，以中考、高考的要求作为训练的要求，要符合中考、高考作文的规律，因此，《写作思维与训练》是对自己这十几年中学写作教学的实践进行归纳总结，一方面对中学生写作技能低下现象进行归因研究，另一方面又从内心言语活动层面探讨解决路径。

首先，要感谢给我这次学习机会的厦门市委、市政府，厦门市教育局，教育科学研究院，东北师范大学的领导、老师；感谢湖里区委、区政府，湖里区教育局，湖里区教师进修学校的领导、老师；感谢我现在所执教的厦门市禾山中学的领导、老师，是他们这种前瞻性的战略眼光，是他们对我工作的支持与帮助，让我享受到了继续充实自己的精神盛宴。

其次，要感谢我的导师——东北师范大学文学院书记刘雨教授。刘雨教授为人谦和，其学者风范给我留下了深刻的印象。从研修计划的制订，到开题报告的撰写与审议，再到论文撰写的指导与修改，每一个环节，都有刘雨教授的心血。正是在他的鼓励与帮助下，才孕育出《写作思维与训练》这部著作。此外，东北师范大学文学院的李晓明教授、徐强副教授也给了我精心的指导，在此一并表达我衷心的感谢。

再次，要感谢我的班主任孟繁胜老师。孟繁胜老师为人随和，知识渊博，是一个办事十分认真细致的人，也是一个追求完美的人。从他的身上，我学会了做事。在撰写论文的过程中，他给过我许多帮助，从语言的斟酌到结构的安排，他都提出了宝贵的意见，在此致以谢意。

同时还要感谢的有梅秀娟主任、赵军副主任、王敬老师、曲红老师等，他们认真工作的作风、诚挚待人的态度、乐于助人的精神，给我留下了深刻的印象，从他们身上我也学到了许多，他们在东北师范大学也给予我许多指导与帮助，在此也一并感谢。

在完成本书的过程中，福建教育学院的鲍道宏博士、赖一郎博士、李滨老师，福建师范大学图书馆的林春香老师，也给了我极大的帮助，为我提供参考资料，并提出宝贵的修改意见，在此也致以谢意。

特别还要感谢一路上关心、关注我成长的任勇老师，感谢他在百忙之中为本书作序；感谢我的妻子陈利，让我有更多的时间投入写作之中；感谢我的兄长邱国潮，是他不断地催促，让我有了完成本书的动力。

人的一生，要感谢的老前辈、同辈朋友，抑或后起之秀，有很多很多，在此未能一一列举，但唯有怀着一颗感恩的心，时时刻刻提醒自己，在自己的工作之余、生活之中，千万不要忘记！

谢谢老师！谢谢朋友！

江苏凤凰教育出版社
《行知工程》系列丛书目录

系列	序号	书　　名	作者	定价
教育求索系列	1	《写作思维与训练》	邱国华	42.00
	2	《让经典滋养人生——名著导读教学策略（中学）》	郑建忠	35.00
	3	《关注每一位儿童的发展 ——语文小班化教学的探索和实践》	何慧玲	40.00
	4	《让生命诗意地栖居——诗意教育的理念建构与实践探索》	钱丽美	40.00
	5	《怎样上好语文课——时鹏寿解析精彩课例》	时鹏寿	45.00
	6	《让书香浸润生命——时鹏寿伴你品读经典》	时鹏寿	35.00
	7	《开在手心里的花——一位优秀教师的教育情怀》	詹雪莲	40.00
	8	《学科建设与教师发展——中学数学》	杨志文	30.00
	9	《欣说教育那“一亩三分地”——一位一线教师的教育微思考》	王庆欣	30.00
	10	《爱的守望——一位一线教师对教育的坚守》	林卫红	30.00
	11	《思政教学的人文力量》	戴晓华	30.00
	12	《师道新说——给教育者的30条箴言》	徐　卫	30.00
教育思想者系列	13	《父母要成为子女的精神导师——五个孩子走向卓越的奥秘》	陶继新	43.00
	14	《治校之道——中学名校长的办学智慧(1)》	陶继新	40.00
	15	《品鉴教育文化盛宴——陶继新序跋屯集》	陶继新	45.00
	16	《为什么而出发——一位研究者对教育本质的沉思》	齐　健	35.00
	17	《高效教学的道与术——陶继新教育讲演录》	陶继新	30.00
	18	《铸造一流教育品质——陶继新区域教育巡礼》	陶继新	35.00
	19	《名校之道——陶继新对话名校长（1）》	陶继新	30.00
	20	《名校之道——陶继新对话名校长（2）》	陶继新	35.00
	21	《教育，一切从孩子出发》	黄　俭	30.00
新父母教程	22	《一年级的孩子》	陈文芳	28.00
	23	《二年级的孩子 》	陈文芳	28.00
	24	《三年级的孩子》	钱静霞	28.00
	25	《四年级的孩子》	谢　云	28.00
	26	《五年级的孩子 》	陈　春	28.00
	27	《六年级的孩子》	袁卫星	28.00
	28	《七年级的孩子》	焦晓骏	28.00
	29	《八年级的孩子》	钟　杰	28.00
	30	《九年级的孩子》	凌宗伟	28.00

系列	序号	书　　名	作者	定价
国际教育系列	31	《美国教育面面观——一位特级教师眼中的美国教育》	邵淑红	35.00
创新教学探索系列	32	《学生数学整体思维培养——小学数学结构化教学的探索与实施》	颜春红	45.00
	33	《基于核心素养的体育与健康校本课程建设》	赵卫新	35.00
	34	《把古文教活——激活文言文课堂的教学策略》	刘小华	35.00
	35	《做童年面前最合适的人——我和孩子们的“童化语文”》	曹丽秋	30.00
	36	《品世界名画，学精彩作文——特级教师的“名画”作文教学法》	李日芳	36.00
	37	《玩出精彩作文——张化万活动作文教学经典策略》	张化万	35.00
	38	《〈红楼梦〉里的语文课》	李日芳	30.00
	39	《让学生把母语用精彩——“语用课堂”的探索与实践》	佘小红	30.00
	40	《“备”出课堂精彩——备学式教学的课堂实践与思考》	张旭兰	30.00
	41	《神奇的阅读教室——带学生踏上美妙的阅读之旅》	李祖文	30.00
	42	《打造有生命力的课堂——“两步八环节”教学模式探索与实践》	查联智	30.00
	43	《最能培养学生探究能力的课堂——小学科学与信息技术单元整体课程实施与评价》	李怀源	30.00
	44	《最能激发学生运动天赋的课堂——小学体育单元整体课程实施与评价》	李怀源	30.00
	45	《最能提升学生艺术素养的课堂——小学艺术单元整体课程实施与评价》	李怀源	30.00
	46	《“生命语文”探索——焕发语文生命力的思考与实践》	王自成	30.00
	47	《粘连作文教学：让习作成为有个性的自我建构》	黄瑞夷	30.00
	48	《备学式教学——在体验中建构数学思维》	单广红　范雪梅	30.00
	49	《向着自主进发——自主教育的创新实施智慧》	朱亚红	30.00
	50	《写中学——让学习更有效的学科写作教学》	钟传祎	30.00
	51	《小学科学实验总动员——大科学课堂有效提升学生创新力》	江美华	30.00
	52	《小学语文单元整体课程实施与评价》	李怀源	30.00
	53	《小学英语单元整体课程实施与评价》	李怀源	30.00
	54	《小学数学单元整体课程实施与评价》	李怀源	30.00
	55	《让教学更能激发智慧——“思维碰撞”课堂的建构与实施》	程和方	30.00
教师软实力系列	56	《教师人际沟通力》	黄爱华　夏丽娟	38.00
	57	《班主任教导力》	黄爱华　戴诗银	38.00
	58	《教师执业道德力》	黄爱华　夏丽娟	38.00

系列	序号	书　　名	作者	定价
精彩课堂系列	59	《基于核心素养的数学教学》	赵红婷	35.00
	60	《中学生核心写作能力培养》	陶　波	36.00
	61	《给孩子更好的数学课堂》	易增加	30.00
	62	《小学生阅读素养的提升策略》	邵巧治	35.00
	63	《从语文素养走向生命成长——小学语文读写课堂教学密码》	曾海玲	30.00
	64	《真实的品德课》	朱淑秀	30.00
	65	《英语课堂学习共同体——新型的师生交互学习场》	杨延从	30.00
	66	《指导自主学习——初中数学学与教的研究与实践》	刘其武	30.00
	67	《玩出精彩的课堂——小学低年级教与学方式转变研究》	陶红松	30.00
	68	《让生命之花自主绽放——语文个性化教学建构策略》	商德远	30.00
	69	《让学生亲历知识——主体参与下体验式学习的实施策略》	何世祥	30.00
名校系列	70	《从校本课程走向学校课程——锡山高中课程探索之路》	唐江澎等	35.00
	71	《让每个孩子都成志——清华附小主题阅读课程的实施探索》	窦桂梅	30.00
	72	《让每个孩子都成志——清华附小主题实践课程的实施探索》	窦桂梅	35.00
	73	《向着朝阳走去——清华附小合作办学实践探索》	窦桂梅	30.00
名师成长系列	74	《情怀·智慧·境界——教育名家演讲录（1）》	钟惠河　李榅琬	30.00
校长领导力系列	75	《学校细节管理的执行力》	林文明　王林发	30.00
	76	《校长智慧统筹的领导力》	谢耀丰　蔡丽姗　王林发	30.00
	77	《学校持续发展的研究力》	林文智　宋佳敏　王林发	30.00
	78	《学校和谐融洽的协作力》	陈一平　郭雪莹　王林发	30.00
	79	《学校教育提升的引领力》	谢文东　关敏华　王林发	30.00
	80	《学校团队成长的学习力》	黄纪　蔡美静　王林发	30.00
	81	《学校高效管理的创新力》	张旭	30.00
	82	《学校成功管理的决策力》	邱黎明	30.00
	83	《高品质学校生长要素》	王益民	30.00
	84	《校长高效教学领导力提升策略》	徐世贵　郭文訇	30.00
新思维系列	85	《让后进生学习有后劲之36计》	严育洪	30.00
	86	《教育中的“不一定”——打破教育的19种思维惯式》	严育洪	30.00

系列	序号	书　　名	作者	定价
教师修炼系列	87	《如何炼就课堂好声音——教师美嗓保健实用宝典》	薛建洲	30.00
	88	《与学生一起成长——90后教师的心路反思》	王　晗	30.00
	89	《教育，爱与宽容——教师心灵礼仪修炼》	许力争	30.00
教育家核心思想系列	90	《叶圣陶论写作》	叶圣陶 著 李怀源 选编	30.00
	91	《叶圣陶谈阅读》	叶圣陶 著 李怀源 选编	30.00
	92	《多元智能理论的本土化应用》	刘治富	30.00
	93	《大教育家最具施教力的教学思想》	白刚勋	30.00
学生心理解码系列	94	《在人生的春天播种 ——十四岁，写给青春的一封信》	白宏宽	30.00
	95	《孩子问题行为一点通 ——只有好老师才知道的学生心理谜底》	严育洪	30.00
校本研修系列	96	《徜徉语文教研》	肖俊宇	35.00
	97	《校本研修资源的开发与利用》	陈朝林	30.00
	98	《校本研修与教师专业成长》	吴积军	30.00
	99	《卓越教师经典研修成长策略》	刘天宝等	30.00
	100	《特色校本课程开发范例解读》	刘永平　李秀伟 张雪梅	30.00
	101	《高效校本研修模型构建艺术》	刘素雁	30.00
	102	《走向实践的教研——中小学教育科研引领与应用》	江　敏	30.00
教育管理力系列	103	《缔造唯美教育——延奎小学素质教育实施策略》	易增加	30.00
	104	《让普通学校崛起的20个细节 ——“生命为本”教育团队成长密码》	李其玉	30.00
	105	《“走”出教育的精彩：走动式学校管理文化构建》	罗　军	30.00
	106	《校长兵法：学校管理四十六计》	皮大鹏	30.00
班级文化系列	107	《活力班级的文化建设》	胡　珏	30.00
	108	《做幸福的班主任》	吕　丽	26.00
高效能教学系列	109	《高效能教师的10个好习惯（中学卷）》	张　瑾	30.00
	110	《让作文落地生根——提高写作实效的教学策略》	黄桂林	30.00
	111	《高效能作文教学5项修炼》	陈步华	30.00
	112	《高效能校长的10个好习惯》	张　勤	30.00
	113	《高效能教师的10个好习惯（小学卷）》	谢　英	30.00
	114	《高效能语文教学5项修炼》	王其华	30.00

系列	序号	书名	作者	定价
新课程探索系列	115	《语文新课程的批判与重建》	葛桂斌	30.00
美国名师教学译丛	116	《美国名师游戏教学本土化应用：幼儿园》	（美）玛西娅 L. 泰特 著 胡珍　瞿菁　编译	30.00
	117	《美国名师游戏教学本土化应用：小学英语》	（美）玛西娅 L. 泰特 著 杨永华　张心影　编译	30.00
	118	《美国名师游戏教学本土化应用：小学数学》	（美）玛西娅 L. 泰特 著 谢艳红　编译	30.00
	119	《美国名师游戏教学本土化应用：小学科学》	（美）玛西娅 L. 泰特 著 刘丽萍　编译	30.00
	120	《美国名师游戏教学本土化应用：小学社会》	（美）玛西娅 L. 泰特 著 姜梅芳　编译	30.00
	121	《美国名师游戏教学本土化应用：小学音体美》	（美）玛西娅 L. 泰特 著 尹立志　编译	30.00
鲁派名师名校·教育探索者系列	122	《悦读立人——校园阅读文化体系构建策略》	杨世臣	30.00
	123	《教育智慧何处来——一位特级教师的思考手记》	付立全	30.00
	124	《和雅文化——校本课程的创新构建》	汤善香	30.00
	125	《让个性绽放精彩——学校课程体系整合与创生》	谢建伟　徐淑萍	30.00
	126	《让每个学生都幸福——最能润泽生命的学校文化建设》	谢建伟　张新喜	30.00
生态化校园系列	127	《文化管理——构建生态和谐校园的必由之路》	付全新	30.00
	128	《点燃学习的激情——构建校园生态化学习型组织》	杨树岳	30.00
	129	《课改突围——构建学校生态化教学体系》	杨树岳	30.00
教育新思考系列	130	《语文教育向何处去》	王　丛	26.00
	131	《教育，就是做好普通的事》	孙志毅	27.00
	132	《走出语文的偏见——让学生体悟文本的原义》	丛智芳	30.00
	133	《让语文教学更高效——批注式阅读教学探索》	韩中凌	30.00
	134	《读写互促——探寻学以致用的语文教学》	曹　龙	30.00
	135	《跳出数学教数学——用文化融通数学教学》	马建秀	27.00
名师感悟系列	136	《让心灵伴着歌声成长——22 位音乐名师的教育智慧》	陈　璞	30.00
	137	《超越自我的教师——32 位名师的成长感悟》	李卫东　李秀伟	35.00
	138	《心灵的守护者——19 位名班主任的教育智慧》	王晓松　曲文弘	30.00
	139	《名师感悟班主任有效工作艺术 90 例》	符礼科	30.00
	140	《名师感悟有效教学 90 例》	林高明　徐玉烟	30.00

系列	序号	书　　名	作者	定价
信息化教学系列	141	《巧用白板教语文——信息技术与语文教学操作指南》	蒋丽清	30.00
	142	《跨越式实现高效课堂——信息技术与课程整合高效教学方案评析》	陈　玲　刘　禹	30.00
教师必读系列	143	《教师必学的16堂修养课》	武宏伟	30.00
	144	《教师不可不知的教学心理效应》	叶勇军	30.00
	145	《班主任不可不知的管理效应》	奚一琴	30.00
	146	《教师不可不知的教育心理效应》	孙　媛	30.00
	147	《校长不可不知的管理效应》	谢申刚　张金豹	30.00
	148	《成为好教师的7项修炼》	王福强　李维华	30.00
	149	《如何让学生会学习》	龙　冰	30.00
	150	《如何让学生爱学习》	周震宇　许小燕	30.00
核心教学主张系列	151	《新生代语文名师核心教学主张》	许友兰	30.00
行思讲坛系列	152	《灵动而朴素地教语文——潘文彬的微格教育生活》	潘文彬	30.00
	153	《师爱无疆——润泽学生心灵的教育故事》	侯忠彦	30.00
	154	《怎样反思更有效——促进教师专业发展的反思策略》	诸贝贝	30.00
	155	《成为高度自觉的教育者——写给后课标时代的数学教师》	许卫兵	30.00
	156	《哲思数学课》	刘全祥	30.00
	157	《智慧数学课——黄爱华教学思维的实践策略》	黄爱华	30.00
	158	《童趣数学课》	徐　芳	30.00
	159	《把学生教聪明》	严育洪	30.00
	160	《教师最应该规避的教育误区》	杨坤道	30.00
	161	《用语文的方式教语文——潘文彬教学主张与实践智慧》	潘文彬	30.00
	162	《怎样让阅读教学更有效——提升教学能力的十种读诵模式》	汪秀梅	28.00
	163	《让生命在润泽中起舞——当代小学生最需要的主题班会》	吴联星　罗　琳　冯卫东	30.00
	164	《让生命欢快拔节——当代中学生最需要的主题班会》	冯卫东　吴联星	30.00
	165	《课堂因生成而精彩——高效教学的生成智慧》	张文质	30.00
	166	《回到每一个人的生命化教育——张文质二甲中学教育行动录》	张文质	30.00

系列	序号	书　　名	作者	定价
变革之路中国教育丛书	167	《百年树人师何为——教师队伍建设困顿与出路》	将丽珠　李玉向	30.00
	168	《入园何时不再难——学前教育困惑与抉择》	曾晓东 范　昕　周　慧	30.00
	169	《三尺书桌何处寻——流动人口子女教育困难与破解》	范先佐	30.00
	170	《苦旅何以得纾解——高考改革困境与突破》	郑若玲	30.00
	171	《择校纠结何时了——择校问题困局与治理》	曾晓东　周文海 曾娅琴	30.00
创新教学思想系列	172	《"大问题"教学的形与神》	黄爱华　张文质	30.00
教育漫笔系列	173	《课堂，诗意地栖居》	吴书华	30.00
教学提升系列	174	《有思想地教阅读——让学生学会品读文字真意》	王学东	30.00
教育艺术提升系列	175	《藏在师生体态语言里的教学智慧》	张　宇　廖生波	30.00
教学全手册系列	176	《小学习作教学全手册》	郭家海	30.00
	177	《中学写作教学全手册》	郭家海	30.00
	178	《情境教学操作全手册》	冯卫东	35.00
	179	《合作教学操作全手册》	李春华	35.00
	180	《探究教学操作全手册》	周新桂	35.00
	181	《自主教学操作全手册》	诸葛彪	35.00
	182	《创新教学操作全手册》	王　玮	35.00
	183	《班主任工作全手册》	刘沛华	35.00
	184	《新教师工作全手册》	周震宇	35.00
	185	《学生心理健康教育全手册》	刘海莉　刘春杰	35.00
	186	《高效教学操作全手册》	马友平	35.00

系列	序号	书　　名	作者	定价
创新人才培养系列	187	《创新人才培养校园科普精品课程开发与指导——人大附中创新人才培养》	罗　滨	30.00
	188	《创新人才培养特色校本课程开发与创新人才培养——清华附中“国际安全下的科学技术”课程构建与实施》	王殿军　方　研　赵宏雁	30.00
	189	《创新人才培养：学校实验室建设与管理》	刘克文　杨发丽　杨　平	30.00
	190	《创新人才培养：数学探究活动开发与指导》	马云朋　韩继伟	30.00
	191	《创新人才培养：化学研究活动开发与指导》	王　磊	30.00
	192	《创新人才培养：物理探究活动开发与指导》	廖伯琴	30.00
	193	《创新人才培养：地理探究活动开发与指导》	张建珍　陈　澄	30.00
	194	《创新人才培养：生物探究活动开发与指导》	张迎春	30.00
	195	《创新人才培养：理念探索与思维突破》	王晶莹	30.00
新生代通派名师系列	196	《简约数学教学》	许卫兵	30.00
	197	《语文教学的本真——情意课堂展现母语之美》	吴建英	30.00
	198	《语文课堂的理想追求——欢快达成三维目标》	董一红	30.00
	199	《阅读教学的真髓——意象构建读出文学的真美》	祝　禧	30.00
新生代通派名师系列	200	《美术教育的真谛——审美人生教育让生命绚丽成长》	陈铁梅	30.00
	201	《语文教学的理想境界——无痕教学润泽生命》	李　凤	30.00
	202	《儿童作文的本义——嬉乐作文让儿童乐并成长着》	王笑梅	30.00
	203	《名师是怎样炼成的》	王建明　王笑君	35.00
幼师成长系列	204	《幼儿行为背后——教师如何读懂幼儿的心思》	吴亚英	30.00
	205	《最具教育力的 22 种幼儿教育思想》	杨　达	30.00
	206	《幼儿教师必知的安全应急措施》	杨　达	30.00
	207	《幼儿教师必备的教育技能》	李　玲	30.00
	208	《卓越园长 21 条幼儿园管理策略》	周　丹　江东秋	30.00